## Zu diesem Buch

Wie können wir seelisch erfüllter und reicher leben und die in uns liegenden Möglichkeiten mehr verwirklichen? Welche Wege gibt es, befriedigender mit uns und anderen zusammenzuleben, im privaten Bereich, im Beruf und in der Politik?

In diesem Buch sind die Erfahrungen vieler Menschen beim Umgang mit sich und anderen zusammengestellt. Es wird deutlich, wie beeinträchtigend Menschen mit sich und anderen leben, aber auch, wie viele Möglichkeiten der seelischen Entwicklung und des förderlichen Zusammenlebens sie haben.

Der Leser wird viele der in diesem Buch geschilderten Erfahrungen als seine eigenen Erfahrungen wiedererkennen. Er wird so angeregt, sich stärker seinem Erleben zuzuwenden, und sich mit ihm offener auseinanderzusetzen. Das ermöglicht es ihm, eine positivere Einstellung zu sich selbst und dem Leben zu gewinnen.

«Wege zu uns und anderen» ist das Ergebnis der langjährigen Arbeit des Professoren-Ehepaars Dr. Reinhard und Dr. Anne-Marie Tausch am Psychologischen Institut III der Universität Hamburg. Anne-Marie Tausch starb 1983 an den Folgen einer Krebserkrankung.

Für die Taschenbuchausgabe nahm Reinhard Tausch eine eingehende Überarbeitung der Originalausgabe («Wege zu uns») vor.

Außerdem lieferbar:
Anne-Marie Tausch: «Gespräche gegen die Angst»
(rororo sachbuch 8375)
Anne-Marie und Reinhard Tausch: «Sanftes Sterben» (1985)

Reinhard Tausch
Anne-Marie Tausch

# Wege zu uns und anderen

Menschen suchen sich selbst
zu verstehen und anderen
offener zu begegnen

Rowohlt

Die Originalausgabe erschien erstmals 1983 unter dem Titel
«Wege zu uns». Für die vorliegende Taschenbuchausgabe nahm
Reinhard Tausch eine eingehende Überarbeitung vor

Umschlagentwurf Werner Rebhuhn unter Verwendung des Gemäldes
«Woher kommen wir? Was sind wir? Wohin gehen wir?»
(Ausschnitt) von Paul Gauguin

21.–25. Tausend April 1990

Veröffentlicht im Rowohlt Taschenbuch Verlag GmbH,
Reinbek bei Hamburg, April 1988
Copyright © 1983, 1988 by Rowohlt Verlag GmbH,
Reinbek bei Hamburg
Satz Garamond (Linotron 202)
Gesamtherstellung Clausen & Bosse, Leck
Printed in Germany
1080-ISBN 3 499 18403 6

# Inhalt

# Vorwort

Wie können wir seelisch erfüllter und reicher leben und die in uns liegenden Möglichkeiten mehr verwirklichen? Welche Wege gibt es, befriedigender mit uns und anderen zusammen zu leben, im privaten Bereich, im Beruf und im politischen Bereich? Können wir uns mehr von den seelischen Beeinträchtigungen befreien, in die wir verstrickt sind?

Diese Fragen haben uns in den letzten zehn Jahren intensiv beschäftigt, in unseren Forschungsarbeiten und auch in unserer psychotherapeutischen Tätigkeit.

In diesem Buch haben wir Erfahrungen vieler Menschen beim Umgang mit sich und anderen zusammengestellt. Es wird deutlich, wie beeinträchtigend Menschen mit sich und anderen leben, aber auch, wie viele Möglichkeiten der seelischen Entwicklung und des förderlichen Zusammenlebens sie haben. Die dargestellten Erfahrungen stimmen mit Einsichten aus Forschungen überein. Auch für unser eigenes Leben sind sie bedeutsam.

Die Erfahrungen vertrauten uns Menschen während unserer dreißigjährigen beruflichen Tätigkeit an. Sie enthalten ihre Sorgen und Wünsche, bewußter und befriedigender mit sich und anderen zu leben. Manchen dieser Menschen begegneten wir in Augenblicken, in denen sie sich in einer Lebenskrise befanden und sich zu klären suchten. Mit vielen Menschen waren wir in Gesprächsgruppen zusammen, die zum Teil im Fernsehen gezeigt wurden. Wir haben sie oft noch Monate oder Jahre danach begleitet.

Viele andere haben sich uns in Briefen oder telefonischen Gesprächen anvertraut. Manchmal hat uns die Flut der Briefe oder Anrufe fast überfordert. Aber wir haben uns immer wieder beschenkt gefühlt durch die persönlichen Erfahrungen dieser Menschen, durch ihre Offenheit sowie ihr Bemühen, sich selbst und anderen tiefer begegnen zu wollen. So erfuhren wir in Begegnungen und Gesprächen eine große Vielfalt von Möglichkeiten, die jeder von uns hat, sich selbst zu zerstören oder zu heilen, andere zu zerstören oder anderen ein Helfer zu sein.

Welche Bedeutung kann dieses Buch für den Leser haben? Er erhält Einblick in die Lebenspfade und vielfältigen Erfahrungen anderer Menschen. In manchem wird der Leser sich selbst wiedererkennen, seine eigenen Erfahrungen, Gedanken und Wege. So wird er angeregt, sich mehr damit auseinanderzusetzen, über seine innere Entwicklung nachzudenken und Klarheit über seinen Umgang mit sich und anderen zu gewinnen.

Wir möchten den Leser bitten, die Erfahrungen und Einsichten über die innere Entwicklung als *Anregungen*, als *Möglichkeiten* der eigenen Entwicklung anzusehen. Wichtig ist, daß jeder seinen eigenen Weg geht, daß niemand sich unter Druck setzt und meint, er «müßte» oder «sollte» einen dieser Wege gehen. Die innere Entwicklung jedes Menschen ist einmalig, je nachdem, in welcher Lebenssituation er lebt, in welchem Stadium er sich befindet, was ihm möglich ist und wo er am ehesten Zugang findet. Es kann also sein, daß ein Weg für einen Menschen günstig und hilfreich ist, während für einen anderen unter seinen anderen Lebensbedingungen ein anderer Weg förderlich ist. Wichtig scheint uns auch, daß wir uns und anderen Zeit lassen für die innere Entwicklung, daß wir sie nicht überstürzen und daß wir die Wichtigkeit kleiner Schritte sehen.

In unserem Wunsch, die Erfahrungen vieler Menschen dem Leser in diesem Buch zugänglich zu machen, sind wir durch Helga

Müller, Cornelia Tausch und insbesondere Daniela Tausch unterstützt worden. Erika Bednarczyk und Gertrud Wriede danken wir sehr für ihren unermüdlichen Einsatz bei der Textverarbeitung vieler Gesprächsausschnitte und der verschiedenen Fassungen des Manuskripts. Unser Lektor Jens Petersen hat durch seine engagierte hilfreiche Arbeit das Werden des Buches sehr gefördert. Herzlich danken wir auch den Menschen, die uns ihre seelische Innenwelt so offen anvertrauten. Wir konnten dadurch viel lernen, unser Leben ist durch sie reicher geworden.

Anne-Marie Tausch                              Reinhard Tausch

# Hinter Fassaden leben?

## Das Verbergen des Inneren

Viele Menschen leben nach außen hin anders, als sie innerlich fühlen und denken. Sie bemühen sich, sich dem anderen nicht so zu zeigen, wie sie sind. Sie verdecken ihr Erleben. Sie wollen einen anderen Eindruck vermitteln; oft möchten sie sicherer wirken, ihre Angst und Unsicherheit verbergen.

«Irgendwo hab ich immer eine Maske auf», sagt eine Frau, 37 Jahre; «wenn ich etwa abends mit Leuten zusammen bin, dann bin ich lustig und fröhlich, und die sagen: ‹Das ist bei dir ja alles gut und schön.› Wenn ich dann nach Hause fahre, fällt die Maske ab.» Sie fährt fort: «Nein, die anderen kennen mich nicht. Sie haben *auch* alle Masken auf. Das ist wirklich so. Die legen ihre Masken eben nicht ab. Manchmal kann ich jetzt schon meine Maske ablegen, hier und da. Und ich kann heute schon mal sagen, wie ich mich wirklich fühle.»*

Rolf, ein Student: «In Situationen, in denen ich Angst habe und mich unsicher fühle, gebe ich mich überlegen und sicher, zum Beispiel im Seminar. Ich tu so, als ob mich das alles kaum etwas angeht und als ob ich alles wüßte und beherrschte. Aber

---

* Alle persönlichen Äußerungen in diesem Buch sind Auszüge aus Gesprächen, die auf Tonband oder vom Fernsehen aufgezeichnet wurden, oder Auszüge aus Briefen oder Tagebuchaufzeichnungen. Die Namen der Personen haben wir meist geändert.

wenn ich dann nach Hause komme, dann bricht alles in mir zusammen. In Wirklichkeit fühle ich mich so unsicher und unterlegen. Aber ich wage nicht, jemandem das zu sagen.» Eine junge
Frau: «Ich habe dieses Lächeln an mir, dieses verbindliche,
freundliche, Gunst heischende Lächeln. Das hab ich sehr leicht,
daß ich lächle und im Grunde traurig bin.» Ihre Schwäche, ihr
Unglücklichsein, ihre Unsicherheit versteckt sie hinter einer
Fassade; sie möchte glücklicher, stärker wirken.

Oft sind Menschen wenig echt, indem sie ihr Verhalten bewußt
oder unbewußt nach einer Rolle oder einem Berufsbild ausrichten. Sie handeln, wie «man» handelt. Manche Männer richten
sich nach der Geschlechtsrolle «Mann» aus. Sie bemühen sich,
hart zu sein, wenig gefühlsbetont, verbergen ihre Schwächen
und Tränen. Nachrichtensprecher im Fernsehen setzen eine
«Amtsmiene» auf, Pastoren verändern sich oft in Sprache und
Verhalten, wenn sie die Kanzel betreten. Lehrer, Professoren,
Richter, Psychotherapeuten verhalten sich gemäß einer Berufsrolle. Ihre Handlungen und Äußerungen entsprechen nicht
dem, was sie fühlen und denken. Sie richten sich danach, was
ihrer Berufsrolle angemessen ist und was andere von ihnen erwarten. Manche Menschen, zum Beispiel Politiker, verstehen
sich als «Träger von Ideologien». Sie handeln als Sprachrohre
ihres Parteiprogramms.

Diese Verleugnung der eigenen Person erfahren auch viele
Studenten an den Hochschulen: «An der Universität verstecken
sich viele Professoren und Studenten hinter einer Maske der Ge-
lehrsamkeit. Kaum einer sagt etwas Persönliches von sich, öffnet
sich. Fast jeder versteckt sich hinter Sachlichkeit und Wissenschaftlichkeit.»

Der oft krasse Unterschied zwischen Handeln und Fühlen im
Beruf und im Privatleben kommt in den Äußerungen einer Lehrerin zum Ausdruck: «In der Schule werde ich von den Schülern,
dem Kollegium und den Eltern als engagierte Lehrkraft sehr ge-

schätzt. Ich komme mit allen gut aus. Dies aber nur, weil niemand von meinem Innenleben etwas weiß. Ich lebe mit einer Fassade, mit einer Maske, die ich nur zu Hause, wenn ich allein bin, abnehme. Dann kann es geschehen, daß ich weine, am Sinn meines Lebens zweifle und mich immer wieder frage, warum ich eigentlich so ungeliebt leben muß. Ich lebe ständig in einem Zwiespalt.»

So leben und arbeiten viele Menschen zusammen, ohne einander zu offenbaren, was sie fühlen und denken. Sie tarnen und verbergen ihre innere Welt.

### Wie wirken sich seelische Fassaden aus?

Zwar empfinden viele die Tarnung in manchen Situationen als vorteilhaft: Konflikte werden vermieden, sie fühlen sich geschützt, andere ahnen nichts von den Schwächen. Doch die Nachteile werden deutlicher, je länger Menschen ihre Fassadenhaftigkeit beibehalten:

o Das Aufrechterhalten von Fassaden und seelischen Mauern ist mit inneren Spannungen und mit ständigen intensiven Anstrengungen verbunden, erfordert Kraft und Energie: «Es kostet mich ungeheuer viel Anstrengung, meine Umgebung nicht merken zu lassen, daß es ständig in mir brodelt.» – «Wenn man ständig eine Rolle einnehmen muß, ständig aufpassen muß, das ist einfach zuviel für mich! Ich fühle mich oft sehr verkrampft.» – «Ich baue leicht eine Fassade vor mir auf. Und ich habe Angst, daß ich sie nicht durchhalten kann.» Die Angst, andere könnten ihre Verteidigungswand durchschauen, führt häufig zu noch stärkerer Kontrolle. Sie versuchen, sich noch sicherer oder unnahbarer zu geben. Dies ist mit einer Vergrößerung der Spannungen und Anstrengungen verbunden.

o Unechtsein und Fassadenhaftigkeit behindern die Entwicklung der seelischen Möglichkeiten. Sie schränken uns ein, uns im Kontakt mit anderen zu verwirklichen und zu erfahren. Wir lernen uns selbst weniger kennen. «Leider gelingt es mir nur selten, wirklich ich selbst zu sein. Ich bin dadurch sehr eingeschränkt und kann nicht zu mir selbst finden, und ich kann mich auch nicht mit mir selbst auseinandersetzen.»

o Fassadenhaftigkeit mindert die seelische Lebensqualität und macht uns gefühlsmäßig leerer. «Ich fühle mich völlig passiv. Ich sehe keinen Sinn in meinem Leben. Es kostet mich sehr viel Anstrengung, meine Umgebung nichts merken zu lassen, und das schon seit Jahren.» – «Ich weiß gar nicht, wie ich eigentlich bin. Ich habe mich über Jahre ständig vergewaltigt und mir das anerzogen. Ich kann gar nicht mehr natürlich sein. Manchmal gab es Augenblicke, wo andere Menschen das mitbekommen haben. Ich habe mir übelgenommen, daß ich mich in meinen Augen habe hängenlassen. Ich meinte, ich müßte immer ·stark sein... Ich habe manchmal das Gefühl, seelisch tot zu sein.»

o Bei einigen führt das Unterdrücken des Fühlens und der Unterschied zwischen äußerem Handeln und innerem Fühlen zu körperlichen Störungen, zu psychosomatischen Erkrankungen: «Seit zirka zehn Jahren lebe ich in Angstzuständen, was sich auch in Herzanfällen und Weinkrämpfen zeigt», schreibt uns ein 42jähriger Mann. «Meiner Umwelt zeige ich mich nur als Freund und Helfer. Alle halten mich für den großen harten Kerl. Aber die Wirklichkeit sieht ganz anders aus. Nachts wache ich vor Angst auf, mit Hilfe von Tabletten wie Valium will ich dann alles vergessen, aber die Angst kommt wieder. Es führte so weit, daß ich im November einen Herzinfarkt bekam. Weder Ärzten noch Freunden konnte ich mein Herz ausschütten. Oft kommt mir jetzt der Gedanke, meinem Leben ein Ende zu setzen.»

o Menschen mit Fassaden und Schutzpanzern kommen seltener in tiefe Beziehungen zu anderen, in der Partnerschaft, in der Familie, im Betrieb, mit Freunden und Mitmenschen. Die anderen erfahren von ihnen wenig über ihre wirkliche Person und empfinden sie deshalb eher als kühl und ablehnend. Die Mitmenschen wissen nicht, woran sie sind, mit wem sie es zu tun haben. «Ich habe das Gefühl, daß meine Partnerin mir oft was vormacht, und so weiß ich nicht, woran ich bei ihr bin. Und das verunsichert mich.» Die 38jährige Uschi über eine Bekannte: «Hella ist jemand, die sich oft versteckt. Ich möchte sie selbst doch wirklich sehen. Sie hat so 'n ziemliches Stück Fassade. Und das macht mich so mürbe, weil die Beziehung zu ihr für meine Begriffe kalt ist. Das finde ich traurig, weil vieles so lieblos, so arrangiert wirkt. Ich mag es nicht, wenn alles so neutral bleibt. Die echte Hella erleb ich nicht.»

Unter der Kälte und Unnahbarkeit, die andere an fassadenhaften Menschen wahrnehmen, leiden diese meist auch selbst. Eine Frau: «Ich komme mir manchmal vor wie hinter einer großen Schaufensterscheibe. Ich möchte so gern Kontakt aufnehmen mit draußen; aber die Scheibe ist so dick, daß ich gar nicht durchkomme. Aber diese Scheibe durch eine Tür zu verlassen – das ängstigt mich stark, und ich versuche, mich dann doch nach allen Seiten abzusichern.»

o Menschen erfahren wegen ihrer vorgespielten Sicherheit, Arroganz oder Fröhlichkeit weniger Hilfe von anderen. Sie zeigen nicht ihre wirklichen Gefühle von Traurigkeit und Einsamkeit und können schwer um Hilfe bitten: «Wenn ich total in der Luft hänge, kann ich auf keinen zugehen und ihm sagen; daß ich ihn brauche», sagt Sophie, 35. «Dabei wünsche ich mir so sehr, zu jemandem hingehen zu können und zu sagen: Ich brauche dich. Aber ich kann es nicht. Ich habe Angst, zurückgestoßen zu werden, das wäre das Allerschlimmste. Und darum gehe ich schon vorher auf Distanz.»

○ Menschen mit einem seelischen Panzer neigen dazu, gegenüber anderen mißtrauisch zu sein. Sie nehmen an, daß auch andere sich hinter einer Fassade verstecken und unecht sind. Bruno, etwa 35 Jahre, äußert in einem Gruppengespräch: «Ich könnte keinem vertrauen, also grundsätzlich nicht. Es bleibt immer etwas hängen, wo ich sage: Also ich muß ihm mißtrauen... Und so nagt da eigentlich ständig so ein Mißtrauen in mir.»

Anne-Marie: «Ist das so, daß du viele Menschen als Gegner erlebst?»

Bruno: «Ach, ich würde sagen: Nur!»

Anne-Marie: «Hast du Menschen, die dir irgendwo nahe sind?»

Bruno: «Nein. – Ja, ich hab Bekannte, ich hab Freunde, was man so sagt. Das ist ein schöner Eimer Wasser, wollen wir mal sagen, aber das Wasser ist vergiftet. Auch die Bekannten und die Freunde. Das sieht ja alles schön und klar aus, aber das ist wirklich etwas Faules, ich könnte daran sterben.»

Ein Gruppenmitglied: «Fühlst du dich denn damit wohl?»

Bruno: «Weißt du, indem ich meinen Schutzpanzer hab, fühl ich mich wohl damit.» [61]*

○ Menschen mit Fassaden veranlassen andere dazu, sich ebenfalls hinter Fassaden zu verstecken. Sind Eltern oder Lehrer unecht und fassadenhaft, so übernehmen Kinder und Jugendliche eher dieses Verhalten von ihnen. Verstecken Personen der Öffentlichkeit, etwa Politiker, ihr persönliches Fühlen und Denken, so tragen sie mit dazu bei, daß viele Menschen annehmen, Fassadenhaftigkeit sei ein angemessener Lebensstil.

* Die in Klammern gesetzten Zahlen verweisen auf die Quellenangaben im Literaturverzeichnis am Ende des Buches.

## *Warum leben Menschen hinter Fassaden?*

o Die Angst, abgelehnt, verletzt, nicht verstanden zu werden, die Anerkennung anderer zu verlieren oder vor anderen nicht bestehen zu können, ist der häufigste Grund, der Menschen veranlaßt, sich zu tarnen: «Ich spüre: Wenn andere mich gut kennen, werden sie mich ablehnen.» – «Ich versuche immer die Rolle des Sicheren zu spielen. Ich glaube, daß andere mich nur dann anerkennen, wenn ich sicher bin.» – «Ich habe Angst, daß andere etwas an mir entdecken, worüber sie lachen könnten und womit ich sie enttäusche.»

Viele berichteten uns, daß die Angst, in der Schule, während des Studiums und am Arbeitsplatz nicht anerkannt und abgelehnt zu werden, ihre Fassadenhaftigkeit förderte. Die Folge ist ein kühler, sachlicher, ja manchmal unmenschlicher Umgang, bei dem das gefühlsmäßige Erleben und persönliche Probleme ausgeklammert sind. «Ich habe eben diese wahnsinnige Angst, daß mich keiner versteht und mich alle ablehnen, wenn ich mich gebe, wie ich mich wirklich fühle», sagt eine Studentin. «Ich kann nicht von den Studenten und vom Dozenten verlangen, daß sie in einem Seminar, wo über fachliche Dinge gearbeitet wird, sich mit meinen Problemen beschäftigen.» Diese Aussage ist typisch für Zehntausende unserer Schüler und Studenten.

Durch diese Furcht vor Ablehnung oder Verletzung richten sich viele Menschen nicht nach ihrem eigenen Fühlen und Denken, sondern passen sich dem allgemein üblichen Verhalten und den Erwartungen anderer an. «Ich habe ständig das Gefühl, daß andere etwas von mir erwarten. Und deshalb verhalte ich mich meist so, daß ich die anderen nicht enttäusche. Und so traue ich mich nicht, offen das zu sagen, was ich möchte.» Eine Handelsschülerin, 19 Jahre: «Ich befürchte immer, es kann sich im Unterricht eine Situation herausstellen, in der ich ausgeschlossen bin oder sogar noch mehr: in der alle gegen mich sind, wenn ich meine wirkliche Meinung sagen würde. Und das hindert alle meine Beiträge. Denn ich bemühe mich wahnsinnig, mich wohl-zuverhalten und nirgends anzuecken. Ich formuliere sehr vor-sichtig, um bloß nicht irgendwo Aggressionen hervorzurufen. Und das paßt eigentlich gar nicht zu dem, wie ich sein möchte.»

Diese Angst, abgelehnt zu werden, hängt entscheidend mit geringer Selbstachtung und geringem Selbstvertrauen zusam-men. «Mein schon ewig währendes Minderwertigkeitsgefühl hindert mich daran, mich in der Beziehung zum Partner so zu geben, wie ich wirklich bin.»

o Die Angst vor Nähe ist ein weiterer Grund, gleichsam eine Schutzkleidung anzulegen. Eine Frau, 59: «Obwohl ich nicht kontaktarm bin, empfinde ich fast ständig eine gewisse Angst und Scheu im Umgang mit Menschen, sei es bei Bekanntschaften in der Nachbarschaft, bei Veranstaltungen, aber auch im Berufs-leben. Wenn ich öfter mit jemand zusammen bin, so werde ich das unwillkürlich eintretende Gefühl nicht los, nicht mehr frei zu sein – daß ich meine Unabhängigkeit und Anonymität dabei verliere, daß ich von meinem privaten Bereich etwas verraten könnte und daß mir jemand zu nahetritt. Nach einiger Zeit möchte ich mich dann am liebsten wieder in mein ‹Schnecken-haus› zurückziehen.»

Die Sachbearbeiterin Brigitte, 33: «Ich spüre oft, daß ich den Leuten nicht viel bedeute. Besonders bei Leuten, die eine höhere Bildung genossen haben. Da fühle ich mich ihnen sehr unterle-gen, unsicher… Ich habe mich immer mehr von den Menschen zurückgezogen. Ich bin so auch viel allein. Der Hauptgrund ist: Ich möchte von den Leuten angenommen, anerkannt werden. Ich hab schon früher in der Schule solche Schwierigkeiten ge-habt, Kontakte zu bekommen. Und da hab ich mit dem Clown angefangen. Von außen her war alles gut, und bei mir innen hin-ein hat niemand geblickt. Ich hielt das für die einzige Chance, akzeptiert zu werden.»

o Durch eine seelische Panzerung suchen Menschen unangenehme Teile oder Erfahrungen vor sich selbst zu verbergen. Sie haben Angst davor, Eigenschaften bei sich zu entdecken, die sie ablehnen oder die sie verunsichern würden: «Wenn ich über mich selbst nachdenke und zugebe, wie ich mich selbst sehe, dann ist das schlimm. Und deshalb lasse ich mir auch von den anderen nicht in meine Karten gucken. Ich habe Angst vor meiner inneren Leere, die hinter meiner Fassade ist.»

Manche Menschen fürchten, sich selbst näherzukommen, etwa ihrer Traurigkeit oder ihrer eigenen Unzulänglichkeit. Deshalb flüchten sie vor anderen und vor sich selbst hinter eine Fassade, in Beschönigungen, in Unaufrichtigkeit. «Wenn ich jemandem sage, wie aggressiv ich bin, dann bekommt er ein schlechtes Bild von mir. Deshalb verberge ich es, und deshalb kontrolliere ich mich. Aber ich verberge es damit gleichzeitig vor mir selbst.»

o Die Angst, andere zu verletzen, hält viele davon ab, offen und aufrichtig zu sein. «Ich habe mitunter das Gefühl, daß ich mich zwiespältig verhalte, weil ich niemandem weh tun will, gewissermaßen aus Höflichkeit», sagt ein 35jähriger; «es fällt mir schwer, Stellung zu beziehen, weil ich fürchte, ich könnte den anderen verletzen, ihm weh tun, ich finde vielleicht nicht die richtigen Worte. Wenn ich im Gespräch dem anderen zuhöre, ist innerlich in mir so ein Motor, der die Kontrolle übernimmt, auch nur ja dann einzuhaken, wenn's Höflichkeit, Takt und Erziehung erfordern. So fühle ich mich irgendwie immer unfrei, immer unter Druck gestellt, daß ich dann immer so diese Kopfschmerzen habe.»

o Der Wunsch, andere nicht zu belasten, und die Befürchtung, ihnen ihre negativen Gefühle nicht zumuten zu können, hindern viele daran, echt zu sein: «Ich erzähle meiner Freundin nicht viel von den Streitereien mit meinem Mann. Ich denke, daß ich sie

damit belaste, mit meinen Problemen. Früher habe ich ihr schon
ab und zu etwas gesagt, um es ihr irgendwie verständlich zu machen, warum ich so gereizt bin. In letzter Zeit aber hat sie öfter
gesagt: Renate, du siehst so traurig aus. Und dann sage ich ihr
einfach nur: Ach, ich bin nur ein bißchen müde. Ich bin gar nicht
traurig. Ich streite vor ihr meine Gefühle ab. Ich weiß nicht, ob
das richtig ist. Denn seitdem ist eine ziemliche Verschlechterung
in unserer Beziehung eingetreten. Sie spürt die Spannungen, sie
liegen ja in der Luft.»

o  Mißtrauen anderen gegenüber verleitet viele dazu, sich hinter
einer Fassade zu verbergen. Diese soll ihnen vor anderen Menschen Schutz bieten. Hans, ehemaliger Kranführer: «Ich bin immer vorsichtig. Ich leg die Karten nie voll hin. Ich behalt immer
einen im Sinn. Das ist so 'ne Art Schutzpanzer. Das hat mich die
Zeit gelehrt. Ich bin vorsichtig.»
   Auch «gute Ratschläge» beeinflussen viele in ihrem Verhalten:
«Man» soll seine Gefühle nicht äußern. «Man» muß sich zusam-
mennehmen. «Man» muß vor anderen auf der Hut sein. Ein An-
gestellter, 26 Jahre: «Jetzt, wo ich meinen Arbeitsplatz wechsle,
sagte mein Abteilungsleiter: ‹Passen Sie auf, daß Sie nicht den
gleichen Fehler machen, den Sie hier gemacht haben! Sie müssen
immer ein Schlitzohr sein! Sonst werden Sie nie weiterkommen.›
Das hat mich zuerst sehr deprimiert, daß ich praktisch nicht so
sein kann, wie ich möchte, so offen, hilfsbereit und so kollegial,
sondern immer so ein Schlitzohr, egoistisch und so. Und ich
dachte mir: Mensch, was ist das für eine Welt, in der du leben
mußt.» – Ein 18jähriger schildert, wie ihm geraten wurde, mißtrauisch zu sein: «Die haben mir gesagt: ‹Du bist viel zu offen zu
den Menschen. Du darfst nicht immer das Gute im Menschen
sehen. Du mußt auch bedenken, jeder ist sich selbst am nächsten. Du traust den Menschen viel zuviel!› Ich hab danach eine
lange Zeit bei jedem Menschen immer gedacht: Wie gut ist der
eigentlich, wieweit kannst du dem eigentlich trauen? Immer

habe ich jedem Menschen gegenüber gleich Angst gehabt. Erst allmählich habe ich mich davon freigemacht und hab gelernt: Wenn ich offen bin, gewiß, dann wird's nicht leichter. Aber irgendwie komme ich dann besser mit den anderen klar.»

○ Manche suchen durch Masken und Fassaden andere über ihre wahren Absichten zu täuschen, um Vorteile zu haben. Sie wollen andere unwissend halten, um sie besser beherrschen und manipulieren zu können. In Verhandlungen etwa verstecken sie ihre wirklichen Absichten hinter Schweigen oder Äußerungen, die nicht ihren ehrlichen Auffassungen entsprechen: «Viele Menschen haben ein Pokergesicht. Sie tragen eine Maske und lassen andere nicht wissen, was in ihnen vorgeht.» Sich hinter Masken und Fassaden zu verstecken, um den anderen zu täuschen, vergiftet aber oft menschliche Beziehungen erheblich, ja kann körperlich krankmachend sein. Besonders bei Menschen, die füreinander eine größere Bedeutung haben, bei Familienangehörigen, in der Partnerschaft oder bei engen Mitarbeitern im Betrieb, sehen wir dies als seelisch sehr schädigend an.

Herrscht ein derartiges Klima im öffentlichen Leben, zum Beispiel bei politischen Verhandlungen, die in den Medien übertragen werden, dann lernen Millionen von Menschen unbewußt diesen Stil des Miteinanderumgehens.

Auch in der Wissenschaft gibt es das «Pokergesicht». Eine schwer verständliche Ausdrucksweise, die als «wissenschaftlich» gilt, ist oft eine Fassade, um die eigene Wissenschaftlichkeit herauszustellen und um sich selbst zu erhöhen. Dahinter steckt häufig die Angst vor Fehlern und Unzulänglichkeiten sowie ein geringes Selbstvertrauen.

○ Viele errichten Fassaden, um es bequemer zu haben oder um Nachteile zu vermeiden. Sie spüren unmittelbar die Entlastung, wenn sie in einer Situation ihr Fühlen nicht äußern. Wir haben oft erfahren, daß leitende Personen sich hinter Formalitäten oder bürokratischen Techniken zurückziehen, um Schwierigkeiten und persönliche Risiken zu vermeiden: «Fassaden und Abwehrhaltungen machen mich unangreifbar», sagt ein Abteilungsleiter. «Wenn ich Härte zeige, das schreckt andere ab, mich anzugreifen. Wenn ich an andere appelliere, das lenkt von mir ab. Wenn ich den anderen beschuldige, brauche ich mich nicht selbst zu offenbaren. Ich richte Ansprüche, die ich an *mich* richten müßte, an andere. Ich lenke von problematischen Teilen meiner Person ab. Ich vermeide Gespräche darüber und schiebe Sachinhalte vor.» Der Dekan eines Fachbereichs an der Universität: «Wenn es für mich schwierig wird, was ich tun soll und wie ich mich entscheiden soll, dann mache ich es rein formal, nach den Vorschriften. Ich habe mir in den letzten Jahren eine Fassade der Selbstsicherheit nach außen hin zugelegt. Diese Fassade schützt mich vor Übergriffen.»

Ob Menschen, die sich auf diese Weise vor Schwierigkeiten zu schützen und Bequemlichkeiten zu erlangen suchen, wissen, wie sehr sie damit befriedigende zwischenmenschliche Begegnungen erschweren? Auch wenn wir die unverbindlichen Äußerungen eines Regierungssprechers hören, seine vorsichtig und mit Bedacht gewählten, meist nichtssagenden Formulierungen, dann wird es uns deutlich, daß hier jemand ängstlich vermeidet, seine persönliche Meinung zu sagen oder eine Auffassung, die auf andere ungünstig wirken könnte.

○ Ein weiterer Grund für seelische Fassaden ist, daß viele Menschen keine Möglichkeit sehen, ihre Panzer und ihre Mauern zu durchbrechen: «Durch die vielen Jahre der Selbstbeherrschung kann ich lachen, wenn ich innerlich weine. Ich möchte gern ganz frei sein von dieser Maske und Gefühle zeigen und zulassen können. Ich möchte das, aber es geht nicht, ich kann überhaupt nicht mehr weinen.» Bei vielen verstärken und festigen sich die Masken und Fassaden im Laufe der Zeit – es wird immer schwieriger, sie aufzugeben.

Oft wurde diese Fassadenhaftigkeit schon während der Kindheit gefördert. Etliche Eltern, Lehrer und Mitmenschen erziehen andere dazu zu verbergen, was sie fühlen, ihre persönlichen Gedanken zu leugnen. Und viele passen sich dieser Norm schon als Kinder an, aus Angst vor Nachteilen und Strafen und der Vorteile wegen, die sich daraus für sie ergeben. Als Erwachsene sind sie dann tagtäglich mit vielen Menschen zusammen, die auch hinter einer Fassade leben und sich nicht hervorwagen. «Ich habe gemerkt, daß es eigentlich viel natürlicher, normaler wäre, wenn ich mich nach draußen so gebe, wie ich bin. Aber draußen in der Welt, da ist das normal, daß man sich hinter einer Fassade versteckt.»

So ist der Gedanke oder der Versuch von Menschen, die Fassade aufzugeben, mit Angst verbunden – der Angst, sich von etwas zu lösen, was ihnen sehr vertraut ist, was sie lange aufgebaut haben und was sie schützt, der Angst, sich auf Unbekanntes einzulassen, sich schutzlos preiszugeben: «Ich schaffe es nicht, alle meine Stützmauern und Gerüste abzulegen», sagt ein Rechtsanwalt. «Ich weiß nicht, was danach kommt, wenn ich sie beseitigt habe.»

Diese Menschen haben selten Informationen von anderen, die es wagten, ihre Rüstung abzulegen. Dieser Schritt ist zwar zunächst schmerzlich, aber auch befreiend und befriedigend.

Vor allem Menschen mit geringem Selbstwertgefühl wagen es selten, auf ihre Fassade zu verzichten. «Mein Selbstwertgefühl ist auf Null gesunken, weil ich erkannt habe, daß ich vor mir selbst nicht mehr bestehen kann und vor anderen perfektes Theater spiele», sagt ein Mann, 35. «Ich hielt mich für eine stärkere Persönlichkeit, als ich bin. In Wirklichkeit bin ich sehr schwach. Leider muß ich dieses Theater weiterspielen, denn ich fürchte, Schwache werden zertreten. Ich fühle mich sehr elend dabei.»

Die Angst, diese Mauer zu verlassen, die sie schützt, aber zugleich wie ein Gefängnis einengt, beschreibt auch ein 52jähriger Mann: «Ich habe sehr viel Angst, den Schutz abzulegen, den ich anderen Menschen gegenüber seit der Kindheit benutze. Dieser schützt mich nicht nur, sondern er isoliert mich stark und macht mich unglücklich. Noch nie habe ich meine Abwehr anderen Menschen gegenüber so genau wahrgenommen und meinen Widerstand, in mich hineinschauen zu lassen, an mir Anteil nehmen zu lassen, so stark empfunden. Aber auch noch nie habe ich so deutlich gemerkt, wieviel Anspannung und Energie es mich kostet, diese Mauer instand zu halten und sie nicht schadhaft werden zu lassen... Aber im Moment habe ich eigentlich schon die Bereitschaft, auf das Wagnis einzugehen.»

## Menschen vermindern ihre Fassaden

Wie können wir uns persönlich so entwickeln, daß wir mehr wir selbst sind? Wie finden wir zu einer Lebensweise, von der wir sagen können: «Was ich äußere, entspricht dem, was ich fühle und denke.» – «Ich verleugne mich anderen gegenüber nicht.» Was ist hilfreich auf diesem Weg, der sich oft über Jahre erstreckt und dessen Ziel wir kaum je erreichen?

o Der Wunsch, sich von den Einengungen einer Fassade zu befreien, steht oft am Beginn. Eine Frau, 40 Jahre: «Warum trage ich eigentlich eine Maske? Warum lasse ich sie nicht fallen? Das möchte ich gern. Weil ich weiß, in Wirklichkeit bin ich ganz anders. Die Menschen sehen mich nicht, wie ich in Wirklichkeit bin. Ich möchte so leben, wie ich bin. Und auch von den anderen so erlebt werden.» Siegmund, 38 Jahre: «Ich möchte auf andere offen zugehen können und sagen: ‹Seht, so bin ich›, ohne in ein Rollenverhalten zu fallen und zu denken: ‹Was erwartet der andere von mir, wie muß ich jetzt sein?›» Eine Frau: «Zuerst bemerkte ich nicht, daß ich diese Maske habe... Vor einiger Zeit entdeckte ich, daß da offenbar etwas ist, was die Menschen von mir fernhält. Ich bemühte mich ganz verzweifelt, da herauszukommen, und ich wollte mich öffnen. Aber ich weiß nicht, wie ich da herauskommen soll… Ich weiß nur, daß ich das will.» [44]

Dieses Bewußtwerden der Einengung ist ein Anstoß, sich von Fassaden zu befreien.

o Die ersten konkreten Schritte in der Entwicklung, echter zu werden, sind oft: In günstigen zwischenmenschlichen Situationen unternehmen Menschen weniger Anstrengungen, sich anderen gegenüber anders zu geben, als sie sind, besonders dann, wenn ihre Offenheit erwünscht ist. Wenn andere sich hierdurch nicht bedroht fühlen und wenn sie das Gefühl haben, daß ihnen aus dieser Entwicklung keine Nachteile erwachsen, sondern daß sie von den Mitmenschen anerkannt werden. «Dort, wo ich angenommen werde, wie ich bin, kann ich jetzt schon echt und ohne Fassade sein», sagt die Bibliothekarin Nicole. «Durch diese positive Atmosphäre bei den Leuten hatte ich nie das Gefühl, vorsichtig sein zu müssen, daß das jemand verkehrt auffassen könnte.» – «Wenn ich mich bei Leuten sicher fühle», sagt ein 45jähriger, «dann kann ich mich fallenlassen und mich öffnen. Sicherheit ist für mich, daß ich ein Gefühl von Zuwendung habe und die Leute kenne – daß ich darauf vertrauen kann, daß sie mich auch mögen, wenn ich mich anders gebe.» – «Ich habe mich so sicher unter Euch gefühlt», schreibt eine Frau, «daß ich es zum erstenmal schaffte, offen und ehrlich zu mir selbst zu sein. Eure Reaktion darauf hat mich sehr ermutigt und darin bestätigt, die Veränderung anzustreben.» Für manche ist auch das Zusammensein mit Kindern, die meist spontan und ohne Maske sind, eine Hilfe. «Bei meinen Kindern schaffe ich es am ehesten, ich selbst zu sein und ohne Angst», sagt der 35jährige Jakob.

o Wenn sie auf Verständnis stoßen, beginnen manche, sich auch in ihrem Beruf mehr so zu zeigen, wie sie sind. So haben uns Lehrer von ihren Bemühungen berichtet, ihre Autoritätsrolle gegenüber den Schülern aufzugeben und zu vermeiden, etwas anders auszudrücken, als sie fühlen: «Ich habe erfahren, daß meine Schüler mich auch ohne Abwehrmauern mögen. Ich brauche nicht mehr anzugeben und den starken Mann zu spielen. Ich bin mir und den anderen gegenüber ehrlicher geworden.» Von den Schwierigkeiten, aber auch von ermutigenden Fortschritten berichtet Alfred, 35: «In Arbeitsgruppen und im Kontakt mit anderen erlebe ich es zum Teil heute noch als bedrohlich, meine Schwäche zu zeigen. Ich mache mich damit verletzbar. Wenn ich aber meine Verteidigungshaltungen aufgab, dann hatte ich einen viel lebendigeren Kontakt zu meinen Arbeitskollegen und Mitmenschen bekommen. Ich habe viel mehr Anteilnahme und Wärme gespürt, wenn ich meine Fassade aufgab.»

o Menschen mit Selbstvertrauen und der Bereitschaft, sich zu wandeln, fällt es oft leichter, ihre Fassaden zu vermindern. «Ich denke, ich muß vorher innerlich aufrüsten, um nach außen meinen Panzer abrüsten zu können», sagt ein 40jähriger. «Aufrüsten heißt Vertrauen zu mir haben, zu mir selbst stehen, mich selbst achten – und bereit sein, auf Äußeres, auf Prestige, Eitelkeit, Ansehen und Anerkennung zu verzichten. Wenn ich innerlich sehr zu mir stehe und mich achte, dann kann ich auch ohne Fassade gegenüber denen sein, die mich nicht darin achten und annehmen. Entscheidend ist: Ich nehme mich selbst an.»

Das Vertrauen zu sich selbst und die Bereitschaft, sich zu sich selbst und ihrer Situation zu bekennen, halfen auch Margot: «Eine Zeitlang habe ich zu niemandem irgend etwas über meine Schwierigkeiten in der Partnerschaft gesagt. Ich sagte mir: Das ist meine Privatangelegenheit. Aber das ist anders geworden. Ich bekenne mich voll dazu, daß es nun einmal so ist, daß unsere Partnerschaft so schiefgelaufen ist. Und ich versuche, nichts mehr zu verstecken. Ich habe mir gesagt: Mensch, wenn die Situation anscheinend wirklich so unveränderbar ist, dann mußt du eben den Tatsachen ins Auge schauen und dich und die Situation so darstellen, wie sie ist.»

o Sich von Erwartungen frei zu machen, von den eigenen und denen anderer, ist förderlich auf dem Weg, echter zu werden. «Ich bin dahintergekommen, daß Erwartungen an mich und an andere mich daran hindern, in einer Beziehung oder in einem Moment wirklich echt, wirklich ich selber zu sein. Erwartungen von mir: Der andere wünscht sich das von mir. Und Erwartungen an mich: Ich müßte der und der sein, und ich müßte mich anderen so darstellen. Und so habe ich mich dann verstellt. Ich lerne jetzt, alle Erwartungen aufzugeben und in jedem Moment der zu sein, der ich bin.»

o Die Teilnahme an einfühlsamen Gruppengesprächen erleichtert es Menschen sehr, fassadenfreier und offener zu werden. Das Klima von gegenseitigem Verständnis, Akzeptierung und Unterstützung – zunächst von dem Helfer geschaffen, dann von den Gruppenmitgliedern übernommen – ist hierfür entscheidend. [40, 54] Jeder zweite, der vor der Teilnahme an einer Gruppe angegeben hatte, er verberge sich weitgehend hinter einer Fassade, erlebte sich ein halbes Jahr danach als wesentlich fassadenfreier. [65] «Die Gruppe half mir, die Maske der Überlegenheit abzulegen. Ich wurde mir selbst gegenüber ehrlicher und den anderen gegenüber mutiger.» – «Meine Einstellung anderen Menschen gegenüber war immer auf Abwehr von Angriffen gerichtet, weil ich glaubte, meine Schwächen verbergen zu müssen. Bei der Gesprächsgruppe erlebte ich, daß ich auch ohne Abwehrmauern akzeptiert werde. Ich komme mir jetzt zwar wehrloser, aber doch stärker vor. Ich brauche nicht mehr anzugeben und den starken Mann zu spielen. Ich bin mir und den anderen gegenüber ehrlicher.»

Die meisten überwinden allmählich ihre Hemmungen und Ängste, die Fassade fallen zu lassen. Bei einigen erfolgt es plötzlich und intensiv, wie es der 18jährige Joachim in einem Brief an uns beschreibt: «Am ersten Tag in der Gesprächsgruppe hatte ich Angst, mich selbst zu zeigen. Aber ich sagte dies niemandem. Ich verdrängte die Angst. Am nächsten Tag brach dann ein Kartenhaus zusammen, das viele Jahre gehalten hatte. Jemand äußerte, daß er mich nicht als echt erlebe. Ich spürte zu meiner Verblüffung, wie ich zunehmend unruhiger wurde. Gespielt kühl wollte ich wissen, was die anderen davon hielten. Es waren einige andere da, die ihn bestätigten. Sie hatten sich nur noch nicht getraut, es mir zu sagen. Ich begann zu zittern. Das durfte doch nicht wahr sein. Innerlich wehrte sich etwas in mir wie eine verletzte Raubkatze, doch ich fühlte mich hilflos. Ich wandte mich an die Helferin, sie wenigstens müsse doch die Echtheit gespürt haben. Aber auch sie fühlte wie die anderen. Da war es aus. Ich hatte das Gefühl, als wäre mir mit einemmal der Boden unter meinen Füßen weggerissen. Ich kam mir so allein vor. Ich hatte den starken Wunsch, aus dem Zimmer zu laufen. Doch auch darin sah ich keine Hoffnung. Nach kurzer Zeit geschah das für mich Merkwürdige. Plötzlich wurde ich ganz ruhig, das Zittern hörte auf, und ich sagte: ‹Wißt ihr, das komischste ist, ihr habt recht.› Auf einmal sah ich, daß ich tatsächlich gespielt hatte, nicht ich selbst gewesen war und das schon jahrelang. Ich konnte es nicht begreifen. Doch ich konnte es mir jetzt eingestehen. Ich hatte das Gefühl, als sei ein seltsamer Druck fort. Ich war erstaunt, daß ich dann alles über mich sagen konnte. Dinge, die ich noch eine Stunde zuvor nicht einmal mir selbst zugegeben hätte, konnte ich auf einmal wie selbstverständlich erzählen. Ich merkte, daß ich bisher kaum wahre Gefühle gezeigt hatte. Mir wurde bewußt, daß ich meine eigenen Gefühle einfach nicht hatte zulassen können, sondern überdeckt hatte. Leise begann ich zu weinen. Ich war verwirrt, aber ruhig.»

*Welche Auswirkungen hat es, wenn wir freier*
*von Fassaden werden?*

Wir sind sehr beeindruckt von den seelischen Vorgängen, die bei
Menschen eintreten, die echter werden:

o  Sie werden seelisch lebendiger, selbstbestimmter, haben mehr
persönliche Kraft: «Ich kann mir gar nicht mehr vorstellen, wie
ich früher gelebt habe», berichtet eine Frau. «Es muß unheimlich
anstrengend gewesen sein, hinter dieser Fassade zu leben.» –
«Ich brauche nicht mehr viele Gedanken daran zu verschwen-
den, wie ich auf andere wirke!» Menschen verbrauchen ihre
Energien nicht mehr zur Aufrechterhaltung ihrer Fassade. Teile
ihrer Persönlichkeit, die vorher verkümmert waren, werden neu
belebt. Diese Auswirkungen wurden in Untersuchungen bestätigt: Personen, die sich überwiegend als echt einschätzten – die
zum Beispiel zugaben, wenn sie sich schwach und unterlegen
fühlten –, waren freier von psychoneurotischen Beeinträchtigungen. [54]

o  Menschen kommen in ehrlichere und tiefere Beziehungen mit
anderen, wenn sie ihre Fassaden, Rollen und Masken aufgeben.
Die Furcht, von anderen nicht angenommen zu werden, erweist
sich oft als unbegründet. Joachim: «Nach der Gruppe begann
ich mich in ganz anderem Licht zu sehen. Ich hatte jahrelang die
Überzeugung gehabt, daß jeder, der mein wahres Selbst sehen
würde, mich sicherlich ablehnen müßte. So aber spürte ich nun
gerade, wenn ich ich selbst war, viel mehr Zuneigung. Am Anfang fiel es mir noch recht schwer, diese Zuneigung von anderen
anzunehmen. Doch ich muß sagen, es ist wunderbar, was ich
heute alles erfahre. Leute kommen auf mich zu und sagen, sie
würden mich ganz anders erleben, viel ruhiger, offener, und ich
wäre ihnen so viel lieber... Ich habe in den letzten Monaten und
Wochen Erfahrungen gemacht, die mein Leben wirklich lebens-

wert machen. Ich weiß, daß es mir nicht immer so gutgehen kann. Aber ich weiß heute, daß das auch zu meinem Leben gehört. Und daß ich immer die Möglichkeit habe, zu anderen hinzugehen und ihnen zu sagen, wie es mir geht, und auf ihr Verstehen hoffen kann. Vielleicht irre ich mich, aber meine momentanen Erfahrungen weisen mich in diese Richtung.» Nicole ist erstaunt, wie positiv andere ihre Offenheit aufnahmen, im Gegensatz zu ihren Befürchtungen: «Ich habe eben am Telefon meinem Vater zum erstenmal in meinem Leben gesagt, daß es mir seelisch schlecht geht. Und er hat gesagt, dann komm doch mal, daß wir uns aussprechen. Und ich dachte immer, er tobt gleich los, wenn ich ihm das sage. Weil er sonst immer sagte: Alle Neurotiker müßte man ins Arbeitslager stecken oder erschießen.»

Dagegen berichtet uns ein Priester, Leiter einer großen Schule, der gemeinsam mit uns an einem siebzehntägigen Gruppenseminar in den USA teilnahm, in einem Brief über seine Schwierigkeiten, die er auf Grund seiner größeren Offenheit im Umgang mit Kollegen hat: «Menschen fürchten sich. Viele, mit denen ich zusammen lebe, sind einfach nicht offen. Sie lassen weder mich noch jemand anderen wissen, wie sie wirklich sind. Sie fühlen sich durch mich bedroht und verschließen sich noch mehr als vorher. Ich fühle mich fremd, und das ist schmerzlich. Ich denke: Diejenigen, die frei sind, sie selbst zu sein, verschrecken andere, die noch nicht so sein können. Wenn ich versuche, sie zu ermutigen und mit ihnen zu sprechen, ernte ich oft zuerst Mißtrauen und Angst. Die Menschen müssen glauben, ich habe irgendeine geheime Absicht. Und das ist entmutigend für mich. Aber ich werde es weiterhin versuchen. Es wird eben nur langsam vorangehen.»

Geringere Fassadenhaftigkeit ermöglicht vielen den Weg zu tieferen, lebenswerteren Freundschaften und erfüllten Partnerschaften. Renate: «Die Kontakte mit Bekannten, Freunden und

Kollegen haben sich verbessert. Der Kreis meiner Freunde ist zwar kleiner geworden, aber die Beziehungen sind sehr viel intensiver. Ich merke, daß die Leute gern zu mir kommen oder auch ihre Sachen gern mit mir bereden wollen. Ich lasse mich auch nicht mehr auf irgendwelche oberflächlichen Gespräche mit Leuten ein. Und das kommt auch gar nicht so unbedingt schlecht bei Leuten an, wenn ich ihnen ganz klar sage: Red mal nicht herum, warum rufst du eigentlich an? Ja, und dann sagen sie es. Ich habe auch das Gefühl, mir ist mein Leben einfach zu schade und zu kurz, daß ich um irgendwelchen Scheiß immer herumrede. Und so habe ich die Erfahrung gemacht: Je offener ich bin, je günstiger ist es für mich und meine Freundschaften.»

Die Möglichkeit, durch eine größere Ehrlichkeit sich selbst und anderen gegenüber intensivere Freundschaften und Beziehungen eingehen zu können, dabei aber auch oberflächliche Beziehungen aufzugeben, zeigen die nachfolgenden Äußerungen. Reinhold: «Margret und ich haben sogenannte Freunde verloren, weil sie von uns gegangen sind, als sie merkten, daß wir begonnen haben, uns nach unseren Erfahrungen zu richten und nicht nach ihren oftmals offenen und versteckten egoistischen Vorstellungen. Und wir haben in zunehmendem Maße Freunde bekommen, die leben wollen wie wir: offen zu- und füreinander und uns in unseren eigenen Erfahrungen achtend. – Jetzt leben wir echter, bewußter, ohne Maske, wir fühlen uns zugleich freier, uns und den anderen viel näher.» – «Ich bin anspruchsvoller in meinen Beziehungen geworden», sagt Therese, «weil ich lieber mit Menschen zusammen bin, die echter sind. Mich ärgern die Versteckspiele, die ich früher auch mitgemacht habe. Ich weiß jetzt mehr, daß ich von bestimmten Personen etwas will, von anderen nicht.»

## Sich öffnen und anderen Persönliches anvertrauen

Verstellen sich Menschen nicht mehr, so fällt es ihnen leichter, anderen ihre persönlichen Gedanken und Gefühle mitzuteilen. «Ich kann den Menschen freier und offener entgegentreten und meine eigenen Wünsche und Gedanken besser äußern. Ich kann jetzt einfach über mich reden und muß nicht immer auf Sachen ausweichen, zum Beispiel: ‹Ich möchte mir einen Fotoapparat kaufen, weißt du nicht, welches da der beste ist?› Ich kann auch eher auf den anderen eingehen. Und ich kann jetzt von mir aus mal jemand einfach ansprechen. Das finde ich gut.»

Oft geht diese Selbstöffnung einher mit größerem Mut und weniger Angst vor anderen und sich selbst. «Ich bin mutiger geworden, meine Gefühle zu äußern, freier, meine wahre Meinung zu sagen und andere Menschen um etwas zu bitten.» – «Ich habe keine Angst mehr, abgewiesen zu werden. Mir fällt es leichter, spontaner zu sein, zu sagen, was ich im Moment empfinde.»

Menschen lernen, anderen mitzuteilen, was in ihrem Fühlen und Erleben von großer Bedeutung ist. Sie äußern, wie sie sich selbst sehen, wie sie sich fühlen. Der andere erhält so Einblick in ihre Erlebniswelt. So mag jemand sagen: «Ich hatte solche Schuldgefühle, ich konnte nächtelang kaum schlafen.» Oder er spricht über seine persönlichen Gedanken und Gefühle: «Ich werde es kaum schaffen.» – «Ich bin jemand, der sehr verschlossen ist.» – «Ich bin gern mit Ihnen zusammen.»

Mit Selbsteröffnung ist allerdings nicht die unbegrenzte Offenlegung der sogenannten Intimsphäre jedem beliebigen Menschen gegenüber gemeint. Es ist vielmehr eine seelische Wandlung, durch die wir fähig werden, uns den Menschen zu öffnen, die diese Offenheit verstehen und als eine Bereicherung der Beziehung ansehen. Wir meinen mit Selbstöffnung auch nicht die Mitteilung aller Gefühle, etwa eines Anflugs von Ärger, Unlust oder Langeweile, bei denen wir spüren, daß sie rasch vorübergehen und nicht bedeutsam für die Beziehung zum anderen sind.

In einem Klima gegenseitigen Vertrauens, in dem sich Menschen angenommen fühlen, fällt es den meisten leichter, sich zu öffnen: «Bei Menschen, denen ich mich zumuten kann, habe ich es jetzt schon des öfteren gewagt, ehrlich über meine Gefühle zu sprechen.»

Manche wagen und lernen es am ehesten, sich gegenüber Familienangehörigen zu öffnen: «Ich bin echter geworden. So daß ich jetzt meinen Angehörigen sage, wenn mir etwas gefällt oder wenn mir etwas nicht gefällt. Ich vertrete öfter meine Meinung. Zwar mit einem großen Unsicherheitsgefühl, aber ich geb mir dann richtig einen Ruck und denke: Einmal mußt du es ja lernen. Ich merke, wie es mir jetzt oft leichterfällt, einmal etwas von mir zu erzählen.» Eine Mutter berichtet, wie sie mehr Offenheit in ihrer Familie zu erleben beginnt: «Was das Verhältnis von mir und meinen Kindern angeht, so erzählen wir uns jetzt mehr, was uns privat bedrückt, was wir machen. Wir tauschen einfach mehr persönliche Eindrücke aus. Sie erzählen mir dann auch, was sie erlebten und woran sie rumknabbern. Das war vorher eigentlich nicht so. Das war auch mein Fehler, mein Verhalten. Ich habe immer versucht, mich zu vertuschen oder im Hintergrund zu verstecken – nach dem Motto: Das geht meine Kinder nichts an, das ist mein Problem. Wir sind jetzt offener zueinander.»

Partnerschaften sind ein weiterer Bereich, in dem Menschen es wagen und lernen, sich zu öffnen. Barbara, 37: «Unsere Partnerschaft ist offener geworden, weil ich einfach nicht mehr herunterschlucke. Wenn ich Unklarheiten verspüre, mache ich einfach den Mund auf und rede darüber und versuche, auch Hans zum Reden zu bewegen.» Eine 42jährige Frau sagt: «Ich denke, wir beide versuchen, unsere Probleme und Konflikte vorsichtig, schonend genug anzusprechen. Und wir sind auch mit viel Verständnis aufeinander eingegangen, und es hat auch Entsprechendes gebracht. Früher habe ich es so erlebt, daß Andreas möglichst überhaupt nicht aus sich herausgekommen ist. Das, was er gesehen oder empfunden hat, das war alles *sein* Problem. Das hat er für sich behalten, und er hat nur vor sich hingemurrt und war mürrisch. Ja, er hat es heruntergeschluckt. Er hat nur Ableh-nung signalisiert, und ich konnte nie damit umgehen. Ich wußte ja nie: Was ist es? Wie ist es? Dadurch konnte ich Andreas nie verstehen oder auch nie hilfreich sein. Das war so meine ganze Ohnmacht. Jetzt ist mir das alles bewußt geworden.»

Auch gegenüber Freunden oder Bekannten lernen Menschen, sich mehr zu öffnen. «Ich habe unter meinen Freundinnen Mut gefunden, meine Schwächen aufzudecken, mich auch mit mei-nen Kanten und Ungereimtheiten und mit Unausgegorenem zu zeigen, und – was das Schönste ist – das Gefühl bekommen, auch damit angenommen zu werden.»

Joachim, 17, berichtet von seiner Erfahrung in der Schulklasse: «Meine Mitschüler finden, seitdem ich offener bin, bin ich auch für sie viel zugänglicher, menschlicher geworden. Seitdem haben sie mir auch viel von sich erzählt, wahrscheinlich, weil sie sich nicht mehr so minderwertig bei mir vorkamen, weil ich ja so eine Fassade des Sicheren und Problemlosen hatte. So übe ich mich sehr darin, nicht mit meinen Schwierigkeiten und mit meinem Innern für mich zu bleiben.» – «Ich zeige mich jetzt so im Unter-richt, wie ich bin, ohne mich zu verheimlichen und ohne Panzer», sagt ein Lehrer. «Ich zeige meine Unzulänglichkeiten und auch meine Fehler. Und auch das, was ich schön und gut finde.» – «Verbessert hat sich, daß ich gelernt habe, freier zu sein, freier zu leben, mich Konflikten zu stellen, auch wenn ich weiß, das geht bitter für mich aus. Auch wenn ich negative Reaktionen zu erwar-ten habe, sage ich trotzdem meine Meinung. Das hat mir schon eine Menge gebracht. In der Firma akzeptieren mich die anderen jetzt ganz anders. Früher habe ich mich immer so wie ein Aal durchgewunden, immer jede Möglichkeit mitgenommen, aber immer an dem Problem vorbei, nicht mittendurch. Und jetzt gehe ich direkt darauf zu, und das ist eine starke Verbesserung.»

Beeindruckend ist für uns im folgenden Beispiel, wie sich eine junge Universitätsdozentin bemüht, in ihrem Berufsalltag menschlicher zu werden: «Früher habe ich gedacht: Die merken das nicht und verstehen das nicht. Meine Probleme, die muß ich für mich lösen, da darf ich niemand anderen mit belasten. Ich war immer strahlend, immer vergnügt, immer ausgeglichen, immer ruhig. Das hat die vielleicht auch irgendwie aggressiv gemacht. Von mir ist da nie etwas durchgekommen. Seitdem ich den Leuten aber erzähle, daß ich Schwierigkeiten habe, da öffnen sie sich mir. Weil ich vorher immer das Bild von mir gegeben habe: Bei mir ist alles okay, und ich bin toll, und ich bin glücklich, ich habe immer einen Haufen Kraft, bei mir könnt ihr alles abladen. Und die kamen immer mit ihren Problemen zu mir, aber ohne daß sie *mich* wahrnahmen, eher so als seelischen Mülleimer. Jetzt haben sie ein ganz anderes Verhältnis zu mir. Es erleichtert sie ungeheuer, daß auch ich Schwierigkeiten habe. Der menschliche Kontakt ist sehr viel besser geworden. Es ist viel mehr Offenheit. Häufig klopft es an meiner Tür in meinem Uni-Zimmer. Auch Leute, die früher gelegentlich auf der Treppe mit mir gesprochen haben oder im Seminar, die kommen jetzt und wollen einfach nur reden. Das finde ich toll. Ich bin irgendwie menschlicher geworden, dadurch, daß auch ich mich mal gezeigt habe – auch, daß ich mich manchmal schlecht fühle.»

### Selbstöffnung, ohne den anderen zu verletzen

Die Befürchtung, andere durch die Selbstöffnung zu verletzen, hindert viele daran, sich zu öffnen: «Früher habe ich Angst gehabt, meiner Frau etwas zu sagen. Ja, ich habe regelrecht Angst gehabt. Weil ich gedacht habe, es geht vielleicht noch mehr kaputt, als schon kaputt ist.»

Was können wir tun, damit wir den anderen durch unsere Offenheit nicht verletzen?

o  Wenn wir uns in den anderen einfühlen und auf seine Gefühle
Rücksicht nehmen, vermindern wir die Gefahr, daß wir ihm
durch unsere Selbstöffnung seelischen Schaden zufügen. Es ist
auch sehr wichtig, eine Zeit und eine Situation zu wählen, in der
uns der andere fähig erscheint, uns zu hören und anzunehmen.

o  Drücken wir ferner nur das *eigene* Fühlen aus, *ohne den anderen zu bewerten* und ohne ihm Vorwürfe zu machen, dann sind
unsere Äußerungen selten verletzend. Das Aussprechen von
Empfindungen («Ich spüre Spannungen, Ärger, Angst usw. in
mir») verletzt den anderen nicht oder zumindest weniger als Äußerungen wie «Du nervst mich», «Du machst mir das Leben zur
Qual». Diese Äußerungen enthalten Wertungen und Vorwürfe
und führen häufig beim anderen zu ungünstigen Reaktionen.
  Vielen fällt es anfangs schwer, nur das zu äußern, was *sie* fühlen, wünschen und mögen. Eine wichtige Voraussetzung ist, daß
wir in uns selbst zentriert sind und daß wir uns unseres Fühlens
bewußt werden. Eine solche nichtwertende Selbstöffnung ist
förderlich und hat eine ganz andere Wirkung als geäußerte Ablehnung, Kritik, Beschuldigungen oder Wertungen: «Ich versuche, andere nicht zu kritisieren, etwa wenn ich Schwierigkeiten
mit ihnen habe. Sondern ich versuche, meinem Gegenüber etwas
von dem mitzuteilen, was ich fühle.»

o  Günstig ist es auch, wenn wir unsere Gefühle frühzeitig äußern. Je länger wir sie in uns anstauen, desto größer ist die Gefahr, daß es schließlich zu Gefühlsausbrüchen kommt, die den
anderen verletzen können. «Wenn ich früher endlich gewagt
habe, meinem Partner die Dinge so zu sagen, wie ich wollte,
dann sind sie meistens schon so lange angestaut gewesen. Ich
habe dann einen ziemlichen Druck gespürt. Sie kamen dann sehr
polterig und massiv heraus. Ich habe mich dann immer total im
Ton vergriffen.» Arnold berichtet: «Früher hat Charlotte ihre
Gefühle mehr zurückgehalten. Heute sagt sie mir die gleich. Das

begrüße ich. Das finde ich besser, als wenn ich immer nur von ihrem Gesicht ablese, daß etwas nicht stimmt und sie dann Wochen später plötzlich sagt: Ich kann nicht mehr mit dir zusammen leben, weil du neulich das getan hast. So wie wir das jetzt machen – frühzeitig unser Gefühl auszudrücken – das hat auch dazu geführt, daß unsere Diskussionen nicht so endlos sind. Es ist jetzt mehr ein beständiges Gespräch, ein beständiger Austausch.» Und Charlotte ergänzt: «Ich versuche jetzt, das, was ich fühle, in Worte unterschiedlicher Stärke zu kleiden, den Zeitpunkt abzupassen, und vor allem bewußt von *mir* zu reden.»

Margot beschreibt ihren Weg so: «Ich bin immer wieder beglückt, wenn mir ein Mensch von sich, seinen Gefühlen erzählt oder wenn ich das ihm gegenüber tun kann und wenn wir uns dabei ein Stück näherkommen. Ich bin aber in meiner Entwicklung, mich anderen zu öffnen, andere zu respektieren und verstehen zu lernen, noch lange nicht am Ende angelangt. Diese Entwicklung, anderen näherzukommen, wächst von Tag zu Tag. Oft kann ich die Schritte vorwärts dabei genießen, sie bringen mir Freude. Ein Ende erwarte ich nicht, da die Entwicklung für mich das Ziel ist.»

Ein 26jähriger Psychologiestudent beschreibt seine Entwicklung, echter zu werden, und seine anfänglichen Erfahrungen, andere dabei zu verletzen: «Ich habe lange Zeit Schwierigkeiten sowohl mit dem Begriff der Echtheit gehabt als auch damit, echt zu sein, echt zu leben, mir selbst und anderen gegenüber. Als ich begann, mich offener meinen Gefühlen zuzuwenden, habe ich anfangs hauptsächlich den ganzen Ärger und Unmut über andere entdeckt, den ich bisher nicht zum Ausdruck gebracht hatte. Weil ich echt sein wollte, habe ich meinen Ärger über das ‹unzulängliche Verhalten› anderer mitgeteilt. Die Folge war anfänglich, daß sich meine Freunde und Bekannten von mir zurückzogen und ich mich häufig allein fühlte. Genau das Gegenteil dessen trat ein, was ich erhofft hatte, nämlich in näheren Kontakt zu anderen zu kommen. Ich habe erst später durch andere erfahren, was der Grund für den Rückzug war. Ich mag zwar ‹echt› gewesen sein, aber zugleich verletzend und abweisend. Durch solche Erfahrungen habe ich gelernt, Echtheit nicht isoliert von Achtung und Einfühlung zu betrachten.

Indem in meinem Ärger oft auch Verletzungen enthalten waren, habe ich mein Gegenüber nicht akzeptiert. Mehr noch: Ich habe meine eigenen Gefühle nicht verstanden, ich war mir selbst gegenüber nicht einfühlend. Mein eigenes Gefühl des Verletztseins durch andere konnte ich nicht wahrnehmen. Ich konnte es nur ausdrücken, indem ich andere verletzt habe. Nachdem ich diese Zusammenhänge in Gruppen erfahren habe und meine eigenen Verletzungen wahrnehmen konnte, ist es mir möglich geworden, *meine* Gefühle zuzulassen und zu zeigen. Ich konnte mich verletzt zeigen, wenn ich mich verletzt fühlte, ich konnte mehr die schwachen Gefühle zulassen. Ich habe solche Gefühle nicht länger als schwach oder schlecht angesehen. Ich habe festgestellt, daß alle diese Gefühle in mir ihren Platz haben. Zugleich ist meine Beziehung zu anderen enger und auch offener geworden. Ich sehe, daß das Ausdrücken meiner Gefühle förderlich für wichtige Beziehungen ist, mich in engeren Kontakt zu anderen bringt. Es scheint sogar so zu sein, daß sich die Gesamtheit dieser Gefühle in einer für mich selbst und für andere konstruktiven Harmonie bewegt. Und etwas weiteres scheint die Folge dieser Entwicklung zu sein: In gewisser Weise bin ich ‹Herr› über meine Gefühle geworden. Damit meine ich, daß sie nicht explosionsartig aus mir herausbrechen, sondern ich selbst bin in der Lage zu entscheiden, wann und wem gegenüber ich meine Gefühle darlegen möchte. Es gelingt mir eher abzuwägen, ob es mir sinnvoll erscheint, mich wegen einer Sache zu streiten, die nicht von großer Bedeutung für mich ist. Meine Gefühle habe ich als *meine* Gefühle erkannt.»

*Welche Auswirkungen hat Selbstöffnung?*

Welche Erfahrungen machen Menschen, die – auf den anderen
Rücksicht nehmend und ohne zu werten – ihr persönliches Fühlen und Denken äußern?

o Das Aussprechen bedeutsamer persönlicher Empfindungen
gegenüber verständnisvollen Mitmenschen führt meist zur seelischen Erleichterung, zu größeren Chancen, sich persönlich
weiterzuentwickeln. «Das Aussprechen half mir bei der Beseitigung meines seelischen Mülls.» – «Je mehr ich von mir offen-
bare, um so besser geht es mir. Und ich möchte mich weiter
mitteilen, denn das habe ich 31 Jahre lang nicht getan.»
    Auch in Untersuchungen stellte sich heraus: Selbstöffnung, die
Fähigkeit, über persönliche Erlebnisse mit anderen zu sprechen,
hängt mit seelischer Gesundheit und mit der Entwicklung der
eigenen Persönlichkeit zusammen. [23, 54] Dies trifft auch auf
erkrankte Menschen zu: Patienten mit langjährigen schweren
Rheumaerkrankungen, die mit anderen offen über ihre Krankheit
sprachen, vermochten diese besser anzunehmen und hatten trotz
der Erkrankung eine höhere seelische Lebensqualität als verschlossene Patienten. [22] In dem Buch ‹*Gespräche gegen die
Angst*› finden sich zahlreiche Äußerungen von Krebspatienten,
die die gleiche Erfahrung zum Ausdruck bringen. «Ich habe über
meine Krankheit mit vielen Menschen gesprochen. Sie helfen mir,
meine Krankheit zu tragen. Ich trage die Last nicht mehr allein.» –
«Dadurch, daß ich gelernt habe, mit anderen über meine Krankheit zu sprechen, bin ich viel ungehemmter und freier geworden.
Das ist ja auch für meine Heilung wichtig.» [51]

o Selbstöffnung erleichtert es Menschen, sich mit sich selbst
auseinanderzusetzen und sich besser zu klären.

o Eine weitere Auswirkung von rücksichtsvoller, nichtwertender Selbstöffnung ist: Die Beziehungen zu anderen Menschen werden intensiver und beständiger: «Ich habe erkannt, daß mein Offensein eine sehr wichtige Bedingung für die Entstehung von Kontakt zwischen mir und meinen Mitmenschen ist.» Thomas äußert, wie die Selbstöffnung anderer auf ihn wirkte, was er dabei empfand: «Wenn die einzelnen Leute über sich selbst und ihre Schwächen sprachen, dann dachte ich: Die sind dir näher als deine eigene Familie. Das sind deine besten Freunde. Und ich fühle mich so gut, ich riskiere immer mehr Offenheit und bekomme Offenheit, ich lerne Menschen kennen und mich selbst.»

Rücksichtsvolle Selbstöffnung kann auch die Beziehungen zwischen den Generationen verbessern: «Ich gehe heute nicht mehr mit meinen Kindern um, indem ich sage: So und so ist das richtig, das sollt ihr so tun, so sollt ihr euch verhalten, sondern ich sage: ‹So denke ich.› Ich kennzeichne immer: Das ist meine Meinung. Heute kann ich sie mehr und mehr als vollwertige Persönlichkeiten ansehen. Und ich erlebe die Veränderung so, daß damit freiere Gespräche, auch über für sie persönlich heikle Themen, möglich sind, daß weniger Aggressionen da sind und weniger Opposition.»

o Teilen wir unsere inneren Erfahrungen und unser Fühlen einem anderen mit, so geben wir ihm durch unsere Offenheit die Möglichkeit, uns zu verstehen, unsere innere Welt wahrzunehmen. Er fühlt sich uns gegenüber sicherer, er weiß, mit wem er es zu tun hat. Menschen, die sich selbst öffnen – in der Familie, im Freundeskreis, in Institutionen oder in der Politik –, vermindern den Abstand zu ihren Mitmenschen. Die anderen fühlen sich weniger unterlegen, und sie spüren, daß sie es mit einem echten, aufrichtigen Menschen zu tun haben.

o Rücksichtsvolle nichtbewertende Selbstöffnung kann eine Partnerschaft erheblich verbessern und Konfliktsituationen entspannen. Dies teilten uns viele mit: «Wir können jetzt direkter miteinander sprechen. Es ist befreiend zu wissen, woran man beim anderen ist. Wir hatten beide sehr lange Zeit das Problem miteinander – und es wurde mit den Jahren immer stärker –, daß wir immer versucht haben zu erraten, was der andere eigentlich erwartet. Das wurde dann teilweise sehr kompliziert. Wir trauen uns jetzt beide mehr, unsere Wünsche und Meinungen zu sagen. Und es ist dadurch auch sehr viel einfacher für uns, miteinander umzugehen.»

Wenn sich Partner gegenseitig ihre Gefühle offenbaren, wird ihre Beziehung intensiver. Größere Offenheit ermöglicht es ihnen, sich ihre Zuneigung deutlicher zu zeigen, zärtlicher zueinander zu sein: «Wir haben jetzt im Sexuellen einen Neuanfang. Früher war es eben ein Eheleben, wie man es nach zwanzig Jahren so hat, belastet von Unstimmigkeiten. Aber auch die Intensität war nicht da. Und jetzt erlebe ich diese Verbesserung sehr stark. Wir haben über einige Dinge direkt gesprochen, über unsere Wünsche und Vorstellungen.

o Menschen helfen durch ihre Öffnung anderen, sich ebenfalls mehr zu öffnen, weniger fassadenhaft zu sein. [23] «Wie da einer von den Schwierigkeiten mit seiner Frau erzählte, da mußte ich plötzlich das von mir erzählen. Ich war hinterher richtig erleichtert, daß ich das sagen konnte. Ich fühlte mich frei und unbeschwert. Das war völlig neu für mich.» – «Meine Schüler treffen sich auch privat», sagt ein Lehrer. «Und denen konnte ich, als sie mal einen Tag bei mir waren, offen sagen, daß ich mich von meiner Partnerin getrennt hatte, was mich Überwindung kostete. Das hat mir eine starke menschliche Zuwendung gebracht. Da kam plötzlich heraus, daß einige etwas Ähnliches erlebt hatten und daß einer der Schüler sich gerade von seiner Freundin trennt. Das war eine unheimliche Offenheit, toll!»

Durch gegenseitiges Offensein kommt es zu tieferen und fruchtbaren Beziehungen zwischen Menschen.

## Sich selbst gegenüber aufrichtiger werden

Sich selbst gegenüber echter und aufrichtiger werden, erscheint uns sehr bedeutsam. Das Freiwerden von Fassaden und größere Selbstöffnung wird hierdurch sehr gefördert.

Was verstehen wir unter dieser Aufrichtigkeit uns selbst gegenüber? Unserem Bewußtsein ist das unmittelbare Erleben zugänglich, das, was im Moment jeweils in uns vorgeht. Jemand, der sich selbst gegenüber aufrichtiger zu werden versucht, bemüht sich, dieses unmittelbare Fühlen und Erleben und seine Bedeutung für ihn möglichst deutlich zu spüren: «Ich höre in mich hinein – auf das, was ich fühle; ich akzeptiere dieses Fühlen und versuche, es vor dem anderen auszudrücken.» Hierbei werden wir uns vieler Vorgänge deutlicher bewußt, was wir möchten, was wir fühlen, welche Bedeutung etwas für uns hat – ob wir Anerkennung wünschen, Liebe, äußeres Prestige, ob wir einen anderen übervorteilen möchten usw.

Ein Mensch, der sich selbst gegenüber aufrichtiger wird, sucht seine seelische Wirklichkeit sehr bewußt wahrzunehmen, zu verstehen und sie auch anderen mitzuteilen. Er wird sich deutlicher seines Erlebnisstroms, dessen, was in ihm vorgeht, bewußt. Er spürt zum Beispiel, wenn er sich verteidigt, wenn er etwas zu verleugnen sucht oder wenn er andere für seine Gefühle verantwortlich macht.

Sich des eigenen Erlebens deutlicher bewußt sein, die eigene innere Welt zu hören, sie zu verstehen und schließlich ohne Wertungen über andere mitzuteilen – das ist für die meisten von uns nicht einfach. Es ist ein lebenslanges Lernen, bei dem wir uns immer wieder fragen: Sage ich das, was ich *wirklich* fühle und denke? Was fühle und denke ich wirklich?

«Ich empfinde es als sehr befriedigend, wenn ich echt sein kann», schreibt Carl Rogers, «wenn ich alldem, was in mir vorgeht, nahe bin. Ich mag es, wenn ich mir selbst zuhören kann. Wirklich zu wissen, was ich im Augenblick erlebe, ist keineswegs leicht, aber ich fühle mich etwas ermutigt, weil ich glaube, im Laufe der Jahre darin Fortschritte gemacht zu haben. Ich bin jedoch überzeugt, daß es eine lebenslange Aufgabe ist und daß es keinem von uns je völlig gelingt, mit allem, was sich in unserem Erleben abspielt, in enger Berührung zu sein.» [37]

*Welche Auswirkungen hat es, wenn wir uns selbst*
*gegenüber aufrichtig sind?*

Wenn wir unsere seelische Wirklichkeit sehr bewußt und möglichst vollständig wahrnehmen, dann sind die Folgen für uns und unsere Mitmenschen bedeutsam:

o Menschen, denen das eigene Erleben bewußter ist, sind sich selbst weniger entfremdet. Sie haben weniger innere Spannungen. Sie neigen weniger zu widersprüchlichem Denken und Handeln, nehmen – um ein Beispiel zu nennen – kaum Privilegien in Anspruch, die ihren sozialen Auffassungen widersprechen.
o Menschen, die ihr Inneres deutlicher wahrnehmen, dazu stehen und aufrichtiger sich selbst gegenüber sind, neigen seltener zu einer Fassade oder Rolle: «Ich versuche, ein Gespür dafür zu entwickeln und zu merken, wann ich wieder eine Fassade zeige oder Vorurteile habe. Stimmt das, was ich sage, wirklich? Je mehr ich von mir selbst spüre, um so weniger kann ich eine Fassade haben.» Diese Menschen können leichter ihr Äußeres mit ihrem Inneren in Übereinstimmung bringen.
o Menschen, die sich selbst gegenüber aufrichtiger sind, passen sich seltener den Meinungen anderer konformistisch an. Sie können sich besser mit sich auseinandersetzen, weil sie sich ihrer inneren Vorgänge deutlicher bewußt sind. «In Auseinandersetzungen oder in schwierigen Situationen versuche ich, aus meinem Erleben heraus meine Meinung zu sagen. Ich nehme keine Argumente, die ich von irgend jemand übernommen habe, son-

dern suche zu hören, wie ich fühle – ich denke über mich nach.»

o Menschen, die sich ihres unmittelbaren Erlebens bewußt sind, drücken sich persönlicher und verständlicher aus. Damit erleichtern sie sich selbst und anderen das Verstehen schwieriger Inhalte.

o Ihr Echtsein ist hilfreich, nicht rücksichtslos. Sie lasten anderen nicht eigene Schwierigkeiten oder Ängste an, da sie sich ihres Erlebens bewußt sind. Sie vermeiden es, zu bewerten oder andere für ihr Fühlen verantwortlich zu machen.

*Größere Aufrichtigkeit und Bewußtheit – weniger Aggression*

Eine der wichtigsten Auswirkungen von größerem inneren Echtsein ist, daß Menschen sich anderen gegenüber weniger aggressiv verhalten. Aggressives Verhalten hängt häufig damit zusammen, daß Menschen Angst empfinden, sich bedroht, hilflos, kraftlos und ohnmächtig fühlen, daß sie große innere Spannungen und Unsicherheit verspüren. Selten äußern sie, was sie fühlen. Sie sind sich dessen meist auch nicht deutlich bewußt. Aus diesen unklaren Gefühlen und Spannungen heraus werden sie aggressiv, beschimpfen andere, schlagen sie, kritisieren und verletzen sie.

Im folgenden beschreiben zwei Personen, wie ihr aggressives Verhalten in ihrer Partnerbeziehung damit zusammenhing, daß sie nicht ehrlich sich selbst gegenüber waren, ihre Verletztheit und Hilflosigkeit überdeckten, und wie sich mit Zunahme innerer Echtheit auch die Beziehungen verbesserten: «Wenn meine Frau mich früher kritisierte, war ich persönlich beleidigt, denn es tat mir weh. Und das wehrte ich ab, indem ich sie kritisierte, statt es anzunehmen. Ich überspielte also mein Verletzt- und Beleidigtsein dadurch, daß ich sie kritisierte, angriff und herabsetzte. Heute dagegen kann ich mein Verletztsein eher annehmen und es ihr offener mitteilen.» – «Bei mir ist das so: Wenn meine Freundin wütend wird, dann wehre ich das einfach ab und mache mich lustig darüber. Dann wird sie noch wütender, und dann mache ich sie noch mehr lächerlich. Bei mir ist das so eine Schutzreaktion. Ich kriege einfach nicht die Kurve, ehrlich zu sein. Eigentlich fühle ich mich vollkommen hilflos, wenn sie wütend ist. Ich kann schwer damit umgehen. Aber ich kann es ihr nicht sagen. Und da ich keine Lust habe, mich mit mir zu beschäftigen, greife ich dann dazu, daß ich mich über sie lustig mache und meine eigenen Gefühle von Hilflosigkeit vollkommen verleugne.»

So äußern Menschen häufig in schwierigen Situationen nicht ihr Fühlen – daß sie zum Beispiel verletzt sind oder sich hilflos fühlen. Häufig ist ihnen dies kaum bewußt. Bewußt sind ihnen meist nur Spannungen, Gereiztheit, Unwohlsein. Sie greifen den anderen an, setzen ihn herab. So sind aggressive und verletzende Äußerungen und Handlungen von Menschen, die uns als «echt» erscheinen, in Wirklichkeit oft ohne Beziehung zu wichtigen Vorgängen in ihnen.

Sind Menschen hingegen fähig, ihr Verletztsein, ihre Hilflosigkeit, ihre Bedürfnisse nach Anerkennung, Verständnis oder Liebe zu äußern, so führt dies zu befriedigenderen, ehrlicheren Beziehungen, in denen Aggressionen seltener auftreten und rascher geklärt werden können. Gertrud: «Für mich ist es sehr wichtig, in meiner eigenen Wut bei mir selbst zu bleiben, die eigene Wut und den eigenen Schmerz zu erkennen – wirklich nur bei mir selber zu bleiben und nicht dem anderen vermitteln: er hat was Böses gemacht, er soll sich ändern, ihn also bewerten. Ich bin schon manchmal wütend auf den anderen, aber eigentlich erkenne ich, daß ich Verständnis von ihm haben will. Es ist sehr schwer, dann bei mir zu bleiben und nicht die Wut dem anderen überzustülpen. Bei mir in der Wut bleiben heißt, sie nicht unterdrücken, aufstauen, sondern sie ausdrücken als *mein* Gefühl.»

Wir möchten nicht mißverstanden werden: Dieses In-sich-

Hineinhören und nichtbewertende Ausdrücken des eigenen
Fühlens in bedrohlichen Situationen ist kein Unterdrücken von
Aggressionen, von Wut oder Ärger. Es bedeutet auch nicht, daß
wir die Heftigkeit unserer Gefühle herunterspielen. Im Gegenteil: Wir lassen unser Verletztsein und unser Gefühl, bedroht zu
sein, deutlicher zu. Es ist auch keine Schwäche oder Unfähigkeit
oder Schüchternheit, die uns davon abhält, uns zu wehren. Es ist
keine Unterwerfung unter den anderen, sondern etwas, das viel
seelische Stärke erfordert.

Diese nichtbewertende Aufrichtigkeit uns selbst und anderen
gegenüber sehen wir als wesentliche, aber selten genutzte Möglichkeit an, zwischenmenschliche Beziehungen zu verbessern;
und ohne Aggressionen zu reagieren, wenn wir Angst haben,
uns hilflos und bedroht fühlen.

# Offener werden für gefühlsmäßiges Erleben

## Sich dem eigenen Fühlen verschließen?

Viele Menschen sind nicht oder nur selten in der Lage, intensiv und vielfältig zu fühlen. Eine Frau, 31 Jahre: «Ich bin vollkommen gefühlskalt und an allem nur wenig interessiert, auch wenig interessiert an mir selbst. Es ist mir peinlich, über mich zu reden. Ich weiß überhaupt nicht, was ich da erzählen soll.» – «Ich habe das Gefühl, daß eine Seite in mir verschüttet worden ist. Ich kann mich gefühlsmäßig nicht ausleben, weder richtig wütend noch spontan sein. Ich fühle mich gar nicht mehr lebendig.» Ein 26jähriger Mann: «Ich kann meine Gefühle zwar irgendwie ahnen, aber meine Gedanken, mein Kopf haben sie fest im Griff. Ich wünsch mir so, daß dies nicht immer durch meinen Kopf geht. Aber ich sehe im Moment keinen Ausweg aus diesem Käfig.»

Gefühlsmäßig verschlossene Menschen empfinden sich häufig als leer, kalt und gleichgültig, desinteressiert. Ein 30jähriger Mann in einem Gruppengespräch: «Als vorhin Helga von ihrer seelischen Leere erzählt hat, da wußte ich ganz genau, du bist auch tot. Menschen erreichen mich nicht gefühlsmäßig und berühren mich nicht mehr. Ich komme mir vor wie eine Maschine, die nur funktioniert. Vielleicht als ganz kleines Kind, so bis zu zehn Jahren, da hab ich mich noch wohl gefühlt. Aber jetzt – ich hab so ein Gefühl, als ob ich mich ins Eisfach gelegt hätte… Ja, ich müßte mir selbst näherkommen. Ich bin im Kühlschrank, so erlebe ich es. Ja, ich will mich ändern. Aber allein schaffe ich das nicht. Da ist dieses Gefühl von Fremdheit – daß ich gar nicht richtig da bin. Wenn jemand auf mich zukommen täte und wollt mich umarmen, ich könnte das gar nicht annehmen. Ich spüre ganz deutlich, daß irgendwo starke Bedürfnisse da sind, nach Zärtlichkeit auch. Aber ich sehe gleichzeitig, daß ich dazu nicht fähig bin. Ich stehe mir gleichsam selber im Weg.

Vorhin, da hat Eva geweint, und ich sitze da seelenruhig nebenbei. Vielleicht habe ich Gefühle. Ich möchte gern hingehen und möchte sie umarmen. Aber da kommt gar nichts raus.» Einige Zeit später sagt er: «Ich hasse mich. Aber noch nicht einmal dieses Gefühl lasse ich richtig zu. Das ist irgendwie im Hinterkopf. Aber es kommt nicht voll heraus. Also weinen oder so etwas – nein. Es ist wirklich wahr, die einzigen Gefühle, die ich rauslassen kann, sind Aggressionen und Haß. Sonst kommt gar nichts. Und um meine Aggressionen abzureagieren, da betrinke ich mich, oder ich höre wahnsinnig laute Musik. Oder ich fahr wie ein Wilder mit dem Auto durch die Gegend... Daß meine positiven Gefühle so abgestorben sind, das schockt mich so sehr... Intellektuell bin ich völlig erwachsen und intelligent. Aber es nützt mir nichts. Gefühlsmäßig bin ich tot. Ich kann mich gefühlsmäßig nicht ausdrücken. Ich habe manchmal gar kein Gefühl für meinen Körper.»

*Welche Auswirkungen hat es, wenn wir uns
gefühlsmäßig verschließen?*

Die kurzzeitigen Folgen können zunächst günstig sein: Unangenehme Gefühle werden nicht oder nur schwach erlebt.

Unterdrücken und vernachlässigen wir jedoch über lange Zeit unser Fühlen, so ist unsere seelische Lebendigkeit erheblich eingeschränkt:

o Durch die Einengung des gefühlsmäßigen Erlebens verküm-

mern Menschen innerlich. Ihr Bewußtsein ist eingeschränkt. Sie
spüren häufig eine innere Leere, sehen keinen rechten Sinn in
ihrem Leben und fühlen sich nicht ausgefüllt, «unlebendig».
Durch das Unterdrücken unangenehmer Gefühle empfinden sie
oft weniger Angst; aber sie spüren auch weniger Freude und positive Erregung.

o Ein gefühlsmäßig leerer Mensch ist sich selbst kein guter Partner. Er spürt sich selbst wenig – besonders wenn er allein ist.
Manche suchen diese innere Leere durch starke äußere Reize
auszugleichen: durch ein Übermaß an Aktivitäten, hohe Geschwindigkeit beim Autofahren oder häufigen Wechsel sexueller
Partner. Andere versuchen, das Gefühl der Leere durch Drogen,
Alkohol, starken Konsum oder überreichliches Essen zu betäuben. «Ich möchte meine Gefühle gern spüren. Ich fühl mich
nicht vollwertig, und das Leben ist langweilig dadurch. Unwillkürlich greife ich zu Hilfsmitteln, nehme Tabletten oder versuche, mich sonst irgendwie hochzubringen.»

o Die starke Einschränkung des eigenen Fühlens kann psychosomatische Erkrankungen fördern. Wenn ein Mensch seine
Empfindungen ignoriert, liegt ein wichtiger seelischer Bereich
brach. Daraus können Spannungen entstehen, die sich ungünstig
auf den Körper auswirken. «Ich kann meine Gefühle nicht rauslassen und bin körperlich vollkommen verspannt – völlig verkrampft, innerlich und äußerlich. Darum auch meine äußerlich
starre Haltung.» – «Ich bin so kontrolliert, so beherrscht, daß
ich nichts richtig rausbringen kann. Mein Mann war eben auch
von Haus aus so erzogen: Da reißt man sich eben zusammen!
Und dadurch kommen bei mir die Magenschmerzen. Es ist alles
gespannt hier drinnen.»

o Gefühlsmäßig eingeengte Menschen haben häufig verarmte
Beziehungen zu anderen. Da sie ihr Fühlen nur sehr eingeschränkt zum Ausdruck bringen können, sind sie wenig bereichernd für andere. «Welche Gefühle mein Mann hat, welche Gefühle er mir entgegenbringt, das kann ich nicht sagen. Da ist er

wie ein totes Buch. Ich wüßte es gern. Aber er spricht nicht darüber.» Eine Frau: «Ich kann zu meinem Mann kommen und mit ihm sprechen. Er hört zu. Aber er klopft mir nicht auf die Schulter. ‹Hm-hm, in Ordnung› – das ist das Äußerste, was ich von ihm zu hören kriege. Er hat immer eine logische Begründung. Er ist in jeder Hinsicht so vernünftig. Wenn er mir doch nur etwas Gefühl zeigen würde. Ich glaube, er hat noch nie geweint. Ich glaube, er hat kein Gefühl.» [44]

Eine 45jährige Frau und Mutter: «Ich empfinde meine Ehe oft als einengend und hemmend... Für meinen Mann ist das wichtigste Kriterium für die Beurteilung von Menschen und für die Beschäftigung mit Dingen der Intellekt. Alles andere ist für ihn dummes Zeug und primitiv. Ich sehe das anders. Für mich zählen mehr Eigenschaften wie Aufrichtigkeit, Herzlichkeit und kein konventionelles Getue, außerdem Mut zur Individualität, nicht angepaßt sein wollen, Toleranz vor allem und Kreativität... Ich wünsche mir mehr Gemeinsamkeit auf emotionaler Ebene, nicht nur auf intellektueller. Es kränkt mich, wenn gefühlsmäßig spontane Argumente als ‹aus dem Uterus kommend› abgewertet werden.»

o Personen, die ihrem eigenen Fühlen gegenüber wenig sensitiv sind, sind oft weniger einfühlsam und tolerant gegenüber anderen.

### Warum verschließen sich Menschen ihrem gefühlsmäßigen Erleben?

o «Wenn man eine gewisse Härte besitzt, wird man mit dem Leben besser fertig.» Diese Äußerung eines 40jährigen Mannes charakterisiert die Einstellung, Gefühlsmäßiges möglichst wenig zu beachten, um besser im Leben bestehen zu können, um weniger verletzlich zu sein. Er fährt fort: «Man erkennt die Situation und versucht, das Beste daraus zu machen. Und wenn man sieht, daß es eben keinen Ausweg gibt, dann hat es sich eben. Ich meine, Gefühle hat man, selbstverständlich – etwa wenn jemand, der einem am Herzen liegt, von dannen geht. Dann kommen auch die entsprechenden Regungen. Ich versuche, so schnell wie möglich mit der Situation und den Gefühlen fertig zu werden, indem ich dann sage, das Leben geht weiter. Und dann drehe ich mich um und hab andere Gedanken. Ja, das ist eine gewisse Härte. Aber ich werde dann mit den Problemen schnell fertig. Das ist eine gewisse Unterdrückung, um nicht zu lange an der Sache zu nagen und sich zu quälen, sich aufzureiben. Denn man schadet sich ja nur selber. Es ist ein gewisses Abschütteln.»

o Manche streben es an, in ihrer beruflichen Tätigkeit möglichst keine Gefühle zuzulassen, weil sie glauben, daß diese sich eher störend auf die Arbeit auswirken könnten: «Ich lasse mir meine Sachlichkeit nicht durch Gefühle vernebeln.» – «Meine Gefühle behindern mich nur.» – «Bei Dienstbesprechungen bin ich immer formell und verschlossen. Ich habe Angst. Sonst würden die anderen sagen: Das gehört jetzt hier nicht her, wie du dich fühlst. Hier geht es um andere Probleme.»

o Im Schulunterricht, in der Berufsausbildung und in Hochschulen suchen viele, ihr Fühlen – ihre Langeweile, ihre Angst vor Benotung oder vor ihrer eigenen Unzulänglichkeit – zu unterdrücken, um bessere Leistungen zu erbringen.

o Durch eine zu einseitige verstandesmäßige Orientierung sowie durch ein Übermaß an Kontrolle und Planung wird das Fühlen beeinträchtigt. «Ich versuche ständig, meinen Gefühlen mehr Beachtung zu schenken, aber mein Gehirn unterbindet dies mit Erfolg», sagt ein 25jähriger Elektriker. «Mir schwirren immer so viele Dinge durch den Kopf. Zum Beispiel versuche ich, die Reaktion anderer im voraus zu ahnen, so daß ich immer weiß: Was für eine Reaktion hat der andere in dieser Situation. Um dann eine bestimmte Reaktion zu erhalten, schaue ich in die

Vergangenheit und sehe mein damaliges Handeln und versuche,
es nachzuahmen. Aber damit befinde ich mich nicht in der Wirklichkeit, sondern in der Vergangenheit oder in der Zukunft. Und
mein Gefühlsstrom wird sehr spärlich, so als ob mein Gehirn
nicht mehr zuließe.» Hans-Jürgen, 21: «Ich glaub, ich bin ein
Typ, der versucht hat, sich zu kontrollieren. Aber eine negative
Folge ist zum Beispiel: Ich kann nicht mehr weinen.» – «Gedanken oder gar Gefühle hab ich erst dann ausgesprochen, wenn sie
meinen Kopf in mehreren ‹Durchgängen› als ‹genehmigt› passiert hatten...»

o «Gefühle zeigen», sagt der 40jährige Rüdiger, «koppelt man
vielfach mit Schwäche. Leute mit Gefühlen werden abgewertet,
so als ob sie unfertige, weniger entwickelte Menschen seien.»
Viele billigen allenfalls Kindern und Frauen Gefühle zu –
«Gefühle sind nichts für harte Männer». Äußert etwa ein Wissenschaftler oder Politiker öffentlich sein Fühlen, so wird er
belächelt, als unwissenschaftlich, unpolitisch oder «individua-
listisch» eingeschätzt: «Ich habe mich damals geschämt», sagt
ein Student, «als mein Professor Gefühle in der Vorlesung
zeigte. Heute aber denke ich, ich habe mich geschämt, weil ich
zu mir selbst und meinen Gefühlen nicht stehen kann.» Gefühle
gelten manchen als ein Zeichen der Schwäche oder Dummheit.
Sie schämen sich ihrer und verstecken sie. Es ist ihnen wenig
bewußt, daß ihr Fühlen etwas sehr Bedeutungsvolles, Berei-
cherndes für ihr Leben sein könnte.

o «Ich möchte die Gefühle nicht zulassen, weil ich denke, dabei
gehe ich wirklich drauf. Das ist für mich ein reiner Selbstschutz.» Das eigene Fühlen zuzulassen und es intensiv zu spüren, ist bei manchen mit großer Angst verbunden. Dieser Angst
versuchen sie zu entgehen, indem sie ihre Gefühle nicht
beachten. So suchen sie, sich vor ihren Gefühlen zu schützen.
Menschen, die ihre Gefühle über Jahre unterdrückt haben, be-

fürchten ferner, sie könnten sich explosionsartig entladen, wenn sie sich ihnen öffnen würden: «Wenn ich meine ganzen Gefühle und Gedanken zulasse, dann habe ich das Gefühl, verrückt zu werden. Es tut sehr weh, und mir geht es dann schlecht. Deswegen höre ich auch so laute Musik, weil sie mich davon ablenkt. Ich habe Angst davor, ganz k. o. zu gehen.» – So möchten manche diese Gefühle nicht spüren: «Wenn man den echten Schmerz fühlt, den man in sich hat – ich finde, dann ist man völlig ausgeliefert, das kann man nicht ertragen», sagt eine 43jährige Frau, «man muß sich vor seinem eigenen Schmerz schützen. Ich hätte Angst, daß man mich verletzen könnte. Aber nein, das ist Theorie. Vielleicht habe ich nur Angst, einen ganz tiefen Schmerz zu empfinden. Und das ist ein Schutz vor mir selber, eine Mauer. Ich glaube, das so ganz tief zu durchleben – das könnte ich nicht.»

Viele vermeiden Situationen oder Gesprächsthemen, bei denen stärkere Gefühle in ihnen ausgelöst werden könnten. Petra, 34: «Ich konnte es nicht ertragen, wenn jemand in Tränen ausbrach. Ich mußte dann rausrennen. Mir wurde heiß, und ich wurde innerlich aggressiv. Ich wollte es für mich nicht zulassen, daß Gefühle hochkamen. Ich befürchtete, daß ich auch noch weinen würde, und das war etwas, was ich um alles in der Welt nicht tun wollte. Ich hab Angst, daß ich von meinen eigenen Gefühlen überschwemmt werde.»

o Manche Eltern und Erzieher beeinflussen Kinder und Jugendliche, das eigene Fühlen zu unterdrücken. Sie empfehlen jungen Menschen, «sich zusammenzureißen», sich zu kontrollieren, ihr Fühlen zu verbergen oder es nicht zu beachten. Volker, ein Student, berichtet über seine Familie: «Bei uns zu Hause gab's keine Gefühle. So etwas hat man einfach nicht. Es hieß immer: Gefühle gibt's nicht, alles logisch durchdenken. Wenn jemand auf die Idee gekommen wäre, Zärtlichkeit und so was zu zeigen, dann hätt's ein Donnerwetter gegeben. Es gab bei uns nie diese Geborgenheit und diese Wärme.»

Eine 75jährige Rentnerin sagt: «Einfach aussprechen – das habe ich im Elternhaus nie dürfen. Bei uns waren Gefühle... na ja: Wenn einem nach Heulen zumute war, mußte man lachen. Und wenn man das sein ganzes Leben lang übt, ist es sehr schwer, anders zu sein. Heute fällt mir das leichter. Es ist mir eigentlich nicht mehr so wichtig, ob die Leute das schön finden oder nicht. Früher hab ich Wert darauf gelegt, daß nur der Eindruck nach außen richtig war. Heute weiß ich: Leg das doch ab, dann lebst du doch leichter!»

o Manche sperrten sich schon im Kindes- und Jugendalter von ihrem Gefühlen ab, etwa aus Unsicherheit, aus Befangenheit oder weil sie sich vor ihnen fürchteten. Eine 44jährige Lehrerin: «Ab sechs Jahren hab ich keine Zärtlichkeiten mehr geduldet. Ich hatte fast Berührungsangst. Ich hab's mir so gewünscht. Meine Mutter versuchte es. Aber ich hab gesagt, als sie mir einen Gutenachtkuß geben wollte: Nein, geh weg, ich ersticke. Da wird sie natürlich auch gelitten haben; sie hat's sicherlich auch gar nicht verstanden, was mit mir los war.» Diese Haltung ist bei ihr auch Jahrzehnte später noch vorhanden: «Ich bin meiner Mutter gegenüber ein Stück versteinert. Es muß langsam aufgeweicht werden, es muß sehr viel Wärme durchkommen. Wenn ich als Studentin nach Hause kam, rührte sie weiter im Kochtopf. Sie hatte sicher erwartet, daß ich spontan auf sie zukomme und ihr 'nen Kuß gebe oder so. Ich blieb dann aber auch nur so stehen. Wir haben uns manchmal noch nicht mal die Hand gegeben, weil irgend etwas im Raum war, das uns lähmte... Und gegenüber meinem Mann, da gehen ähnliche Sachen mit mir los. Manchmal, wenn ich in sein Büro gehe, werde ich auch so frostig. Die sind alle nett zu mir, ich werde dann aber so steif. Ich fühle dann eine Erwartungshaltung, und die lähmt mich. Obwohl ich es auch sehr brauche, daß man mich aufnimmt. Ich kann mir gar nicht vorstellen, daß ich willkommen bin, daß ich gemeint bin mit der Herzlichkeit... Manchmal in der Schule, wenn die Kinder so spontan auf mich zukommen, dann irritiert mich das.»

Eine 35jährige Frau sagt von sich: «In meiner Jugend habe ich sehr viel Wert auf Intelligenz gelegt. Ich meinte, viel Wissen, das mache einen glücklich. Und ich habe versucht, meine Gefühle zu unterdrücken. Wenn andere Gefühle zeigten, habe ich immer gedacht: Buh, wie kann man nur.» Kurz darauf schildert sie die ungünstigen Auswirkungen dieser Haltung: «Aber später habe ich dann festgestellt, daß einem doch irgend etwas fehlt, wenn man nicht seine Gefühle zeigen kann. Aber ich habe dann festgestellt: Wenn ich Gefühle durchlasse, sind es negative Gefühle. Nun können Sie sich vorstellen, wie schwer das ist: Auf der einen Seite möchte ich inzwischen doch Gefühle haben, und wenn ich sie durchlasse, dann bin ich auch nicht zufrieden.»

In den Schulen ist das Beachten des eigenen Fühlens und der Ausdruck des gefühlsmäßigen Erlebens oft unerwünscht. Lehrer an höheren Schulen und Professoren zeigen selten, daß sie fühlende Personen sind. So sind Schüler, Auszubildende und Studenten oft jahrelang viele Stunden täglich mit Menschen zusammen, die in ihrem gefühlsmäßigen Erleben sich selbst und anderen gegenüber recht verschlossen sind. «Ich bin nie, weder bei meinen Eltern noch in der Schule oder während meiner beruflichen Tätigkeit, einem Menschen begegnet, der mir vorgelebt hätte, seine Gefühle zu leben», sagt ein 35jähriger Mann. Diese die Gefühlsarmut fördernden Einflüsse werden durch andere erwachsene «Vorbilder» – auch etwa durch Personen des öffentlichen Lebens –, die ihr Fühlen kaum beachten, bekräftigt. Wie oft werden Schüler und Studenten von Lehrern und Professoren, aber auch von Mitschülern und Kommilitonen geringschätzig belächelt, wenn sie ihre Gefühle zum Ausdruck bringen!

«Ich habe mich zwar schon immer als fühlender Mensch erlebt», schreibt ein Student, «habe um meine Gefühle gewußt und sie gehört. Doch habe ich sie bis auf die letzten Jahre nicht wirklich geachtet. Ich glaubte eher meinen Lehrern wie den meisten meiner Mitschülern, daß man Gefühlen eigentlich nicht allzuviel Bedeutung beimessen sollte. Einzig wichtig wäre, das Leben mit Hilfe des Verstandes zu meistern. So baute ich auf Verstand und Wissen. Und so habe ich mindestens die Hälfte meiner Möglichkeiten in den vergangenen Jahren brachliegen lassen. Auf der Universität, wo ich das Studium in Psychologie machte, durfte man das Wort Gefühl, so ist es jedenfalls mein Eindruck gewesen, erst gar nicht in den Mund nehmen, um sich nicht der Lächerlichkeit preiszugeben. Schon gar nicht konnten Gefühle Gegenstand der Forschung oder der Wissenschaft sein. Ich hatte Angst, als Gefühlsmensch dazustehen, und so hielt ich meine Gefühle verschlossen.»

o Menschen, die lange Zeit hinter einer Fassade lebten, die ihre Gefühle vor anderen verbargen und sich verstellten, können seltener intensiv fühlen; sie sind gefühlsmäßig verarmt. Ein Mann, 25: «Ich hab in letzter Zeit bemerkt: Ich zeig so ein Lächeln, aber innerlich bin ich eigentlich ganz traurig und ernst. Und im letzten Sommer, da ist mir aufgefallen: Ich war so traurig, ich hätte am liebsten geweint. Aber ich konnte nicht weinen. Irgendwie hab ich das verlernt. Wie kommt es nur, hab ich mich gefragt. Wieso kann ich nicht das ausdrücken, was ich fühle? Ich habe dann lange darüber nachgedacht. Vielleicht liegt es daran, daß ich schon lange mir meine Gefühle nicht gestatte, daß ich die so unterdrückt habe, daß ich einfach verlernt habe, diese Gefühle zu leben.»
o Viele werden auch durch Mitmenschen, etwa durch ihre Partner, daran gehindert, ihre innere Welt zu spüren und zu leben. Sie gewöhnen es sich an, sich gefühlsmäßig zurückzunehmen, sich zu verschließen, weil der Partner Gefühlsäußerungen abwehrt. Das zeigen die folgenden Ausschnitte aus einem Gespräch mit einem Ehepaar.
Albert: «Ich glaube, ich habe meine Frau daran gehindert, so impulsiv zu sein, wie sie ursprünglich einmal war.»

Marion: «Du hast es eigentlich nicht gewollt, aber du wolltest auch nicht meine Impulsivität. Ich bin darauf eingestiegen, ohne zu wissen, was daraus wird, was aus mir wird – etwas völlig anderes, als ich eigentlich bin. Für Albert ist Ruhe oberstes Gebot. Nie eine Auseinandersetzung, koste es, was es wolle. Das muß unterdrückt werden: daß ich aus mir herauskomme und sage, wie mir ist. Albert hat das alles als einen massiven Angriff und als eine Störung der Harmonie gesehen. Die war nachher sehr eigenartig, es war keine belebte, herzliche Harmonie. Ruhe und Bequemlichkeit – dann war für Albert die Welt in Ordnung. Und für mich wurde sie immer kaputter. Weil ich einfach nicht damit leben konnte.»

Später äußern die beiden, was Albert dazu bewogen haben mag, die Gefühle seiner Frau abzuwehren.

Marion: «Ich habe oft das Gefühl, daß Albert irgendwie Angst hat, in ein Gespräch reinzugehen. Das könnte etwas auslösen. So haben wir uns eigentlich im Innersten persönlich nie wirklich kennengelernt, und so folgte dadurch ein Mißverständnis aufs andere. Albert sagte ganz klar und hart: Über alles andere können wir reden, aber nicht über Persönliches. Ich finde, es ist doch damit überhaupt kein wirkliches, persönliches Verstehen möglich. In den ersten zehn Ehejahren hat Albert wirklich vermieden, mir zu erzählen, welche Schwierigkeiten oder welche Freuden er hat. Ich habe überhaupt keinen Anteil nehmen können, und automatisch habe ich mich mehr und mehr zurückgenommen.»

Albert: «Das war meine Auffassung. Ich hab gesagt: Zehn Jahre muß man erst einmal verzichten, bis die Kinder groß sind.»

Marion: «Diese Ansicht war für mich immer wahnsinnig hart: Jetzt geht es nicht, sondern in zehn, zwanzig Jahren sind die Kinder groß, dann können wir alles nachholen, was bis jetzt nicht gelaufen ist. Ich kann da nicht einsteigen... Ich bekomme keine Antwort von ihm, wie er fühlt und wie er denkt, ich weiß es nicht. Meine Rede ist immer ein Monolog. Ich spüre nicht, daß irgend etwas zwischen uns beiden gelebt, verstanden und ausgetauscht wird. Ich fühle mich nicht als vollwertiger Mensch und Partner. Wenn ich mal versuche auszudrücken, wie ich empfinde, dann würgt Albert das ab, und dann ist die ganze Sache abgehandelt. Er hat sich dann hingestellt, kopfschüttelnd: Unmöglich, wie ich bin oder reagiere. Das hat mich kaputtgemacht. Wenn er wenigstens etwas zeigen würde, wie hilflos er sich da fühlt.»

Albert: «Ich stehe einfach zu sehr unter dem rationalen Aspekt. Und ob darunter noch etwas an Gefühlen ist, das weiß ich nicht.»

Auch ihr sexuelles Zusammenleben wird durch Alberts Gefühlsarmut beeinträchtigt. Marion: «Manchmal läuft er ein ganzes Wochenende verärgert herum. Ich weiß nicht warum, und ich kann überhaupt nicht damit umgehen. Plötzlich abends, da dreht er sich herum: So, nun können wir miteinander schlafen. Das wird für mich immer schwerer. Da ist keine Zärtlichkeit oder Zuneigung, oder er sagt nicht irgend etwas, was ich für ihn bin oder daß ich gebraucht werde. Da ist wirklich überhaupt nichts. Und dann soll es so aus dem Moment heraus sexuell gehen. Ich habe in letzter Zeit mehr und mehr gemerkt, daß ich das nicht mehr bringe ... Es ist viele Jahre überhaupt nicht passiert, daß ich geweint habe, weil ich weiß, wie Albert reagiert und wie er es dann auslegt. Das kann ich mir einfach nicht leisten. Und allmählich erlaub ich mir selber noch nicht einmal, schwach zu sein und zu weinen. Dabei sehe ich es überhaupt nicht als Schwäche, sondern als eine Stärke. Als eine Stärke, daß ich das Gefühl zulassen kann.»

○ Viele Menschen nehmen regelmäßig Beruhigungstabletten ein, um ihre Angst, Unruhe und andere unangenehme Gefühle zu vermindern. Doch scheinen diese Mittel – vor allem, wenn sie längere Zeit genommen werden – das gesamte Fühlen einzuschränken: «Wenn ich Beruhigungstabletten nehme, dann ist meine Angst weg», sagt ein Mann, «aber ich spüre dann gar nichts mehr, bin recht gleichgültig und passiv.»

## Für das eigene Erleben offener werden

Menschen, denen bewußt wird, daß sie nur eingeschränkt fühlen können, und die ahnen, daß ihnen damit etwas Wichtiges fehlt, haben oft den Wunsch, ihr Fühlen zu entfalten, sich in diesem Bereich weiterzuentwickeln: «Lange Zeit habe ich es als unangenehm und gefährlich angesehen, Gefühle zu haben», sagt ein 40jähriger. «Erst in den letzten Jahren gelang es mir Schritt für Schritt, diese Kräfte und Gefühle nicht mehr als absolut negativ anzusehen. Und ich vermute hoffnungsvoll, daß diese Energien auch positiv sein können. Ich werde das Gefühlsmäßige ernster nehmen und ihm eine wesentlich stärkere Bedeutung geben.» – «Ich möchte stabiler werden und fähig, meine Gefühle zu äußern. Ich möchte sie stärker anerkennen und auch stärker mitteilen.» – «Ich bin schwer empfänglich für die Gefühle von anderen. Und ich strahle auch wenig Gefühl aus. Wenn man so will: Gefühle, die sind mein eigenes, und die zeige ich nicht. Aber ich habe erkannt, daß ich auf dem falschen Weg dabei bin, daß ich daran kaputtgehe.»

Der Anfang dieses Weges zu sich und seinen Gefühlen ist oft mit Schwierigkeiten verbunden: «Es hat bei mir unheimlich lange gedauert, überhaupt ein Gefühl ausdrücken zu können», sagt Maren, 43; «eine Bekannte sagte einmal zu mir: Sie erzählen alles so, ohne ihr Gesicht zu verändern. Ich war so kontrolliert, so beherrscht! Aber dadurch kamen eben meine Magenschmerzen. Es ist alles gespannt hier drinnen. Aber ich bin jetzt dabei, meine Gefühle zu äußern. Ich schlucke jetzt auch nicht mehr herunter. Ich übe jetzt, daß ich meine Gefühle ausdrücke.» Eine Lehrerin schildert ihre Schwierigkeiten so: «Ja, da kommen mir gleich die Tränen. Dann denke ich: Mensch, wenn du dich für deine Gefühle öffnest, was kommt da auf dich zu? Ich kann es aber manchmal, und dann merke ich, das ist so toll. Aber dann kommt wieder so ein Raster, und dann geht wieder nichts mehr. Ich möchte das Offensein so gern. Ich spüre, da ist eine warme

Quelle in mir, die Wärme gibt. Ja, ich muß meine Gefühle zulassen, den Strom der Wärme und Herzlichkeit. Manchmal gelingt es mir schon.» Norbert, 30: «Ich habe mir zu Herzen genommen, daß jemand mir gesagt hat, daß ich mir selber so harte Maßstäbe anlege. Ich nehme mir jetzt jeden Morgen vor: Sieh die Arbeit nicht so verbissen, sieh sie locker! Und ich versuche, meine Stimmungen nicht mehr zu unterdrücken, sondern offen für sie zu sein.» – «Ich empfinde es als schöner, aber auch schwerer, Gefühle zu zeigen und risikohafter zu leben», sagt eine 38jährige Frau. «Ich versuche dabei, die Angst vor der Angst zu verlieren. Mein Mann empfindet mich jetzt als angenehmer. Er hat versucht, auf die gleiche Ebene zu kommen. Wir leben schöner, aber auch schmerzhafter. Ich falle oft zurück, aber das macht nichts, obwohl ich mich dann nicht wohl fühle. Denn am schlimmsten finde ich es, gar nichts zu empfinden.»

Wer seine Gefühle mehr zuläßt, empfindet auch Traurigkeit, Niedergeschlagenheit oder Angst intensiver. Dies ängstigt viele zunächst. Aber sie lernen, unangenehme Stimmungen nicht abzuwehren, sondern auch als wichtige Erfahrungen anzusehen: «Ich möchte wirklich mehr durchkommen lassen, was an Gefühlen alles noch in mir schlummert und was ich vielleicht noch gar nicht kenne. Ich stelle mir vor, daß ich dann auch mehr Lust am Leben hätte. Aber wenn ich manchmal so herumhänge – letzte Woche war ich am Heulen –, komme ich mir wirklich wabbelig und labberig vor… Ich denke, ich brauche einfach mehr Zeit. Das ist die Trauer, die ich noch habe. Ich wehre mich aber nicht mehr dagegen. Ich hatte Angst davor. Und ich denke mir, wenn ich die Angst kommen lasse, dann kommt auch wieder etwas anderes.» – «Weil ich mir jetzt gestatte, Schwierigkeiten zu haben und auch Gefühle wie Trauer und Traurigkeit zulasse», sagt eine Frau, «fühle ich mich unendlich viel lebendiger. Negative Gefühle habe ich mir offensichtlich immer versagt, ohne das zu ahnen. Ich war diejenige, die allen Halt geben mußte.» Und etwas später beschreibt sie, wie günstig sich diese

Veränderung auf sie ausgewirkt hat: «Jetzt ist es so, nachdem ich mich geändert habe, daß ich einen ganz anderen Blick gekriegt habe. Die Leute sprechen mich darauf an, daß ich mich sehr verändert habe. Ich gucke offensichtlich sehr viel lebendiger. Ich grinse nicht mehr ständig so blöd. Meine ganze Mimik muß sehr viel lebendiger geworden sein.»

So spüren Menschen allmählich ihr vielfältiges, zum Teil auch widersprüchliches Fühlen mehr. Meist lernen sie dies zunächst im Umgang mit vertrauten Menschen. Sie suchen allmählich zu erfahren, wie sie sich selbst oder bestimmte Situationen ändern können, um offener für ihr Fühlen zu werden. Sie lernen, in sich hineinzuhorchen, ihren Empfindungen und Stimmungen mehr Beachtung zu schenken. Sie leben durch das Offensein für ihre Gefühle mehr in der Gegenwart, im Hier und Jetzt. Sie spüren, empfinden mehr und sind sich dessen bewußter.

Menschen, die ihre unterschiedlichen Gefühle deutlich spüren, können sich anderen ehrlicher und unmittelbarer mitteilen. Ein 26jähriger Mann: «Heute kann ich schon eher mal sagen, wie es mir geht und was in mir los ist. Vor allen Dingen kann ich jetzt sagen, wenn ich mich mies fühle. Das erleichtert mich. Auch bei Entscheidungen, die im Beruf nach klaren Verfahrensregelungen laufen, bin ich mir meiner eigenen Gefühle bewußt und verleugne sie nicht mehr. Ich lege mir nicht vorher Grenzen fest – wo ich Gefühle zeige oder nicht. Ich gehe davon aus, daß ich auch auf der Behörde Gefühle zeigen kann.»

Eine gute Möglichkeit, Gefühle deutlicher wahrnehmen und ausdrücken zu lernen, sind Gruppengespräche. Teilnehmer, die darüber geklagt hatten, leer, abgestorben, seelisch verarmt zu sein, beginnen in einem Klima von Sicherheit, Verständnis und großer Offenheit, ihr Fühlen wieder deutlicher zu spüren. «Die Wochenendgruppe war der auslösende Faktor: Ich fing an zu lernen, mehr meine Gefühle zu spüren.» – «Ich konnte mitfühlen mit denen, die sich dort aussprachen und mich ihnen mitteilen.» Über fünfzig Prozent der Teilnehmer an einfühlsamen Gruppengesprächen konnten ihr Fühlen besser wahrnehmen und anderen mitteilen. [54, 65]

Im folgenden einige weitere Äußerungen über förderliche Erfahrungen in Gruppengesprächen: «Das Gruppengespräch hat sehr viel in mir aufgebrochen. Vorher war ich irgendwie erstarrt und leblos. Während der Gruppe und die ersten Monate danach war ich so ein ungeordnetes Bündel von Gefühlen, ohne Verstand. Und jetzt kann ich beides mehr in Einklang bringen. Ich lasse mich nicht einfach von Gefühlen überschwemmen. Ich kann anderen mehr von mir zeigen, denn ich merke, ich brauche nicht mehr so viel zu verbergen.» – «Als ich anfing zu weinen, das war so, daß die Gefühle in dem Moment ganz spontan kamen. Ohne daß ich es dann noch steuern konnte. Es kam einfach aus mir raus. Und ich fühlte mich danach sehr befreit. Ich sehe das heute so, daß mir durch dieses Erlebnis meine Gefühle bewußter geworden sind.» [54] Ein anderer Mann beschreibt seine Erfahrung so: «In der Gruppe habe ich gelernt, daß nur das Wirklichkeit ist, was ich in mir spüre. Ich und alles in mir ist wichtig für mich und hat Bedeutung, und das ist phantastisch.»

Bei manchen wird die seelische Erstarrung in der hilfreichen Gruppenatmosphäre auch durch körperliche Kontakte gelöst. Ein Mann, etwa 30 Jahre, sagt: «Auf dieser Wochenendgruppe habe ich erfahren, daß ich nicht nur aus Kopf, aus dem Denkapparat bestehe und den Körper als Anhängsel betrachten darf, sondern daß ich auch dazu da bin und daß mein Körper auch dazu dient, Gefühle zu empfangen und zu geben. Ich habe es als unwahrscheinlich wohltuend empfunden, in die Arme genommen zu werden. Das war seit Jahren das erste Mal, daß ich so etwas erlebt habe. Bisher war mein Leben auf Logik und Sicherheit aufgebaut. Ich werde sehr viel lernen müssen. Ich muß die Beziehungen zu meinen Mitmenschen überdenken und versuchen, das Leben nicht nur mit Logik zu bewältigen, sondern auch meine Gefühle mitleben zu lassen.»

Allmählich werden Menschen auch in anderen Situationen

offener für das vielfältige Erleben in ihnen. So wie manche mehr Sensibilität für Töne, Farben, Blumen oder Tiere entwickeln, so lernen sie, empfindsamer für ihr gefühlsmäßiges Erleben zu werden. «Ich kann jetzt auch schon feinere Gefühle wahrnehmen. Sonst war's eigentlich so, daß alles so voll war und raus mußte.» Sie lernen, bewußter zu leben. Sie sind offener für das, was im Moment in ihnen vorgeht. Sie lernen, sich auf ihr gegenwärtiges Fühlen zu beziehen und es auszudrücken.

Dieses bewußte Erleben und Annehmen des Fühlens ist etwas ganz anderes als das, was manche unter einem «Ausleben der Gefühle» verstehen.

*Das Offensein für die Vielfalt* dessen, was wir gefühlsmäßig spüren und erleben, verhindert, daß wir nur *einem* Gefühl folgen, etwa nur unserer Furcht, Sympathie oder Begeisterung. Oft wird gesagt, daß Menschen, die verliebt sind, unbedacht und blindlings handeln. Meist sind sie in der Tat nur für *ein* Gefühl offen: für das des Verliebtseins; andere gefühlsmäßige Erfahrungen lassen sie unbeachtet. Andere Bedeutungen – zum Beispiel, was ihnen der Partner über die momentane Anziehung hinaus bedeutet – nehmen sie kaum oder gar nicht wahr. Ob sie Jahrzehnte später auch noch mit ihm zusammen leben möchten, wenn er alt wird? Ob ihre Zuwendung zu diesem Menschen Leid für andere bedeutet, etwa für den bisherigen Partner? Wenn sie wirklich offen für die vielfältigen Bedeutungen und Gefühle in sich sind, werden sie weniger blind nur *einem* Gefühl folgen.

Soldaten im Krieg oder Angehörige totalitärer Organisationen fühlen häufig überschwengliche Begeisterung für die Sache, für die sie sich einsetzen, starkes Vertrauen zu ihren Führern und tiefen Haß auf ihre Gegner. Auf Grund dieser Gefühle und Bewertungen handeln sie. Sie sind meist nicht bereit, auf andere Empfindungen in sich selbst und bei anderen zu hören. Sie empfinden nicht das Leid, das sie anderen zufügen, und spüren nicht das eigene Bedürfnis, ihre innere Leere durch Anschluß an eine

Partei und durch rauschhafte Begeisterung zu überdecken. Sie ignorieren Gefühle wie etwa den Zweifel, ob ihre Partei, ihr Führer oder sie selbst rechtmäßig handeln.

Wenn wir wirklich offen sind für den Reichtum unseres gefühlsmäßigen Erlebens, wird uns eine Vielzahl von Wahrnehmungen, Empfindungen und Bedeutungen bewußt. Dieses Bewußtwerden und die Auseinandersetzung damit verhindern, daß wir uns nur einem einzigen plötzlichen oder mächtigen Gefühl hingeben.

Gewiß, auch wenn wir achtsam sind für die Vielfalt unseres gefühlsmäßigen Erlebens und entsprechend handeln, werden wir Fehler begehen – meist, weil wir einige Wahrnehmungen und Bedeutungen in unserer Selbstauseinandersetzung nicht berücksichtigt haben. Entscheidend ist jedoch: Wenn wir offen für unsere gefühlsmäßigen Erlebnisse und Erfahrungen sind, lernen wir, uns auch unserer Fehler bewußt zu werden und zukünftig angemessener zu handeln.

### Auswirkungen von reicherem Fühlen

o Menschen, die reicher empfinden, leben intensiver und bewußter. Sie fühlen sich freier, innerlich lebendiger und entdecken viele Möglichkeiten in sich, sich mehr selbst zu verwirklichen: «Seitdem ich meine Gefühle zu leben und auszusprechen wage, rede ich leichter mit mir selbst. Ich habe jahrelang wie ein Automat funktioniert. Jetzt erfahre ich mich als fühlender Mann mit einer Seele und interessiere mich dafür.» – «Mein Leben hat eine wesentliche Bereicherung erfahren, als ich mich davon abwandte, mich nur sprachlich und mit dem Verstand zu verständigen, und seitdem ich meine Gefühle stärker wahrnehmen und ausdrücken kann. Irgendwo habe ich das Gefühl, daß ich erst seit drei bis vier Jahren lebe.»

In einer Untersuchung bei mehreren hundert Personen wur-

den diese günstigen Auswirkungen bestätigt: Menschen, die offener waren für ihr inneres Erleben und Fühlen, waren seelisch
weniger beeinträchtigt und empfanden eine größere seelische
Lebendigkeit. [3]

o Menschen, die seit längerem für die Vielfalt ihres Fühlens sensibel sind und sich damit auseinandersetzen, erfahren ihr Fühlen
als eine wertvolle Hilfe im täglichen Leben. Es vermittelt ihnen
wichtige Informationen für ihre Entscheidungen und Handlungen, es dient ihnen als eine Art Kompaß: «Ich kann jetzt einfach
mehr dazu stehen», sagt ein Mann, «was ich empfinde, und danach handeln. Früher war ich mir immer bewußt, was in einer
Situation eine angemessene Reaktion gewesen wäre. Ich war mit
meinem Kopf immer bei den Erwartungen der anderen. Jetzt bin
ich dabei, immer mehr in mich hineinzuhorchen und nach dem
zu handeln, was ich in mir spüre.»
    Durch das Hinhören auf das eigene Fühlen und die Auseinan-
dersetzung damit handeln Menschen ihren Bedürfnissen und
der jeweiligen Situation angemessener und weniger selbstent-
fremdet: «Im vergangenen Jahr habe ich gelernt, meinen Gefühlen mehr zu vertrauen. Und ich erlebe seitdem, daß ich mich auf
sie verlassen kann. Das bedeutet, daß ich zumeist ich selbst bin.
Ich merke dabei, daß es mich viel weniger Energie kostet, ich
selbst zu sein, als wenn ich wie früher erst vom Verstand her
überlege, was wohl richtig ist. Wenn schon irgend etwas überhaupt richtig sein kann, dann ist es mein jeweiliges Gefühl, das
ich wahrnehme.»
    Wie jemand diesen Weg zu sehen beginnt und zaghaft die er-
sten Schritte geht, das zeigen die folgenden Äußerungen eines
35jährigen Mannes während eines psychotherapeutischen Gesprächs: «Es wäre eigentlich eine wunderbare Sache, wenn ich
meinen Gefühlen als Maßstab vertrauen könnte. Aber ich wag es
eigentlich noch gar nicht zu glauben. Richtig wäre es ja wohl auf
jeden Fall. Das wäre eigentlich die Erlösung. Aber meinen eige-

nen Gefühlen trauen zu können, das ist mir vollkommen neu. Meine Gefühle bestanden bisher – aus dogmatischen Grundsätzen. Meinen Gefühlen zu trauen – eigentlich heißt das: alles bisherige über Bord werfen.» Und eine Woche später: «Ich habe in der vergangenen Woche noch viel darüber nachdenken müssen, das eigene Gefühl mehr zum Maßstab für meine Entscheidungen zu nehmen. Das ist mir auch gelungen in einigen Sachen. Ich muß sagen, daß ich das eigentlich erstmals erlebt habe, daß verschiedenes sich vollkommen undramatisch, also normal abgewickelt hat. So wie ich überhaupt den Eindruck habe, daß irgendeine oder mehrere jener Scheiben, die zwischen der Wirklichkeit und mir standen, gefallen sind.»

o Die meisten Menschen, die ihr Fühlen deutlicher wahrnehmen, offener mitteilen und als «Kompaß» für ihr Handeln einbeziehen, berichten, daß ihre Beziehungen zu anderen ehrlicher und bereichernder werden: «Ich kann jetzt besser auf meine Gefühle achten, wenn ich mit jemand zusammen bin. Dadurch werden diese Gefühle intensiver, und wenn ich sie äußere, bewirkt dies, daß meine Beziehung zu dem anderen ehrlicher und tiefer wird.»

Auch sexuelle Beziehungen werden als unverkrampfter, ehrlicher und damit befriedigender erlebt: «Wenn wir sexuell beisammen sind, das hat sich deutlich verbessert», berichtet eine Frau. «Es hat sich schon dadurch verbessert, daß ich es sage, wenn ich keine Lust hab. Früher habe ich das nicht gesagt, weil ich Angst hatte, ihm das erklären zu müssen. Ich konnte es auch nicht erklären. Heute kann ich einfach sagen: «Ich möchte nicht.» Helmut, 29: «Wenn ich heute mit einem Mädchen schlafe, das ist ganz stark, ganz anders als früher. Ich merke, wenn ich einen Orgasmus bekomme, daß ich mich viel, viel mehr treiben lasse und nicht so der beherrschte Bumser bin – der Mann, der das so bringt, der große Macher. Das habe ich früher ziemlich stark draufgehabt: Mann, du mußt es bringen, mindestens soundsooft

die Nacht! Heute laß ich mich gefühlsmäßig völlig treiben, da
kommen auch Laute aus meinem Hals. Früher habe ich da gar
nichts gespürt. Da habe ich eben irgend etwas dargestellt. Und
für mich ist das etwas Neues, viel lebendiger.»

Partner und Freunde berichten, daß sich Mißverständnisse und
Streitigkeiten verringern, wenn sie sich ihr Fühlen gegenseitig
einfühlsam mitteilen: «Unsere Streitgespräche sind seltener geworden und eskalieren nicht mehr so. In dem Moment, wo wir
es schaffen, uns unsere Gefühle zu sagen, kommen wir wieder
zueinander. Wir sehen unsere Gefühle als Brücke zwischen
uns. Wir sagen einfach: Wie fühlen wir das jetzt, wie meinen
wir das jetzt, was steht eigentlich dahinter? Und dann reduziert
sich das Mißverständnis schnell. Es fällt mir leichter, bei Unei-
nigkeiten ihr entgegenzukommen, wenn ich ihr sage, was ich
gefühlt habe, was ich wollte und was ich will. Früher ging von
mir überhaupt keine Initiative dazu aus. Ich habe dann abge-
mauert und mich in mich zurückgezogen.» Ein anderer Mann:
«Ich versuche, ehrlicher mit meinen eigenen Wünschen zu sein
und sie den anderen mitzuteilen. Früher habe ich das immer
sehr versteckt zum Ausdruck gebracht und habe gehofft, daß
dies erkannt wurde. Heute rede ich nicht lange um den heißen
Brei herum.»
   Auch die Beziehungen zwischen Kindern und Eltern verbessern sich, wenn diese aufgeschlossener für ihr eigenes gefühlsmäßiges Erleben und das ihrer Kinder werden. Eine Mutter von
drei Kindern berichtet: «Eltern versuchen ja den Schmerz ihrer
Kinder oft zu überdecken. Ich hab's selber gemacht, wenn meine
Kinder unglücklich waren und weinten. Aber dann hab ich mich
gefragt: Bist du dabei eigentlich für sie eine gute Mutter gewesen? Bis ich gelernt habe, ihnen ihr Fühlen zuzugestehen, es anzuerkennen und sie in ihrem Schmerz zu belassen, wenn sie's
möchten.» Reinhard: «Eines Tages sah ich, daß Angelika wei-
nend von der Straße ins Haus kam. Als sie an meinem Zimmer

vorüberging, merkte ich, sie hörte mit dem Weinen auf und fing erst wieder an, als sie an Anne-Maries Fenster stand. In den nächsten Tagen habe ich mich oft gefragt: Warum verbirgt sie ihre Gefühle vor mir? Sie spürte wahrscheinlich, daß ich für ihre ‹kleinen› Gefühle, ihre kleinen Mißgeschicke nicht sehr offen war. Aus dieser Erfahrung lernte ich, daß ihre sogenannten kleinen Schmerzen nur für mich unbedeutend waren, für sie aber im Augenblick wirklich groß und wichtig.»

o Menschen, denen ihr Fühlen bewußt ist, sprechen weniger «sachlich». Statt «Atomenergie ist gefährlich», sagen sie eher: «Ich habe Angst, daß Atomkraftwerke meine Gesundheit und die meiner Kinder gefährden». – «Wenn ich ‹ich› sage, dann finde ich, daß ich schneller über mich und meine Gefühle spreche. Beim ‹man› bleibt es bei mir an der Oberfläche.»

Bei bewußterem Fühlen merken es Menschen eher, wenn ihre Worte nicht ihrem Inneren entsprechen: «Manchmal frage ich mich: Was du eben so dahingesagt hast, entspricht das wirklich dir selbst, deinem Fühlen und deinem Denken? Und ich ertappe mich dann immer wieder dabei, daß ich etwas so dahingesagt habe, was ich eigentlich anders empfinde. Ich möchte lernen, mehr auf mein Innenleben zu hören und es auch auszudrücken, anstatt einfach so dahinzuplappern.»

o Menschen begeben sich bewußter in Situationen, die sie gefühlsmäßig bereichern. Sie lernen, Situationen zu vermeiden, die sie als fassadenhaft empfinden: «Ich suche jetzt nach Möglichkeiten, wo und wie ich gefühlsmäßig leben kann, und ich vermeide das, was mich darin zurückwirft... Fernsehen, das ist bei mir zum Beispiel ziemlich in den Hintergrund getreten. Vieles kann ich schon gar nicht mehr mit ansehen – dieses fassadenhafte, gestelzte und unnatürliche Verhalten der Sprecher, der Politiker; ich mag das Geschauspielerte nicht mehr, ich empfinde: Das ist kein wirkliches Leben.»

o Menschen, die echter und mit ihren Gefühlen vertrauter sind, sind sich eher bewußt, daß sie die Schöpfer, die «Produzenten» ihres Fühlens sind. Sie fühlen sich verantwortlich für das, was sie empfinden. Diese Einsicht ist bei vielen noch nicht vorhanden: «Wenn ich mich über den anderen ärgere, dann ist es die Schuld des anderen. Er muß sich ändern.» – «Wenn ich mich ärgere, wenn ich etwas schlecht finde oder jemand hasse, so ist das mein Motor für mein Handeln, in der Politik und in zwischenmenschlichen Beziehungen – ein Motor, andere und die Zustände zu verändern.» Viele Menschen fürchten, sie würden passiv werden, alles einstecken, sich den anderen ausliefern, wenn sie sich selbst als verantwortlich für ihr Fühlen ansehen würden.

Jedoch: Welches Gefühl in uns entsteht, es hängt mit uns zusammen – mit den Bedeutungen, mit denen wir uns und unsere Umwelt wahrnehmen, mit unseren Einstellungen und Werten. Verschiedene Menschen «produzieren» in der gleichen Situation meist unterschiedliche Gefühle. Manche begegnen einer Situation mit großer Spannung, andere mit Gelassenheit. Manche Menschen haben große Angst vor Krankheit oder Sterben, andere Menschen können dies annehmen. Manche sehen in einem Politiker ihren Feind, den sie hassen; und bei seinem Tod sind sie erleichtert. Andere, die diesem Politiker nahestanden und ihn schätzten, sind traurig und vermissen ihn. Welche Gefühle wir also empfinden, hängt von uns ab, von den Bedeutungen, die wir wahrnehmen und von unseren Einstellungen.

Diese Einsicht, daß wir die Schöpfer unseres Fühlens und dafür verantwortlich sind, hat bedeutsame Folgen für uns: Wir brauchen uns unseren Stimmungen und Empfindungen weniger hilflos ausgeliefert zu fühlen. Wir haben eine Chance, unser Fühlen zu ändern. Wir geben anderen nicht mehr so leicht die Schuld für unser eigenes Fühlen. Wir sehen ferner deutlicher, daß auch die anderen Schöpfer ihrer Gefühle und somit für diese verantwortlich sind. Auf Grund dieser Einsicht gelingt es uns eher, das Fühlen der anderen anzunehmen und ihre negativen Gefühle, etwa bei Streitigkeiten, weniger auf uns beziehen. Wir sind so bessere Partner für andere.

## Wie können wir unser Fühlen ändern?

Häufig fühlen sich' Menschen ihren Gefühlen – Zorn, Angst, Trauer oder Niedergeschlagenheit – hilflos ausgeliefert. Es erscheint ihnen fast undenkbar, daß sie selbst zu einer Änderung beitragen können. Aber manche machen andere Erfahrungen, zum Beispiel die 35jährige Elisabeth: «Meine Gefühle zu meinem Partner haben sich verändert. Früher war ich eifersüchtig auf meinen Mann, so daß ich überhaupt kaum gewagt habe, mal wegzugehen. Ich wollte ohne ihn nichts machen. Ich habe immer nach Beweisen geguckt, um meine Verdächtigungen untermauern zu können. Ich kann ihm jetzt mehr vertrauen. Dadurch bin ich auch ein Stück ruhiger. Manchmal ist es noch etwas schwer, aber ich sehe jetzt mehr das Positive, das er mir entgegenbringt.» Etwas später sagt sie: «Warum sich das geändert hat? Ich glaube, ich habe mich in den letzten Jahren persönlich mehr entwickelt. Ich war in einer Gesprächsgruppe, da habe ich sehr viel gelernt. Ich habe mit anderen gesprochen, und schließlich mit meinem Mann. Ich glaube, ich bin anders geworden, gelassener, ruhiger. Ich denke, ich vertraue mir mehr, und deshalb kann ich vielleicht auch ihm mehr vertrauen.»

Hier ist angedeutet, daß wir unser Fühlen ändern können. Im folgenden möchten wir einige dieser Möglichkeiten darstellen.

o Wenn wir unsere seelischen Belastungen gegenüber verständnisvollen Menschen aussprechen und dabei uns selber klären, etwa mit Freunden oder in einer Gesprächsgruppe mit einem einfühlsamen Helfer, dann ändert sich mit großer Wahrscheinlichkeit unser Fühlen. Denn was wir Personen oder Ereignissen gegenüber fühlen, hängt wesentlich davon ab, in welcher Bedeutung wir sie sehen, welche Einstellung wir zu ihnen haben. Haben wir eine akzeptierendere Einstellung zu ihnen, sind meist auch unsere Gefühle günstig. Haben wir eine abwehrende Einstellung, sehen wir den anderen als bedrohlich, als übermächtig und uns selbst als hilflos an, dann sind unsere Gefühle häufig ungünstig.

Eines der faszinierendsten Erlebnisse für uns ist es, wie sich Menschen in Gesprächsgruppen nach dem Aussprechen ihres Fühlens in ihren Wahrnehmungen und in ihren Einstellungen gegenüber sich selbst, anderen Personen und Ereignissen ändern können. Als Folge solcher Einstellungswandlungen ändern sich die Gefühle – auch jene Gefühle, die bereits lange Zeit in großer Intensität bestanden und sich verfestigt zu haben schienen. «Bis vor kurzem hatte ich wahnsinnigen Zorn auf meine Eltern», sagt ein 27jähriger; «als es mir schlecht ging, machte ich sie für alles, was aus mir geworden ist, verantwortlich. Und das habe ich alles in der Gruppe einmal aus mir rausgelassen, was sie mir angetan haben. Aber danach wurde mir auch klarer, daß ich kein kleines Kind mehr bin, daß ich erwachsen bin, daß ich für mich verantwortlich bin. Und ich sehe jetzt auch einige gute Seiten bei meinen Eltern.»

Hilfreich für eine Änderung ungünstiger Gefühle sind auch Gespräche zwischen Partnern, wenn sie ihre Gefühle gegenseitig annehmen und einander möglichst frühzeitig mitteilen können.

Eine Änderung unserer Einstellungen und Gefühle kann auch dadurch eintreten, daß wir die Gefühle und Schwierigkeiten anderer Menschen kennenlernen. «Es hat sich etwas bei mir verbessert. Ich nehme mich mit meinen Schwierigkeiten selbst nicht mehr so wichtig, weil ich gesehen habe, daß viele andere Leute mit noch viel größeren Problemen durch die Welt laufen und ich noch ganz gut dran bin. Ich nehme auch nicht mehr alles so tierisch ernst. Ich bemitleide mich auch nicht mehr so.»

o Wenn wir unsere Gefühle annehmen, sie nicht bekämpfen und unterdrücken, vergrößern wir unsere Chance, daß sie sich ändern: «Mir ist jetzt so richtig klargeworden», sagte eine Frau, «daß ich meine Ängste und all das, was mich so behindert, erst mal annehmen muß. Ich sage mir: Das gehört irgendwie dazu, so bin ich. Und ich versuche jetzt, damit zu leben.» Eine Krebspatientin: «Ich habe gelernt, mich nicht gegen die Angst zu wehren, nicht gegen sie anzukämpfen. Das ist meiner Ansicht nach der erste Schritt, dieser Sache überhaupt beizukommen. Solange man sich wehrt, ist alles nur noch schlimmer.» [51]

o Eine weitere Möglichkeit, unser Fühlen zu verändern, liegt in dem Bemühen, unseren Besitzanspruch an Menschen und Dinge aufzugeben, innerlich «loszulassen»: «Manchmal ist es noch sehr schmerzlich; aber ich lerne, Abstriche zu machen, Abschied zu nehmen von kleinen Dingen, von Hoffnungen, Wünschen, Erwartungen. Diese Einsichten sind ungeheuer hilfreich für mich. Es ist schwer – aber auch schön.»
o Auch die Auseinandersetzung mit unserer Endlichkeit und unserem Tod kann uns zu einer anderen Einstellung und anderem Fühlen verhelfen. Wenn wir uns die Endlichkeit unseres Lebens vor Augen führen, wenn wir uns vorstellen, wie wir uns beim Sterben fühlen und was wir dabei denken werden, dann erscheinen uns viele unserer alltäglichen Schwierigkeiten in anderem Licht. Sie verlieren an Bedeutung, bekommen eine andere Bedeutung, und wir begegnen ihnen mit größerer Gelassenheit.

o Wir können uns bemühen, förderliche Menschen und günstige Situationen zu suchen, sie uns zu schaffen oder ungünstige zu vermeiden, um unser Fühlen zu ändern, um positiver zu empfinden. Wir können etwa Musik hören, die uns entspannt, dabei die Augen schließen und unsere Gefühle in uns fließen lassen. Oder wir gehen allein in einer ruhigen Gegend spazieren. Oder wir schreiben unsere Gedanken und Gefühle auf. Wir können etwas lesen, was uns gefühlsmäßig bereichert. Solche Tätigkeiten können ein wichtiger Ausgleich zu Schmerzen, Traurigkeit und Niedergeschlagenheit sein, die wir in uns spüren. Wir können Liebe, Freude, Humor bewußter in uns entwickeln, uns mehr auf sie konzentrieren. Für viele ist es wichtig, sich unangenehmer Situationen bewußt zu werden und sie vermeiden zu lernen, um sich besser zu fühlen. Reinhard: «Früher bin ich zur Arbeit oder zu einem Termin erst in letzter Minute losgefahren. Ich wollte Zeit sparen, ich wollte noch etwas zu Ende bringen. Dann habe ich mich während der ganzen Fahrt unter Stress gefühlt: Werde ich noch rechtzeitig ankommen? Wenn ich aus dem Auto stieg, fühlte ich, daß mein Rücken voller Spannungen war. Allmählich lerne ich, rücksichtsvoller mir gegenüber zu sein, früher loszufahren und mich nicht unter diesen Stress zu setzen und, wenn ich einige Minuten zu früh da bin, diese zu genießen. Und das seltsame ist – ich habe den Eindruck: Seitdem ich mich nicht mehr so hetze, habe ich auch mehr Zeit.»

○ Wenn wir unser unmittelbares Erleben bewußter wahrnehmen, mit unserem Bewußtsein mehr im Hier und Jetzt leben und Positives mehr beachten, kann sich unser Fühlen ändern. Anne-Marie: «Neulich wurde mir plötzlich klar, wie sehr meine Einstellung meine Gefühle bestimmt. Ich sagte zu meiner Tochter Daniela: ‹Schade, daß wir diesen Spaziergang nicht schon gestern gemacht haben.› Worauf sie mir entgegnete: ‹Ich freue mich, daß wir uns heute dazu aufgerafft haben!› Ich habe dadurch gelernt, daß ich positiver fühlen kann, wenn ich mehr den gegenwärtigen Moment erlebe und weniger daran denke, was ich gestern versäumt habe.»

Manche Menschen stellen sich bewußt neuen Erfahrungen und Herausforderungen: Statt des gebuchten, vorprogrammierten Urlaubs unternehmen sie Ferienreisen, die «abenteuerlicher» sind, die mehr Initiative, Eigenständigkeit und auch körperliche Anstrengung erfordern. Sie nehmen an Kursen, etwa an der Volkshochschule, teil, in denen sie lernen, bisher unentdeckte

Fähigkeiten zu entfalten. Dadurch werden sie aus dem oftmals eintönigen Fluß ihres Erlebens herausgerissen, erweitern gleichsam den Bereich ihres Fühlens.

o  Körperliche Übungen und Erfahrungen – Schwimmen, Laufen, einfache Hatha-Yoga-Übungen, das intensive Erleben von Körperkontakten – lassen uns unseren Körper mehr spüren und vermindern körperliche und seelische Spannungen. Wir fühlen uns dadurch besser. Meditation, bei der wir eine Zeitlang frei sind von Gedanken und Sorgen, kann uns helfen, neue Bedeutungen in unserem Leben zu sehen. Wir gewinnen mehr innere Ruhe, werden gelassener, haben mehr Vertrauen zu uns selbst. –

Folgendes halten wir für sehr wichtig:

Menschen, die offener werden für ihr Fühlen, spüren auch mehr die in ihnen vorhandenen Ängste. Deshalb ist es bedeutsam, daß sie für ihre seelische Gesundheit sowie für die Verminderung ihrer Ängste sorgen. Dies haben wir auf den Seiten 140–190 dargestellt.

# Sich selbst klären

## Selbstklärung vermeiden?

Manche Menschen lehnen es ab, sich in Frage zu stellen, sich in ihren Einstellungen, Gefühlen und Handlungen zu hinterfragen und zu klären: «Ich scheue eine Auseinandersetzung mit meinen Erfahrungen. Ich vermeide es, über unangenehme Seiten von mir selbst nachzudenken.» – «Ich versuche, meinen Problemen davonzulaufen.»

So verschließen sich Menschen vor bestimmten Erfahrungen, Gefühlen, Gedanken in ihnen; sie möchten ihnen nicht begegnen. In Gesprächen weichen sie persönlichen Schwierigkeiten, Gedanken an eine schwere Krankheit oder an das Sterben aus. Ehepartner vermeiden eine offene Klärung über die Aufgabenverteilung im Haushalt oder über ihre Empfindungen und Wünsche im sexuellen Bereich. Auch in der Berufswelt findet nur begrenzt eine solche Auseinandersetzung mit sich selbst statt: Manche Professoren wünschen keine Auseinandersetzung über die Effektivität ihrer Tätigkeit; Lehrer vermeiden es zu prüfen, ob ihr Unterrichtsstoff wirklich sinnvoll ist; Beamte fragen sich nicht, ob ihre Dienstleistungen den Bedürfnissen der Bürger angemessen sind.

*Warum vermeiden es Menschen, sich mit sich selbst auseinanderzusetzen?* Manche fürchten sich davor, daß unangenehme Gefühle und Gedanken in ihnen aufkommen, die sich ungünstig auf

sie selbst und vielleicht auf andere auswirken könnten. So lassen
sie lieber viele Erfahrungen unberücksichtigt, verschließen
gleichsam die Augen vor vielem. Sie schaffen sich ein «dickes
Fell», einen Schutz gegen unangenehme Gedanken und Gefühle,
der es ihnen ermöglicht, diese nicht in ihr Bewußtsein treten zu
lassen. «Ich glaube, daß ich zuwenig über mich nachdenke»,
sagte eine Lehrerin. «Ich belaste mich mit Problemen von anderen Leuten und merke gar nicht, daß ich mal bei mir anfangen
müßte. Vielleicht habe ich Angst, mich mit mir zu beschäftigen.» Ein Verwaltungsbeamter in einem Untersuchungsgefäng-
nis: «Es darf mich nicht deprimieren: Meine gefühlsmäßigen Erfahrungen kann ich nicht zulassen, sonst drehe ich durch. Ich
muß mich eben bemühen, daß es mir nicht unter die Haut geht.
Und das ist nicht immer einfach. Damit schütze ich mich selbst.
Ich muß mir eine dicke Pelle anschaffen. Das muß ich – als
Selbstschutz.»

Manchen Menschen erscheint es bedrohlich, wenn sie unangenehmen Teilen ihrer Person, unangenehmen Erfahrungen mit
sich selbst begegnen. Sie möchten nicht an Belastendes erinnert
werden, das sie vor sich selbst zu verbergen suchen: «Über manche Sachen bei mir selbst mag ich gar nicht nachdenken, so unangenehm sind sie mir.» «Wenn ich mein Bewußtsein nicht kontrolliere und lenke, da fühle ich mich bedroht von dem, was in
mir los ist. Ich fürchte es und ich spüre es, daß ich noch viele
Erfahrungen entdecken werde, die nicht in mein Konzpet hin-
einpassen. Und daß auch noch die Grundmauern meines Kar-
tenhauses erschüttert werden. Ich habe Angst vor mir selbst.»

Die Angst, mit dem Unbekannten in sich selbst nicht fertig zu
werden, keine Kraft für die gefürchteten Belastungen zu haben,
hält manche davon ab, sich mit sich selbst auseinanderzusetzen.
Eine 20jährige Praktikantin: «Ich merke, daß sich immer mehr in
mir aufstaut – Dinge, die ich überhaupt nicht verarbeitet habe.
Und ich habe Angst davor, mich davon überrollen zu lassen. Ich
müßte mich ja mit mir auseinandersetzen. Aber ich will mich

selbst einfach nicht sehen. Die negativen Dinge, die ich bis jetzt erlebt habe – wenn die mal rauskamen, die waren für mich derartig überschwemmend, daß ich das einfach nicht wieder erleben will. Ich sehe da so eine Spitze von einem Eisberg, aber ich will das andere einfach nicht sehen, weil ich glaube, daß ich damit nicht fertig werde. Ich habe Angst, irgendwie durchzudrehen.» [54]

Ein weiterer Grund, sich nicht mit sich selbst auseinanderzusetzen, ist die Angst, sich ändern, Gewohnheiten aufgeben zu müssen. Dies fühlen besonders Personen, die schon seit längerer Zeit innerlich starr sind, die keine persönliche Entwicklung mehr zugelassen haben, sondern ihre Gefühle und Erfahrungen oft beiseite schoben.

Manche werden durch andere dazu angeregt, sich nicht mit sich selbst zu konfrontieren. «Ich weiß, daß ich mich früher davor gescheut habe, mich mit mir selbst auseinanderzusetzen. Ich fragte mich zum Beispiel nicht, warum ich traurig war, sondern versuchte, mich abzulenken oder zu schlafen. Heute weiß ich, warum das so gegangen ist. Ich bin nie, weder bei meinen Eltern noch in der Schule oder während meiner beruflichen Tätigkeit, einem Menschen begegnet, der mir vorgelebt hätte, seine Gefühle zu leben. Hier galt vor allem die verstandesmäßige Hinwendung zu Sachverhalten. Der ‹kühle Kopf› wurde belohnt. Und Menschen, die sich mal öffneten, begegnete Kälte und Mißachtung. Und schließlich entwickelte sich bei mir eine Angst vor den eigenen Gefühlen.»

## Die Auswirkungen geringer Selbstklärung

Wenn Menschen jahrelang sich selbst und ihre gefühlsmäßigen Erfahrungen wenig geklärt und «durchgearbeitet» haben, dann sind sie sich ihrer inneren Vorgänge nur undeutlich bewußt, sie verstehen sich selbst weniger und haben begrenztere Möglichkeiten, sich persönlich zu entwickeln. Häufig scheinen sie

starr in ihren Wertauffassungen. Sie richten sich oft nach formalen Regeln. Sie können auch weniger angemessen und sozial gegenüber ihren Mitmenschen handeln.

Menschen mit geringer Selbstklärung äußern sich auch in ihren alltäglichen Gesprächen eher unpersönlich, allgemein, ver-
teidigend, abstrakt. Sie sprechen von Sachen, von ihrem Wissen;
aber wenig von sich selbst, von ihrem gefühlsmäßigen Erleben.

## Sich selbst klären und verstehen

Das Bemühen, uns mit uns selbst auseinanderzusetzen und uns
mehr zu verstehen, ist eine wesentliche Möglichkeit, uns persönlich weiterzuentwickeln, bewußter und selbstbestimmter zu leben. In einfacher Form können wir dies tun, indem wir in Gesprächen mit uns selbst über uns nachdenken – etwa während
eines Spaziergangs oder in ruhigen Stunden zu Hause – oder
indem wir Tagebuch schreiben, uns in einem Brief anderen mitteilen, ein Gespräch mit einem Freund oder anderen Menschen
führen, denen wir vertrauen.

Ein Anlaß, uns zu erforschen, kann zum Beispiel darin bestehen, daß wir in einer ruhigen Stunde ohne Druck und Anspannung über unsere Vergangenheit, Gegenwart und Zukunft nachdenken. Doch intensiver ist das Bemühen um Selbstklärung
meist, wenn wir uns durch außergewöhnliche oder schmerzliche
Erfahrungen und persönliche Schwierigkeiten – Enttäuschungen, schwere Krankheiten, Verlust eines Angehörigen – gedrängt fühlen, über deren Bedeutung für uns nachzudenken.

Was geht in uns vor, wenn wir uns zu klären und zu verstehen
suchen?

Wir sind bereit, uns selbst mit Teilen unserer Person und unseren Erfahrungen in Frage zu stellen. Wir bemühen uns, etwa
folgende Fragen zu klären: ‹Welche Bedeutung hatte diese Er-

fahrung heute für mich?›, ‹War es richtig von mir, so zu handeln?› – ‹Was habe ich falsch gemacht?› – ‹Warum schmerzt mich das so?› – Die Fragen können auch umfassender und weitreichender sein: ‹Welchen Sinn hat meine Partnerschaft für mich?›, ‹Welchen Sinn sehe ich in meinem Beruf, in meinem Leben?›, ‹Wer bin ich wirklich?›

Auf diese Fragen suchen wir «Antworten». Wir versuchen zu verstehen, welchen Sinn und welche Bedeutung Erfahrungen für uns haben, in welchem Zusammenhang sie mit unserer Person stehen: «Im Gedränge des Alltags, wenn mir etwas wirklich schiefgegangen ist oder ich mit mir selbst und anderen nicht klargekommen bin, dann kann ich das nicht richtig verkraften. Aber wenn ich etwas Abstand habe, wenn ich zu Hause bin, dann bemühe ich mich und bin eher fähig, daran zu arbeiten. Ich suche dann zu verstehen, wie es so gekommen ist. Nein, nicht wie ‹es› gekommen ist, wie die anderen an mir gehandelt haben, sondern das Wichtigste: Wie *ich* gehandelt habe und wie *ich* es jetzt sehe und wie *ich* mich dabei fühle.» Karoline: «Ich halte es für wichtig, vor einer Krise nicht wegzurennen, sondern sich mit ihr auseinanderzusetzen und sie verstehen zu lernen.»

Eine Frau äußert im Gespräch mit dem amerikanischen Psychologen Carl Rogers, wie sie sich eines Abends mit sich selbst auseinandersetzte, mit ihren Gefühlen und Wünschen gegenüber ihrem Partner Joe:

«Joe war verreist, und ich war zu Hause. Die Kinder schliefen, und ich saß im Wohnzimmer... Als ich einmal vom Fernseher wegblickte, sah ich in der Fensterscheibe mein Spiegelbild. Und dann begann ich eine Art Gespräch mit mir selbst... Es war ungefähr so: ‹Da sitzt du also mit deinen vierunddreißig Jahren, und wie anders war das Leben, als du es dir vorgestellt hattest.› Ich hatte immer eine sehr unreale Vorstellung vom Leben. Ich dachte, ich wollte verheiratet sein, mich irgendwo niederlassen, sechs Kinder haben, du lieber Gott, und bis an mein Lebensende glücklich und zufrieden die Familie versorgen. Mir schien das immer eine ganz einfache und vernünftige Vorstellung. Aber so einfach war es nie gewesen. Ich fand einen Mann, den ich liebte, wie ich dachte; ich hielt mich für stark und offen und ehrlich, im wahrsten Sinne der Bedeutung, aber es war nicht gegangen. Es hatte so viel Leid gegeben, ich war häufig krank gewesen und hatte große Probleme mit den Kindern gehabt, ich war nicht imstande gewesen, mit dem Leben wirklich fertig zu werden. Dieses Leben war zweifellos eine Hölle gewesen.

Ich sprach gewissermaßen zu mir selbst und hörte mir all die Dinge an, die schiefgegangen waren. Und dann fing ich an, mir zu überlegen, ob nicht auch irgend etwas gut gewesen war. Ich stellte mir Fragen, und eine dieser Fragen lautete: ‹Also, Mädchen, was willst du wirklich? Was möchtest du?› Und bei der Antwort stellte sich heraus, daß das, was ich wollte, nicht die Ehe war, nicht die sechs Kinder und nicht das zufriedene Dasein als Ehefrau und Mutter. Ich wünschte mir jetzt etwas ganz anders. Ich wollte lernen, wie man jemand liebt, wie man einen Menschen liebt und wie man geliebt wird – mehr nicht.» [36]

*Was ist bedeutsam bei unserem Bemühen, uns zu verstehen?*

Wichtig ist, daß wir *ehrlich* uns selbst gegenüber sind, daß wir im Gespräch mit uns selbst oder hilfreichen Mitmenschen nichts beschönigen, uns nicht rechtfertigen oder verteidigen, nicht anderen die Schuld geben – zum Beispiel den Eltern oder der Gesellschaft. Wir sind bereit, auch die unangenehmen Teile unserer Person zu sehen und anzuerkennen. Dies ist mitunter schwer. Ein Mann, 25: «Verantwortung für meine aggressiven Gefühle zu übernehmen, das fällt mir oft ungeheuer schwer. Meist suche ich nach Gründen und Erklärungen dafür, daß sie berechtigt sind, daß der andere sie mir gemacht hat. Ich fange dann an, den anderen zu beschuldigen, ihm Vorwürfe zu machen.»

Für die Auseinandersetzung mit uns selbst ist das *offene Zulassen* unserer vielfältigen Gedanken, Erfahrungen und Gefühle notwendig. Es ist wichtig, daß sie möglichst ungefiltert und unverzerrt in unser Bewußtsein gelangen, daß wir auch die Gefühle anderer mitbedenken, die sich von uns ungerecht behandelt fühlen, daß wir uns nicht gegen die Erinnerung sperren, was andere Menschen Gutes für uns getan haben, bevor wir mit ihnen in Schwierigkeiten gerieten. Es treten viele frühere und gegenwärtige Gedanken, Erfahrungen, Gefühle unzensiert in unser Bewußtsein. Sie gehen ein in die Klärung, welche Bedeutung bestimmte Erfahrungen für uns haben. Oft haben wir nämlich Menschen und Ereignisse nur von einer Seite, nur von unserem derzeitigen Standpunkt aus betrachtet und uns damit ein unvollkommenes Bild geschaffen. Oft haben wir nur die positiven oder nur die negativen Aspekte gesehen.

Wenn wir jedoch offen und ehrlich sind, bekommen wir Zugang zu diesen Erfahrungen ohne Einengung und Verzerrung – und können uns mit ihnen auseinandersetzen. Ein Mann schreibt in einem Fragebogen über seine Empfindungen zu seiner Partnerschaft: «Ich bin unsicher – ist es die ‹Richtige›? Werden wir es ein Leben lang miteinander aushalten? Sind unsere Charaktere nicht zu unterschiedlich? Verdecken die Wochenend- und Ferienerlebnisse nicht den normalen ‹Alltags-Frust›? Werde ich auf der anderen Seite wieder einen so lebenslustigen, spontanen und liebevollen Partner kennenlernen? Soll unser bisheriges ‹Zusammenraufen› für die Katz gewesen sein?»

Wichtig ist bei unserer Auseinandersetzung mit uns selbst, daß wir *auf unser eigenes Fühlen hören* und die Bedeutungen von Handlungen und Ereignissen zu erspüren suchen. «Erst in letzter Zeit ist mir deutlich geworden, wie wichtig es ist, bei meinen eigenen Gefühlen zu bleiben, damit aus der Selbstauseinandersetzung kein Grübeln wird.»

Wenn wir im stillen mit uns selbst sprechen, äußern wir uns

häufig ungenau. Wenn wir jedoch im Gespräch mit einem einfühlsamen Partner unsere Worte und Gedanken mit dem vergleichen, was wir in uns spüren und fühlen, dann erfahren wir eher, was diese Äußerungen, Ansichten und Gedanken wirklich für uns bedeuten. Wir können uns dann klarer über uns selbst äußern. Zugleich lernen wir, deutlicher zu erkennen, was für unser Fühlen von Bedeutung ist und womit es in Zusammenhang steht. Es ist also kein Berichten, um andere zu informieren, sondern ein engagiertes Bemühen, sich selbst zu erforschen, sich selbst zu verstehen.

## Bereiche der Selbstklärung

Folgende Erfahrungen und Bereiche unseres Selbst sind oft Gegenstand unseres Bemühens, uns zu klären und zu verstehen:

o *Unzufriedenheit mit unserem Verhalten*. Wir suchen Antworten auf Fragen wie: ‹Warum habe ich das gemacht?›, ‹Finde ich mein Verhalten richtig?›, ‹Was erzeugt in mir ein so ungutes Gefühl?›. Oft haben wir den deutlichen Wunsch, uns anders zu verhalten. Wir möchten weniger verletzend sein, bereiter, auf den anderen zuzugehen, oder mehr Zärtlichkeit leben können.

Sandra schreibt in einem Brief an uns über sich und ihren 7jährigen Sohn: «Das ist so ein wunder Punkt bei mir. Ich habe das Gefühl, daß Stefan und ich sehr große Schwierigkeiten damit haben, spontan aufeinander zuzugehen, uns anzufassen. Das können wir beide nicht. Wenn es mal passiert, dann nur, weil ich mir sage, er braucht es genauso wie ich. Denn ich weiß, wie es ist, ohne Nähe, ohne Geborgenheit und Zärtlichkeit zu leben. Bloß es kostet mich eine sehr große Überwindung, es zu tun. Es gelingt mir auch nur, wenn er kommt und sich an mich anlehnt. Dann versuche ich, wenigstens meinen Arm um ihn zu legen und eine Weile auszuharren. Aber es kostet mich so viel. Warum fällt mir das bloß so schwer, warum kann ich ihn nicht einfach in den Arm nehmen?»

Die 19jährige Marlies versucht, ihr Verhalten gegenüber ihrer Mutter zu klären: «Meine Mutter hat gar nicht so unrecht, wenn sie sich von mir ausgenutzt fühlt. Ich beanspruche zwar die Bequemlichkeit, die sie mir ermöglicht, kümmere mich aber einen Dreck um sie. Ich sehe in ihr einfach praktische Vorteile, und das genügt mir... Nein, es genügt mir überhaupt nicht.» Nach dieser Feststellung beginnt sie, sich mit sich selbst ehrlicher auseinanderzusetzen: «Früher habe ich sie verurteilt – daß ich ihre Wärme nicht spüren konnte. Aber ich bin sicher, daß es an mir liegt; denn ich sehe, daß sie sich liebevoll um andere sorgt. Es macht mich schon traurig zu sehen, wie viele meiner Bekannten sich bei ihr wohl fühlen und daß *ich* diese Wärme einfach nicht so empfinden kann.»

Eine junge Krankenschwester schreibt uns: «Meine größten Schwierigkeiten liegen in der Befangenheit gegenüber bestimmten Krankheiten und damit auch gegenüber diesen kranken Menschen. Es fällt mir zum Beispiel sehr schwer, mich auf einen Patienten mit einem Selbstmordversuch gefühlsmäßig einzulassen, mich ihm zu öffnen und ihm Wärme zu geben. Ich komme mir stocksteif, kalt und ängstlich vor. Und diese Empfindungen lassen sich von meinem Verstand nicht beeinflussen.» Und einige Zeilen später: «Ich glaube, die größte Schwierigkeit und die Ursache für meine Befangenheit liegt darin, daß ich diese Krankheit für mich selbst nicht annehmen kann.»

Wie schwer es vielen fällt, Schwächen und Fehler im eigenen Verhalten zu sehen und sie sich einzugestehen, können wir auch oft im öffentlichen Leben beobachten. Haben zum Beispiel Sportler einen Wettkampf verloren, neigen sie häufig dazu, sich zu verteidigen und zu rechtfertigen. Vielen Menschen widerstrebt es, sich mit ihrer Mitverantwortung für politische Ereignisse in ihrem Land ehrlich auseinanderzusetzen. Wer stellt und beantwortet sich schon gern Fragen wie die folgenden: ‹Was

habe ich zum Nationalsozialismus, zum Terrorismus beigetragen?›, ‹Was habe ich getan, um verfolgten Menschen zu helfen?›,
‹Habe ich mich gegen Ungerechtigkeit und Gewalt gewehrt oder
habe ich geschwiegen und sie dadurch unterstützt?›

Dieses Eingeständnis eigener Fehler und Schwächen, dieses
Offensein auch für unangenehme Einsichten ist oft der Beginn,
uns selbst besser zu verstehen und uns dann zu ändern. Weitere
Beispiele: «Offen gesagt: Ich kann manchmal über andere Leute
unheimlich herziehen. Ich kann dann so einen Typ richtig vor-
nehmen und ihn ziemlich kalt fertigmachen. Nachher, dann
finde ich mich selbst widerwärtig; ich mag das nicht bei mir.» Ein
Kapitän: «Ich habe meine Menschlichkeit verdrängt durch mein
Strebertum. Ich war so einer, der alles leisten wollte, was man
von außen von ihm erwartet. Ich machte alles mögliche. Das
waren alles nur Selbstbestätigungen. In meinem Job, da war ich
erfolgreich. So im Menschlichen, da war ich voller Hemmungen.
Ich hab mir einen ziemlichen dicken Schild aufgebaut. Ich
brauch da einen dicken Bohrer, um ein Loch reinzukriegen.»

o *Bei Schwierigkeiten in zwischenmenschlichen Beziehungen*
können wir uns bemühen, auch unsere eigenen Anteile daran zu
sehen. «Ich habe mich schon ziemlich weit von Dieter entfernt»,
sagt Margot. «Mir ist nicht klar, inwieweit es mit meinen persönlichen Schwierigkeiten zu tun hat – zum Beispiel, daß ich mir als
Partner immer eine Vaterfigur wünsche. Vielleicht liegt es daran,
daß ich jemanden suche, der mich sexuell nicht belästigt, der
alles versteht, alles verzeiht. So weiß ich nicht: Was hängt nun
mit Dieter zusammen? Was liegt vielleicht gar nicht an ihm, was
liegt an mir? Ich glaube, daß viele Anteile von mir schon in den
Schwierigkeiten drin sind... So dieses Mich-dem-Partner-total-
Hingeben, das schaffe ich nicht, da geht mir sofort etwas zuwi-
der. Das ist dieses Sichfallenlassen. Das kann ich nicht – weil ich
solche Angst habe und weil ich dann auch den Anspruch habe:
Es soll so werden, wie ich es brauche.»

Anne, 30, schildert, wie sie allmählich durch die Auseinandersetzung mit sich selbst verstand, warum sie kein Kind von ihrem
Partner haben wollte: «Als er ein Kind haben wollte, da wurde
deutlich, daß er mich binden wollte. Dann hätte ich meinen Job
aufgegeben und wäre immer dagewesen. Das hätte ihm gut gefallen. Ich hatte tausend Gründe, warum ich kein Kind wollte. Ich
hatte einen unheimlichen Widerwillen gegen ein Kind von ihm –
was ich mir früher so wahnsinnig gewünscht hatte. Erst allmählich wurde mir klar: Das Vertrauen zu ihm war irgendwie ge-
schwunden.»

o Das Bemühen, die *Bedürfnisse und Rechte anderer* zu berücksichtigen und mit den eigenen in Einklang zu bringen ist häufig
Inhalt der Auseinandersetzung mit sich selbst. Eine verheiratete
Frau, 39, sucht ihre Beziehung zu einem anderen Mann zu klären: «Ich glaube, daß eine Beziehung kein Recht zum Leben hat,
wenn sie auf Kosten anderer geht, wenn sie eine Ehe zerstört. Ich
muß aber ehrlich gestehen, daß ich kein sonderlich schlechtes
Gewissen habe, wenn ich mit meinem Freund zusammen bin.
Ich habe geheiratet in der Hoffnung, Liebe und Geborgenheit zu
erleben und schenken zu dürfen. Muß ich nun darauf verzichten,
weil ich durch den Ehevertrag gebunden bin? Urteile ich zu
hart?» Etwas später spricht sie von Helmut, ihrem Mann: «Er
hat in mir eine Frau, die alles für ihn tut, die die Kinder erzieht,
die ihm gutes Essen hinstellt, für ihn putzt und alles in Ordnung
hält. Aber ist das genug? Er schenkt mir keine Zärtlichkeit. In
sechs Monaten hat er nicht einmal mit mir geschlafen. Wo ist
unsere Ehe geblieben...? Und trotzdem ist mein Pflichtgefühl
so stark. Ich fühle mich verpflichtet, bei Helmut zu bleiben, alles
gut zu machen. Ich muß, ich muß doch. Ich muß, auch wenn ich
dabei unglücklich bin. Denn ich kann ihm nicht weh tun, er tut
mir leid. Es wäre furchtbar, wenn ich die Kinder unglücklich
machen würde.»

o Manche wünschen, *Widersprüche in sich* zu klären. Sie hoffen,

eine Antwort auf die Frage zu finden, welche von den wider-
streitenden, zum Teil unvereinbaren Gefühlen und Wünschen
eigentlich zu ihrem «wirklichen Ich» gehören: «Manchmal habe
ich diese Phasen, wo mir alles, alles auf den Geist geht – meine
Kinder, mein Mann. Und da packe ich am liebsten meine Sachen
und haue ab. Aber dann hab ich wieder Phasen, wo ich mich
wirklich unheimlich wohl fühle. Deshalb weiß ich überhaupt
nicht: Was ist nun eigentlich wirklich?» – Eine andere Frau:
«Auf der einen Seite wünsche ich mir manchmal, diplomatisch
zu sein. Auf der anderen Seite finde ich das unheimlich be-
knackt. Die Leute meinen zwar, daß man mit Diplomatie oder
wenn man hinter jemandem hinterherkriecht, mehr erreicht. Es
liegt mir überhaupt nicht, um den heißen Brei herumzureden
und durch die Hintertür etwas zu versuchen, zu erreichen. Das
ist überhaupt nicht meine Art. Aber dieses ganz Direkte, wie ich
das oft mache, damit bin ich auch nicht glücklich.»

o  Viele fühlen sich durch *frühere Erfahrungen* belastet. ‹Was ist
mir angetan worden?›, ‹Wie bin ich mit anderen umgegangen?›
Damit unsere Auseinandersetzung mit der Vergangenheit nicht
zu einem fruchtlosen Grübeln und Anklagen wird, ist es wichtig, daß wir uns über unser damaliges und unser gegenwärtiges
Fühlen klar zu werden versuchen und uns zum Beispiel fragen:
‹Was empfinde ich heute, wenn ich mich an frühere Erfahrungen
erinnere?›, ‹Welche Bedeutungen haben diese Erfahrungen jetzt
für mich?›, ‹Was kann und will ich tun, um mich hierin zu ändern?› Durch eine solche Auseinandersetzung können sich
schmerzliche Erfahrungen, die wir vor Jahren in der Schule, im
Elternhaus oder in Partnerschaften machten und noch immer
nicht verwunden haben, in ihrer Bedeutung für uns ändern.
«Ich war immer in Abhängigkeit», erinnert sich die Lehrerin
Ingeborg, 45. «Ich brauchte immer einen Partner und klammerte
mich an ihn. Und ich war sehr verletzbar. Dann ging häufig alles
in die Brüche. Einmal saß ich allein am Flußufer, und es war eine

schöne Umgebung. Aber ich konnte es irgendwie nicht genießen, weil ich mich so allein fühlte – weil doch unbedingt ein Mann dabei sein sollte. Es war nicht das sexuelle Bedürfnis, was von meinem Partner befriedigt werden mußte und was mich ihn vermissen ließ. Ich wollte wirklich nur diese Nähe, daß jemand bei mir war. Aber Nähe war damals praktisch bei uns nur über Sexualität möglich, und so konnte ich das gar nicht auseinanderhalten. Zärtlichkeit und Sexualität gingen bei mir in einen Topf. Wenn ich so meine Sexualität ansehe, dann habe ich im Grunde nur dafür gelebt, Männer zu befriedigen. Ich habe mich ganz auf sie eingestellt, damit sie zufrieden waren. Das ist jetzt ein Punkt, wo ich zurückgucke und mich frage: Willst du das eigentlich so weitermachen?»

«Ich bin in der Gesprächsgruppe intensiv mit dem Gefühl in Berührung gekommen, mein Kind durch Abtreibung umgebracht zu haben», schreibt Gudrun, «ich habe mir diesen Ausdruck des starken Gefühls bisher nicht gestattet. Ich dachte, daß die Verdrängung nach sechs Jahren stark genug ist, um dieses Gefühl für immer zu begraben. Deswegen war's jetzt so entsetzlich und so schmerzlich für mich. Aber es war auch so, daß ich mich dabei in der Gruppe geborgen fühlte.»

o Manche Menschen werden von *Schuldgefühlen* gequält. Sie können es sich schwer verzeihen, wie sie sich selbst und anderen gegenüber verhalten haben. In eindrucksvoller Weise setzt sich die 35jährige Andrea intensiv mit ihrem Haß und ihren Schuldgefühlen auseinander. Indem sie sich selbst klärt und ihre Gefühle annimmt, geht sie den ersten Schritt auf dem Weg, ihre Erfahrungen positiver zu sehen und sich zu wandeln:

«In meiner letzten Beziehung habe ich festgestellt, daß ich unheimlich hassen kann – und auch darum nicht verzeihen kann. Ich könnte mit ihm jetzt auch nicht normal reden, ohne ihm gleich wieder zu sagen: Du hast mich ausgenutzt, und ihm die Schuld zu geben am Scheitern der Beziehung. Ich habe dann auch Schuldgefühle, daß ich so hasse. Und es tut mir innerlich weh. Ich kann manches Mal nachts gar nicht einschlafen. Ich habe schon überlegt... ich hätte ihn zum Beispiel erschießen können, wenn mich der Gedanke nicht so abgehalten hätte, daß ich hinterher ins Gefängnis muß. – Ich habe mich so ausgenutzt und hintergangen gefühlt. Ich habe also wirklich gelitten wie ein Hund, ganz bestimmt. Ich habe mich in den anderthalb Jahren der Beziehung nie so richtig wohl gefühlt, weil ich immer Angst hatte, mein Partner wendet sich einer anderen Frau zu. Eigentlich war ich nur glücklich, wenn ich mit ihm allein, ganz allein war. Da war ich sicher. Ich hatte zum erstenmal einen Mann wirklich gern. Und ich hatte das Gefühl, er hat mich auch gern. Aber zum Schluß hat er mir gesagt, er würde nichts mehr für mich empfinden. Und ich wollte das nicht wahrhaben, daß das vorbei war. Ich müßte eigentlich froh sein, aus der Beziehung herausgekommen zu sein. Aber das bin ich nicht. Und was ich mir noch nicht verzeihen kann: Ich habe den Versuch gemacht, daß er wieder zu mir zurückkommt.»

Reinhard: «... daß du dich entwürdigt hast, daß du dich schwach gezeigt hast? So daß du dich fast deiner Liebe schämst, da sie ja nicht mehr erwidert wurde?»

Andrea: «Ja, ja. Also ich wünsche ihm auch die Pest an den Hals. Aber ich steh mir damit selber im Weg. Und ich versuch halt, von diesen Gefühlen herunterzukommen. Ich möchte einfach dazu kommen, auch die schönen Seiten zu sehen, denn es waren bestimmt schöne Zeiten da, ganz sicher. Aber ich schaff das noch nicht, die zu sehen und mich darüber zu freuen. Und jetzt, wenn ich darüber spreche, merke ich richtig, wie ich Kopfschmerzen kriege, wie mir da hinten der Schmerz hochzieht. Davon möchte ich einfach wegkommen. Ich habe das Gefühl, ich muß jetzt erst mal bei *mir* anfangen. Ich muß mal versuchen herauszubekommen, was ich jetzt möchte und was ich jetzt ändern möchte – und vor allem, daß ich mich mal akzeptiere. – Ich geb mir ja auch noch die Schuld mit, eben weil ich so furchtbar besitzergreifend bin. Das sehe ich schon ein. Ich glaube, wenn einer versuchen würde, *mich* so festzuhalten, da würde ich sagen: Der spinnt, was fällt ihm ein. Aber trotzdem – von anderen verlange ich das, und ich selber kann es nicht. Und was ich auch bis jetzt nicht begreife, ist: Warum habe ich auch jetzt noch so einen Haß auf ihn? Weil ich ihm nachgelaufen bin? Er konnte ja nichts dafür. Und ich finde, wenn ein Mensch mir sagt, daß er nichts mehr für mich empfindet, dann müßte für mich die Sache klar sein. Und ich müßte mich damit abfinden. Aber das habe ich nicht getan. Ich wollte, daß er wiederkommt. Er ist ja auch für kurze Zeit wiedergekommen. Aber ich habe ihn gezwungen.»

Ein Gruppenmitglied: «Und das ist es, was du dir vorwirfst?»

Andrea: «Ja, denn Gefühle kann man nicht erzwingen. – Daß ich ihm dann auch noch gesagt habe, was ich für ihn fühle, das ärgert mich ja so. Ja, ich hab mir was vergeben, genau, ich hab mich lächerlich gemacht. – Das alles macht mich auch selber unglücklich. Es hindert mich, froh zu sein. Ja, mit dem Haß schade ich mir. Ich schade mir ja damit, irgend etwas richtig zu genießen.»

Etwas später erkennt Andrea, wie sie eigentlich sein möchte: «Wenn ich meinen Partner wirklich liebe, dann lasse ich ihm seine Freiheit. Ich lasse ihn sich entfalten. Ich halte ihn nicht fest. Das war praktisch Egosimus von mir, wie ich mich verhalten habe. Also keine Liebe. Denn wenn ich vom anderen verlange, daß er nur noch bei mir ist und bei mir bleiben muß, daß er überhaupt keine anderen Interessen haben darf, das ist schon Egoismus… Ich weiß, daß ich nicht noch einmal so in eine Beziehung kommen darf.» [59]

Wichtig ist bei der Selbstauseinandersetzung: Wir sehen klar und bewußt unsere Anteile an vergangenen Ereignissen, ohne jedoch uns und andere zu bewerten oder zu beschuldigen.

## Welche Bedingungen erleichtern die Selbstklärung?

Gespräche mit einem verständnisvoll in unserem Erleben zentrierten Freund, Angehörigen, einem einfühlsamen psychologischen Helfer oder Gruppengespräche können es uns sehr erleichtern, ehrlicher uns selbst gegenüber zu sein, bei der Selbstklärung nicht abzuschweifen, sondern fortwährend in uns selbst zentriert zu bleiben. Ingeborg, eine Lehrerin: «Ich merke, für mich sind Gespräche wichtig. So ein Gespräch, das ist mir ein Stück Leben, weil etwas in mir dann wieder wächst, sich etwas aufbaut. Insofern sind Menschen sehr wichtig für mich. Im Gespräch gehen ja andere auf mich ein, der andere hört mich, das ist mir so wichtig.»

Solche Gespräche ermöglichen es uns, unsere Gefühle und Erfahrungen anderen mitzuteilen. Dies ist ein erster Schritt zur Auseinandersetzung mit uns selbst. Durch das Aussprechen erfahren wir eine gefühlsmäßige Erleichterung. Wir sehen danach manches anders und klarer: «Ich habe schon viel über mich nachgedacht. Es aber hier auszusprechen, das hat für mich die Situation total verändert. Das Aussprechen war der Punkt für mich. Dadurch hat sich vieles verändert, und ich hab darüber wieder neu nachdenken können.» Ein Mann: «In der Gesprächsgruppe habe ich angefangen, mir bewußt zu werden, daß es doch einen Ausweg gibt. Indem ich mich äußern konnte, bin ich mir klarer geworden über mich selbst. Und je mehr ich mir klarer werde über mich selbst, desto mehr ist auch eine große Belastung weggefallen. Ich konnte viele Dinge äußern, die ich zwanzig und mehr Jahre mit mir herumgetragen habe und keinem Menschen gesagt hab. Das war eine ungeheure Belastung, die einen aufreibt mit der Zeit. Vor allem, ich konnte eben alles äußern. Denn erstens habe ich gewußt, kein Mensch wird mich jetzt verurteilen deswegen. Und ich habe auch gewußt, daß Menschen da sind, die die Kraft haben, das auszuhalten, was ich zu äußern hab. Und nachher, im Laufe der Zeit, da habe ich über die Entfernungen hinweg die Hand gespürt, das Verständnis, die Möglichkeit, mich zu äußern.

Durch die Bemühungen verständnisvoller Menschen, im Gespräch unsere persönlichen Gedanken und Gefühle zu verstehen und uns das Verstandene mitzuteilen, werden wir fortlaufend angeregt, weiter über uns nachzudenken und zu sprechen. Sie helfen uns, nicht auf Äußerliches oder Sachliches auszuweichen, sondern uns auf unsere Gefühle und unsere Bewertungen zu konzentrieren. Dieser Zusammenhang zwischen einfühlenden Äußerungen eines Helfers und der Selbstauseinandersetzung seines Gesprächspartners wurde in vielen Untersuchungen nachgewiesen. [54] Ein junger Mann beschreibt seine Erfahrungen in einem Gespräch folgendermaßen: «Ich habe gelernt, wenigstens die meisten meiner Sorgen und Probleme verständnisvollen Menschen anzuvertrauen. Dabei ist mir aufgefallen, daß ich mich dadurch weniger im Kreis drehe, sondern eine Selbstauseinandersetzung erfahre, die mich viel weiter bringt, die mir Klarheit verschafft.»

Freunde, ein Helfer oder Gruppenmitglieder geben uns im Gespräch die gefühlsmäßige Unterstützung, die seelische Sicherheit, gleichsam Rückendeckung bei dem Schmerz und den Ängsten, die bei unserer Auseinandersetzung mit uns selbst, insbesondere bei dem schwierigen Anfang auftreten können. «Irgendwo hatte ich Angst vor mir, so vor dem, was in mir steckt. Aber dann war es ein starkes Glücksgefühl, diese Geborgenheit in der Gruppe, ihr Verständnis.»

Freunde oder hilfreiche Gruppenmitglieder können uns durch Fragen oder Äußerungen darüber, wie sie uns erleben, helfen, uns mehr zu erforschen, uns selbst anders sehen zu lernen. Wenn sie sich selbst intensiv mit ihrem seelischen Erleben auseinandersetzen, sind sie eine wesentliche Anregung für uns und andere, dies ebenfalls zu tun und die Angst davor zu überwinden. In einer Gesprächsgruppe sagt eine 19jährige Schülerin zu einem 24jährigen Strafgefangenem, der sich mit seiner Situation auseinandergesetzt hatte: «Ich hab durch dich eigentlich für mich selber sehr viel gelernt. Ich habe gelernt, wie wenig ich eigentlich aus dem mache, was ich in Wirklichkeit habe. Verstehst du, ich habe meine Situation verglichen mit einem Gefängnis. *Du* kannst nicht heraus. Aber *ich* mache mir ja selbst mein Gefängnis.»

Eine Selbstklärung kann auch durch Gespräche über bestimmte persönliche Themen gefördert werden. Anstatt zum Beispiel beim Weihnachts- oder Neujahrsfest die üblichen Gespräche zu führen, können wir auch über folgendes sprechen: ‹Was hat mir dieses vergangene Jahr gegeben?› – Was war schön?› – ‹Was hat mir dieses Jahr genommen?› – ‹Was war schmerzvoll?› – ‹Welche Möglichkeiten, mich persönlich weiterzuentwickeln, sehe ich?› – ‹Was könnte mich im kommenden Jahr bei dieser Entwicklung behindern?› – ‹Wie werde ich in fünf Jahren mein heutiges Leben sehen?›

Eine andere Möglichkeit, sich selbst näherzukommen und zu klären, sind Tagebücher und Briefe. Vor allem Menschen, die keinen hilfreichen Gesprächspartner und keine Gruppe haben, erleben es als bereichernd, wenn sie ihre persönlichen Gedanken, gefühlsmäßigen Erfahrungen und Belastungen niederschreiben. «Ich konnte nie mit meinen Problemen zu jemandem gehen», berichtet Ingrid, 24; «schon in meiner Jugendzeit war ich immer mit mir allein. Und Ängste habe ich gehabt, viele Ängste. Um damit fertig zu werden, mußte ich mich ja irgendwie damit auseinandersetzen. Und dann habe ich eben das, was ich gefühlt habe, einfach hingeschrieben. Und das hab ich am nächsten Tag oder zwei Tage später mir selbst laut vorgelesen. Und irgendwann habe ich es dann halt verstanden – als ob jemand mir einen Brief geschrieben hat und ich hab den dann gelesen. Das war so eine Möglichkeit, mich mit mir auseinanderzusetzen. Das Tagebuchschreiben bringt mir mehr Klarheit, es ruft mir manches ins Bewußtsein.»

Auch wenn wir uns nicht beeinträchtigt fühlen, können wir

uns durch Tagebuch- und Briefeschreiben mehr Klarheit in vielem verschaffen und unfruchtbares Grübeln vermindern. Wir können uns unserer Lebensinhalte und unserer Erfahrungen bewußter werden und kommen auf diese Weise uns selbst näher. «Für mich war es zunächst einmal wichtig, daß ich die quälenden Grübeleien unterbrach. Wenn ich bemerkte, daß ich mich wieder in Gedankenkreisen erging, mich festbiß und mich verkrampfte, dann sagte ich mir: ‹Stopp! Was würdest du eigentlich gern tun? Dies und jenes. Und was spricht dagegen? Dies und jenes.› Meistens reichte es schon, wenn ich so mit mir redete. Manchmal, auch bei schwierigen Entscheidungen, habe ich alle Argumente aufgeschrieben, die dafür und dagegen sprachen. Und wenn nach einer Weile die Grübelei wieder anfing, dann sagte ich mir: ‹Du hast diese Dinge alle aufgeschrieben. Gibt es jetzt einen neuen Gesichtspunkt?› Diese Art war für mich sehr entlastend.»

Es gibt viele weitere Möglichkeiten, unsere Selbstklärung zu fördern. Wir können zum Beispiel zusammen mit verständnisvollen Menschen Fotografien von uns aus früheren Jahren betrachten und Gedanken und Gefühle äußern, die wir damals hatten und die die Bilder heute in uns wachrufen. Wir können uns im schöpferischen Gestalten wie Malen und Töpfern oder durch Singen und Musizieren zum Ausdruck bringen und uns dann ihrer Bedeutung für uns bewußt werden.

## Auswirkungen der Selbstklärung

○ Menschen, die sich darum bemühen, sich zu verstehen, sehen sich selbst, Ereignisse und Personen weniger verzerrt, freier von Vorurteilen. In der Auseinandersetzung mit sich machen sie neue Erfahrungen. Änderungen darin, wie sie sich selbst sehen, haben zur Folge, daß sich ihre Gefühle ändern.

Sie erweitern gleichsam ihre innere Welt. Ernst, 24: «Ich hab erkannt, daß die Welt nicht unbedingt genauso ist, wie ich sie sehe, und daß meine Wahrnehmung selbst oft eingeschränkt sein kann. Ich habe gefunden, daß dies zu einer gewissen Starrheit und Armut meiner Existenz geführt hat. Und ich möchte, daß sämtliche persönlichen Bereiche von mir offen für neue Erfahrungen und Veränderungen sein sollen.»

Wenn Menschen sich selbst mehr verstehen, sehen sie bewußter, wer sie sind, lernen ihre Grenzen und Möglichkeiten besser kennen. Sie gewinnen dadurch mehr innere Freiheit, Selbstbestimmung und Klarheit über ihre Wege. «Ich habe ein besseres Gespür dafür bekommen, wer ich bin und wie andere mich beeinflussen. Ich bin selbstsicherer geworden», sagt ein 30jähriger Mann. – «Jedes neue Verstehen dessen, was du wirklich bist», schreibt der amerikanische Philosoph und Psychologe Ram Dass, «gibt dir mehr Raum und Freiheit, so daß du klarer deine innere Stimme hören und ihr folgen kannst.» [32]

o Wer sich seiner selbst bewußter wird, handelt meist verantwortlicher. Ein Mann, 25: «Ich verstehe heute den Unterschied zwischen Verstehen und Erklären. Erklärungen halfen mir, die Verantwortung für mich auf irgendwelche Ursachen zu übertragen. Seitdem ich mich zu verstehen suche, begreife ich, daß ich selbst für mich verantwortlich bin. Ein Erlebnis mit meinem Vater hat mir dies deutlich werden lassen. Ich habe zum erstenmal in meinem Leben mit ihm über mich gesprochen. Ich machte ihn früher dafür verantwortlich, wie ich war, hatte aber Schuldgefühle, es ihm zu sagen. Ich fühle mich heute für mich verantwortlich. Ich bin froh, daß ich mich auf den Weg gemacht habe, die ersten Schritte gegangen bin. Ich habe erste Antworten auf die Frage gefunden: Wer bin ich?»

o Menschen, die sich häufig selbst klären, handeln anderen gegenüber sozialer. Dies halten wir für sehr bedeutsam. Wenn sie mehr Klarheit über sich haben, wenn sie offen für das Erleben und die Bedürfnisse anderer sind und bereit zu persönlichen

Wandlungen, so leben sie partnerschaftlicher, sozialer mit anderen. Ein 26jähriger Mann schreibt uns: «Ich habe mich jahrelang für einen offenen, ehrlichen und kontaktfreudigen Menschen gehalten – bis mir eine Freundin vorwarf, daß ich allen Mitmenschen gegenüber dominant und besserwisserisch sei und daß auch meine anderen Freunde nie wüßten, woran sie bei mir sind. Es hat mich viel Zeit und viele Gespräche mit Freunden gekostet, bis ich herausfand, daß sie recht hatte. Noch länger hat es dann gedauert, dies einigermaßen abzuändern.»

Selbsterklärung hilft der 42jährigen Anna, ein falsches und ungerechtes Verhalten ihrer Tochter gegenüber zu vermeiden: «Mitunter machen mich bei meiner Tochter Dinge sehr wütend, zum Beispiel, wenn ihr Zimmer unordentlich ist. Aber nicht deshalb, weil ich ein ordentlicher Mensch bin und es mich dann stört, sondern es ist genau andersherum: Weil ich selber unordentlich bin, stört es mich, wenn sie nicht aufräumt – weil sie so lebt, wie *ich* es eigentlich möchte. Deshalb ist es für mich ganz wichtig, daß ich mich da selber kläre und mir sage: Es stört mich nicht, was sie macht, sondern es ist mein eigener Anteil, der mir da zu schaffen macht.»

Ein junger Mann schreibt seiner ehemaligen Gruppenhelferin einen Brief. In seiner ehrlichen Auseinandersetzung mit sich selbst wird ihm klar, daß er dazu neigt, sich und andere Menschen irrezuführen und auszunutzen: «Neulich, als ich Dich anrief, hab ich Dir wieder was vorgejammert. Nur weil ich wollte, daß ich an erster oder zweiter Stelle Deiner Fürsorglichkeitsliste stehe. Ich denke immer, wenn ich den Leuten sage, daß es mir gutgeht, daß ich dann eine Akte bin, die sie ablegen. So hab ich es auch mit Dir gemacht: Ich hab Dir was vorgejammert. Hinterher hab ich gemerkt, es ging mir ja gar nicht so schlecht. So wie ich es Dir gesagt habe, fühlte ich mich ja gar nicht. Ich kann mir eben nicht vorstellen, daß Du Dich mir auch zuwendest, wenn ich Dir sage, daß es mir gutgeht. Aber ich möchte das nun nicht mehr, den Leuten was vormachen, damit sie sich mir zuwenden. Ich möchte meinen Wert in mir selber spüren. Ich will nicht mehr mit den Leuten spielen. Ich möchte sie gern wissen lassen, wie es mir wirklich geht, ihnen nichts vormachen. Natürlich möchte ich ihre Zuwendung, die brauche ich ja. Aber vielleicht kriege ich sie auch auf eine andere Weise.»

○ Bei der Auseinandersetzung mit sich entdecken manche, daß sie hinter einer Fassade leben, daß sie sich nach außen hin anders zeigen, als sie innerlich fühlen. Sie beginnen, an dem Bild, das sie anderen von sich geben, zu zweifeln: «Da ist mir das richtig bewußt geworden: Ich will ja dieses Lächeln gar nicht. Warum geb ich mich nach außen hin so anders, als ich mich innerlich empfinde? Mir ist ja gar nicht nach Lächeln zumute. Warum hab ich mir so eine Fassade aufgesetzt? Ich habe das früher gar nicht so gemerkt.» Selbstklärung erleichtert es uns, unser eigenes Ich zu finden, echter und fassadenfreier zu werden.

Karen, eine Lehrerin für Lernbehinderte: «Die älteren Kollegen, hinter ihrem Rücken zerreiß ich mir das Maul teilweise über die, und ich find die so doof und unmöglich. Und wenn ich dann direkt mit denen spreche, dann kommt es aus mir heraus: ‹Wie schön, wie interessant.› Und das find ich unehrlich. Ich hab den Anspruch an mich, ich möchte denen auch direkt sagen: ‹Also, hören Sie mal zu, was Sie da machen, das ist… also ich hab gehört, Sie schlagen die Kinder. Das finde ich unmöglich.› Aber ich wage nicht, ihnen das zu sagen. Ich bin da mit mir nicht zufrieden.» Im folgenden klärt sie, warum es ihr nicht möglich ist, den Kollegen gegenüber offen zu sein: «Wenn ich merke, jemand mag mich nicht, dann versuche ich ganz besonders, dem zu gefallen. Und manchmal hat das ganz erschreckende Ausmaße und wird ganz krampfhaft. Ich hab den Anspruch: Alle sollen mich mögen. Also diese Gefallsucht von mir, die geht mir so auf den Geist. Ich hab den Anspruch, daß die anderen mich gut finden sollen. Und das ist die Gefahr, daß ich mich selbst irgendwie verliere. Ja, ich fühl mich schlecht, ich bin traurig und deprimiert, wenn ich abgelehnt werde. Für mein Selbstbewußtsein ist es so wichtig, daß ich gemocht werde. Das war auch in Freundschaften schon immer so, mit Männern und mit Frauen – daß ich doch immer sehr bereit war, ‹Ja› zu sagen. Und jetzt achte ich schon mehr darauf: Was will ich eigentlich? Aber noch nicht genug, glaube ich.»

o Menschen, die sich intensiv mit sich auseinandersetzen, lernen, angemessenere Entscheidungen zu treffen und danach zu handeln. Steht zum Beispiel jemand vor der Entscheidung, mit einem Partner zusammen zu leben oder nicht, ihn zu heiraten oder nicht, dann ist die Selbstklärung für ihn und den Partner sehr wichtig. Er wird dann offen sein für die Vielzahl seiner Eindrücke und Empfindungen, auch für die Empfindungen seines Partners. Er wird sich fragen: Was zieht mich an dem anderen Menschen so an? Will ich ihn nur heiraten, weil ich mich allein fühle? Brauche ich ihn, um meine eigenen Schwierigkeiten zu verringern? Brauche ich ihn, um ihm Wärme und Liebe zu geben oder von ihm zu erhalten? Was werde ich dem anderen geben können? Welche Gemeinsamkeiten haben wir? Ist jemand in dieser Weise offen und fähig, darüber mit anderen zu sprechen, um sich selbst besser zu verstehen, so wird er meist angemessener handeln.

Ein Mann, 28, klärt in einem Gespräch, warum er einen bestimmten Schulabschluß wollte und zu welcher Entscheidung er dabei gelangte: «Ich bin dann auf die Tagesschule gegangen, weil ich mein Abitur abschließen wollte. Aber dann habe ich mich gefragt: Wieso willst du überhaupt das Abitur? Ich mußte mir dann die Antwort geben: Du möchtest es, weil du eben dadurch größeres Ansehen hättest. Und als ich mir diese Antwort geben mußte, stand ich sehr nackt da. Ich lernte nicht, um persönlich vorwärts zu kommen, sondern weil ich eben eine Bestätigung suchte, eine Bestätigung in der Gesellschaft durch das Papier. Und dann hab ich mich gefragt: Was willst du? Willst du die

Jahre durchleben, damit du das Papier kriegst? Oder willst du eben leben? Ich meine ‹leben›. Das heißt: nicht einfach in den Tag hineinleben, sondern eine Arbeit finden und ausüben, in der du deine Befriedigung erhältst. – Und dann bin ich aus der Schule ausgetreten.»

○ Häufige Selbstklärung gibt uns die Möglichkeit, zu *eigenen* Bewertungen und Urteilen zu gelangen. In der Familie, in der Schule, in fast allen Bereichen des täglichen Lebens wird uns häufig direkt oder indirekt vermittelt, welche Werte für uns gut oder ungünstig seien. Aber in einer Zeit zunehmender Selbstbestimmung von Menschen und in einer Zeit, in der die tradierten Wertauffassungen für den einzelnen oft nicht mehr zutreffen, führt es fast zwangsläufig zu großen Schwierigkeiten, wenn wir die Werte der Familie, der Schule, Kirche, des Staates oder einer politischen Partei konformistisch übernehmen. Die Auseinandersetzung mit den eigenen Erfahrungen und Gefühlen sowie mit den Gefühlen und Erfahrungen anderer ermöglicht es dem einzelnen, mehr zu eigenen Werten zu kommen und angemessenere Entscheidungen zu treffen: Wofür will ich leben? Will ich Karriere machen, viel Geld verdienen? Will ich mich an meine Umgebung und deren Werte anpassen? Was bedeuten mir die Nöte und Sorgen anderer Menschen? Nehme ich sie überhaupt wahr? Was gebe ich eigentlich anderen Menschen? Leider werden diese wichtigen Vorgänge der Selbstklärung in Familien, Schulen und anderen Bereichen unseres Zusammenlebens noch zu wenig gefördert.

# Förderliche Einstellungen zu uns und unserem Leben

## Sich ablehnen?

«Ich mag mich nicht leiden, ich schäme mich über mich.» – «Ich wünsche oft, ich wäre jemand ganz anderes.» – «Ich habe keine gute Meinung von mir. Am liebsten würde ich mich irgendwo verkriechen und nie mehr zum Vorschein kommen.»

Viele Menschen stehen sich selbst ablehnend gegenüber. Sie mögen sich nicht, ja sie verachten und hassen sich. So sind sie ständig mit jemandem zusammen, den sie nicht leiden können. Das Mißbehagen über sich selbst ist der stetige Hintergrund ihres Erlebens und ihrer Erfahrungen.

Vor einigen Jahren führten wir eine Untersuchung durch. Erwachsene und auch Jugendliche kreuzten auf einem Fragebogen diejenigen Äußerungen an, die sie häufig sich selbst gegenüber verwendeten, zum Beispiel: ‹Was ich auch mache, es ist verkehrt.› – ‹Ich fühl mich elend.› – ‹Ich bin vielleicht doof!› – ‹Du schaffst es nie!› Andere Äußerungen waren: ‹Du wirst das schon machen.› - ‹Ich fühl mich pudelwohl.› – ‹Das tut mir gut.› Wir waren sehr beeindruckt von dem Ergebnis: Viele Menschen tadelten sich häufig, fühlten sich schlecht mit sich, bestraften sich, waren sich selbst keine guten Partner.

Menschen, die ungünstig von sich denken, schätzen sich selbst und ihre Leistungen meist als gering ein, obgleich sie oft keinen äußeren Anlaß dazu haben. Ein 35jähriger: «Dann ist wieder dieses Sich-als-Versager-Fühlen, dieses: Was bist du eigentlich?

Was leistest du eigentlich? Du machst ja nicht viel. Du lebst ja doch nur so vor dich hin.» Eine Frau, 40: «Ich hätte weiß Gott keinen Grund, irgendwelche Komplexe zu haben. Aber ich fühle mich in meiner Haut so unwohl und kann mich, so wie ich bin, nicht akzeptieren. Wenn du immer mit harter Kritik mit dir selbst ins Gericht gehst und dich schlecht findest, das ist doch furchtbar. Ja, ich verurteile mich sehr in dem, was ich mache.»

Welche «Karriere» diese Menschen auch machen, welche Ehrungen ihnen auch zuteil werden, wieviel Geld und Besitz sie auch anhäufen – immer überschattet das Mißbehagen über sich selbst ihre äußeren Erfolge. Sie können die Anerkennung anderer nicht wirklich für sich annehmen: «Ich könnte noch zehn Prüfungen erfolgreich bestehen, ich erleb mich trotzdem als ein Versager.»

Menschen, die sich selbst verachten, erleben sich meist auch als unzumutbar für andere: «Ich kann mir nicht vorstellen, daß mich jemand mag, der mich erst richtig kennengelernt hat.» Sie sehen sich als Personen, die nicht liebens- und achtenswert sind, mit denen zusammenzusein sich nicht lohnt.

### Warum lehnen Menschen sich selbst ab?

Folgendes trägt wesentlich dazu bei:

o Ungünstige Erfahrungen, die jemand mit sich selbst macht, zum Beispiel auf Grund von mangelnden Fähigkeiten, Ungeschicktlichkeit, Fehlern u. a.

o Ungünstige Erfahrungen, die jemand mit anderen Menschen macht, daß er etwa von ihnen abgelehnt, mißachtet und negativ bewertet wird.

o Und schließlich: Jemand neigt dazu, sich und seine Erfahrungen negativ zu bewerten, negativer als es andere Menschen in ähnlicher Lage tun.

Alle diese Erfahrungen, die wir mit uns selbst machen, und

alle Bewertungen über uns verdichten sich zu einem Bild von uns selbst. Und dieses Bild von uns selbst beeinflußt sehr unsere Wahrnehmungen und unser alltägliches Verhalten.

Ein Mensch mit geringer Selbstachtung mutet sich weniger zu und ist leichter entmutigt. Er neigt dazu, seine Fehler zu überschätzen. Wenn er das Bild eines Versagers von sich hat, wird er trotz guter Chancen eher versagen; er traut sich weniger zu, ist leichter verzagt, bricht häufiger seine Bemühungen bei den ersten Schwierigkeiten ab. Und derartige ungünstige Erfahrungen verstärken wiederum sein ungünstiges Selbstbild. Der folgende Brief einer 30jährigen Lehrerin zeigt, wie sich ein ungünstiges Selbstbild und geringe Selbstachtung herausbilden und das Verhalten noch lange danach beeinflussen können:

«In meinem Leben war ich noch niemals wirklich bewußt glücklich, sondern immer in einem seelischen Sumpf. Ich bin unglücklich. Ich habe nirgends wirkliche Freunde. Ich stehe irgendwie im ‹Draußen›. Um dem auf den Grund zu kommen, habe ich mich an verschiedene Umstände erinnert, die mich dahin gebracht haben könnten: Ich wurde mit einer Lippen-Kiefer-Gaumen-Spalte geboren und war von vornherein also ein Problemkind. Ich habe niemals erfahren, mich zum Beispiel im Arm meiner Mutter geborgen zu fühlen, gestreichelt zu werden. Ich habe auch nicht gelernt zu vertrauen, mich auf jemanden einzulassen. Denn immer wieder wurde ich enttäuscht. Dann nämlich, wenn wieder mal ein Krankenhausaufenthalt bei mir nötig war. Meine Mutter hat mich nicht auf den Klinikaufenthalt vorbereitet, um in mir keinen Widerstand hervorzurufen. Sie ging statt dessen mit mir zur ‹Kontrolle› und verschwand dann aus dem Untersuchungszimmer, so daß mich dann irgendwelche fremden Schwestern in ein Bett steckten, wo ich dann stundenlang weinte, weil ich mich so hintergangen fühlte. Im Krankenhaus wurde zwar dafür gesorgt, daß ich ein menschenwürdiges Aussehen bekam, daß ich richtig sprechen lernte. Aber ich wurde allein gelassen. Ich lag im Bett, einen Gipshut auf dem

Kopf, einen fürchterlichen Apparat im Mund, mit Schmerzen – und niemand war da, der mich tröstete, der Verständnis für mich hatte. Manchmal muß ich in meiner Verzweiflung wohl getobt haben. Dann wurde ich an den Gitterstäben des Bettes festgebunden. Das ist die einzige ‹Zuwendung›, an die ich mich noch erinnern kann.

Als ich dann in die Schule kam, erlebte ich, wie ich von meinen Klassenkameraden nicht akzeptiert wurde, vielleicht bedingt durch mein Aussehen, durch meine damals noch undeutliche Sprache und dadurch, daß ich wegen der Operationen öfters in der Schule fehlte und nicht gerade zu den Besten gehörte. Niemand hat bemerkt, daß ich zu dieser Zeit bereits Schwierigkeiten und Ängste hatte. Zum Beispiel das Problem, daß ich ständig Minderwertigkeitsgefühle hatte, weil ich die hohen Erwartungen, die meine Mutter, der Lehrer und andere Leute an mich hatten, einfach nicht erfüllen konnte. Oder das Problem, daß ich ständig in der Angst lebte, wieder in die Klinik zu müssen.»

Im folgenden beschreibt sie ihre seelische Einengung und die Mißachtung durch die Mutter. «Es wurde fast alles ausgeklammert, was mit Gefühlen zu tun hatte. Statt dessen herrschte die Vernunft, vor allem die Leistung. Ich erntete nur Lob bei wirklich herausragenden Leistungen. Weil dies aber nur selten der Fall war, hörte ich mehr Kritik, Tadel und Vorwürfe. Mir wurde meist verboten, nachmittags mit anderen Kindern zu spielen, weil Hausaufgaben gemacht werden mußten, weil diese Kinder angeblich nicht der richtige Umgang für mich waren oder weil ich irgend etwas angestellt und deshalb Hausarrest hatte. Es hieß immer: ‹Arbeite an dir, damit etwas aus dir wird!›, ‹Erst die Arbeit, dann das Vergnügen!› So wurde die Entwicklung von Freundschaften und Mitgliedschaften im Schwimmklub oder Chören immer wieder unterbunden, mit der Begründung, daß ich erst etwas ‹werden› soll und dann alle Annehmlichkeiten des Lebens genießen könnte. Für Fröhlichkeit, Spaß, Unsinn und Ausgelassenheit war kein Platz. Die Ordnungsliebe meiner Mutter war extrem ausgeprägt. Sie brachte es fertig, meinen Teddybär, den ich einmal nicht fortgeräumt hatte, vor meinen Augen zu verbrennen. Dabei wußte sie genau, daß an diesem Bär, dem zwar die Augen und eine Pfote fehlten, mein ganzes Herz hing, daß ich mich wenigstens mit diesem Stofftier trösten konnte, wenn ich unglücklich war.

Im Gymnasium bemerkte ich, daß viele Mädchen meines Alters bereits feste Freunde hatten. Ich selbst hatte natürlich keinen. Hier erlebte ich zum erstenmal bewußt: Niemand mag mich. Ich komme – so wie ich bin – bei anderen nicht an. Dabei habe ich schon damals jemanden gesucht, der mich einfach lieb hat, ohne Wenn und Aber. Aber auch hier hatte ich immer noch die Hoffnung, daß sich ein solcher Jemand vielleicht noch finden wird, daß ich nur Geduld haben und warten muß.

Irgendwann während meines Studiums ist mir dann aufgegangen, daß das ‹Warten› vielleicht doch nicht die richtige Strategie ist, sondern daß ich selbst auf andere zugehen müsse. Also tat ich das. Weil ich aber nicht gelernt hatte, meine Initiative richtig zu dosieren, und außerdem meinen jahrelangen Mangel an Zuwendung endlich einmal ausgleichen wollte, ‹erschlug› ich vermutlich alle neuen Bekannten mit meinen Bedürfnissen. Ich stellte mir vor, daß sich die anderen jetzt einmal um mich kümmern müßten, und habe so von ihnen völlig Besitz ergriffen, ohne dies zu wollen und zu merken. Die Folge war, daß sich viele aus dieser ‹Schlinge› lösten – und ich war wieder allein. Alle Beziehungen sind so in die Brüche gegangen. Und ich kam mir nun erst recht abgelehnt und minderwertig vor.

Nach dem Studium trat ich meine Stelle als Lehrerin an. Ich habe mich mit einem nie zuvor gekannten Eifer in die Arbeit gestürzt und dabei völlig außer Acht gelassen, daß es außer Schule noch etwas anderes geben könnte. In der Schule machte ich die Erfahrung, daß ich nur etwas gelte, wenn ich was zu bieten habe, wenn ich meine Zeit und Hilfe zur Verfügung stelle.

Ich hatte das Gefühl, daß ich lediglich ausgenutzt wurde und daß nur meine Leistung zählte, nicht aber meine Person.

Lange Zeit hatte ich ein schlechtes Gewissen und Schuldgefühle, weil ich mit mir selbst zuwenig zufrieden sein konnte. Denn lange hatte ich mir die Idee meiner Eltern zu eigen gemacht, daß es eigentlich genügt, wenn man einen guten Beruf hat, daß man es ‹zu etwas gebracht› hat. Und ich konnte mir deshalb nicht die innere Leere erklären, die mich mehr und mehr überkam, gerade *nachdem* ich dies alles erreicht hatte. Inzwischen bin ich an einer Schule mit einem netten Kollegium, komme schulisch mit allen gut aus und werde von Schülern und Lehrern als engagierte Lehrkraft geschätzt. Dies aber nur, weil niemand von meinem inneren Zustand etwas weiß.

Nach außen gebe ich mich heiter und unbeschwert, nach innen bin ich deprimiert und unglücklich. So gesehen, lebe ich mit einer Fassade, mit einer Maske, die ich nur zu Hause, wenn ich allein bin, abnehme. Dann kann es geschehen, daß ich stundenlang weine, am Sinn meines Lebens zweifle und mich immer wieder frage, warum ich so ungeliebt leben muß. Denn wie soll ich Achtung vor mir selbst haben, wenn mir ständig von meinen Mitmenschen das Gegenteil vermittelt wird? Eigentlich sehne ich mich nach Liebe und Zärtlichkeit, andererseits hab ich wieder Angst davor. Ich kann mir nicht vorstellen, daß mich zum Beispiel ein Mann begehrenswert finden würde; ich hätte ein schlechtes Gewissen, weil ich ihm zumindest sexuell nichts zu bieten hätte. Zudem wäre auch jeder überfordert, wenn er einen Nachholbedarf von dreißig Jahren an versäumter Zärtlichkeit befriedigen müßte. So lebe ich in einem unerträglichen Zwiespalt zwischen Wollen und Nichtkönnen. Dieses Nichtkönnen belastet mich besonders, denn ich kann so schwer zu dieser eigenen Schwäche stehen. Ich kann überhaupt nicht zu mir stehen, so wie ich momentan bin. Ich schäme mich für meine Unzulänglichkeiten zu Tode.»

Wahrscheinlich gehen viele Menschen einen ähnlichen schweren Weg. Sie verachten sich selbst, lehnen sich ab. Sie entwickeln eine Fassade, um ihr Unglücklichsein und ihre Leere zu überdecken. Sie sind strebsam im Beruf, können schwer ihre Gefühle ausdrücken und tiefere Beziehungen zu anderen eingehen.

Dieses Schicksal veranschaulicht, wie wichtig es ist, daß Eltern und Lehrer die Selbstachtung, ein günstiges Selbstbild und eine günstige Selbstbewertung bei Kindern fördern. Das Vertrösten auf eine «bessere» Zukunft ist meist keine Entschädigung für wesentliche Einbußen an Selbstachtung. Auch wenn Eltern «das Beste» für ihre Kinder wollen, etwa eine gesicherte, angesehene «Existenz» – haben diese zu Hause nicht gelernt, sich selbst zu achten und zu mögen, so ist es wahrscheinlich, daß sie als Erwachsene unter erheblichen seelischen Beeinträchtigungen leiden. Wie ein Zusammenleben in Familien und Schulen möglich ist, das sowohl für Erwachsene als auch für Kinder befriedigend ist und das die Selbstachtung der Kinder fördert, haben wir ausführlich in einem Buch dargestellt. [53]

*Warum* behandeln Eltern, Lehrer und Mitmenschen ein Kind oder einen Jugendlichen häufig in einer derart beeinträchtigenden Weise? Ein wesentlicher Grund ist: Sie empfinden wenig Selbstachtung für ihre eigene Person. Dies führt dazu, daß sie auch andere, vor allem Unmündige und Machtlose, eher mißachten und geringschätzen. «Wenn ich nicht Achtung vor mir selbst empfinde, dann kann ich auch nicht Achtung gegenüber meinen Schülern empfinden», sagt ein Lehrer. Dieser Zusammenhang wurde in vielen Untersuchungen bestätigt.

Die Selbstachtung Erwachsener kann durch ihre Umwelt ungünstig beeinflußt werden, etwa durch den Lebenspartner, verständnislose Mitmenschen oder Fremde: «Ich trau mir nichts mehr zu, weil alle sagen, ich wäre dumm. Inzwischen hat sich das so festgesetzt, daß ich selbst daran glaube.»

Wir denken, daß die Mißachtung zwischen Menschen – sei es wegen ihrer Religion, Rasse, ihrer Ausbildung, ihres geringen Besitzes oder wegen ihres Aussehens – ein wesentlicher Teil der inhumanen Umwelt ist, unter der viele leiden.

## Auswirkungen der Selbstverachtung

Die Einstellung von Menschen, sich geringzuschätzen und abzulehnen, wirkt sich auf ihr Alltagsleben und auf ihre Beziehungen zu anderen aus: Sie haben weniger Freude an sich selbst und geraten leichter in Stimmungen wie Mißmut, Ärger und Niedergeschlagenheit. Sie fühlen sich innerlich weniger frei. Sie erleben sich und die Welt eher durch einen grauen Filter. Im einzelnen:

o Menschen, die sich nicht als wertvoll empfinden, schließen daraus häufig, daß auch andere sie ablehnen: «Ich habe oft das Gefühl, daß mich niemand wirklich mag. Ich denke, ich werde überall nur geduldet.» – «Ich habe nichts, was ich jemandem geben kann – daß ich eigentlich keine richtigen Werte habe. Menschliche Qualitäten oder jemandem helfen – das, glaube ich, habe ich nicht.» Allmählich kann sich so in uns die Überzeugung festigen, daß wir weniger wert sind und uns nicht akzeptieren können.

o Wenn wir uns selbst ablehnen, dann behandeln wir uns zumeist nicht gut – so wie wir mit Gegenständen, die wir nicht mögen, unachtsam umgehen. Wir sind nicht oder nur unzureichend in der Lage, verantwortlich für uns selbst zu sorgen. Diese Unfähigkeit hat deutliche Auswirkungen auf unsere seelische und körperliche Gesundheit. Menschen mit geringer Selbstachtung leiden häufiger unter psychosomatischen Erkrankungen.

o Menschen mit geringer Selbstachtung trauen sich oft nicht, sie selbst zu sein; sie richten sich an anderen aus: «Ich weiß manchmal überhaupt gar nicht mehr, wer ich bin», sagt eine 19jährige Schülerin, «weil ich nur noch eine Rolle spiele. Ich sehe in anderen Eigenschaften, die ich mir wünsche – so möchte ich gern sein. Aber das bin ich nicht. Ich seh überhaupt nicht mehr, wo ich bin, wo mein ursprüngliches Ich ist. Manchmal weiß ich gar nicht: Bin ich jetzt so wie andere, oder bin ich so? Wie soll ich mich jetzt entscheiden?»

Diese Menschen wagen häufig nicht, ihre eigenen Bedürfnisse zu äußern. Marianne, 34: «Aus lauter Minderwertigkeit habe ich meine Bedürfnisse übergangen und überspielt und mich selbst betrogen.» Peter, 36: «Ich stelle immer wieder fest, daß ich auf eigene Wünsche und Bedürfnisse verzichte, weil ich meine, damit andere zu verletzen – oder vor allem, weil ich nicht den Mut habe, klar nein zu sagen.»

o Menschen mit geringer Selbstachtung weichen eher auch dann Konflikten aus, wenn ihre Bedürfnisse und Ansprüche berechtigt sind: «Ich habe mich nie durchsetzen können, eben aus Angst, negative Konsequenzen erfahren zu müssen. Aber ich habe mir immer gewünscht, das zu können. Ich vermeide noch heute Konflikte.»

o Mangel an Selbstachtung und Furcht, sich selbst zu leben und seine Bedürfnisse zu äußern, sind meist ein Grund dafür, daß Menschen sich anderen konformistisch anpassen. Sie wollen beachtet werden oder die Achtung anderer nicht verlieren: «Da waren Cliquen in der Schule – die mit den langen Haaren und so. Ich wollte dazugehören, und sie akzeptierten mich, weil ich so aussah wie sie. Sie nahmen Trips und rauchten und so weiter. Und um nicht ihr Mißtrauen zu erwecken – ich könnte sie verraten oder so –, machte ich mit.»

Auch im politischen Leben ist geringe Selbstachtung bedeutsam. In den Jahren des Hitler-Regimes traten Hunderttausende in die NSDAP ein, um an der Macht der Partei teilzuhaben. Sie sahen in ihrer Mitgliedschaft eine Möglichkeit, Anerkennung zu finden, andere zu beherrschen und dadurch mehr Selbstbestätigung zu erlangen. Erreichen Menschen mit geringer Selbstachtung führende Positionen in der Politik, so können sie eine Gefahr für andere bedeuten. Sie werden viele Anstrengungen unternehmen, durch ihre Handlungen die ersehnte Anerkennung zu bekommen, um sich als «wertvolle» Personen erleben zu können.

o Eine geringe Achtung vor sich selbst führt bei vielen dazu, auch andere abzulehnen und zu mißachten, die eine andere politische Einstellung, Hautfarbe oder Religion haben. Sie fühlen sich durch solche Menschen eher bedroht.

o Manche Menschen mit geringer Selbstachtung, die das Gefühl haben, unerwünscht zu sein, und die ihrem Idealbild – ihrer Vorstellung, wie sie sein möchten oder sollen – nicht entsprechen, beginnen schließlich, sich selbst zu hassen. Die ständige Selbstvergiftung kann zur Selbstzerstörung und zu dem Wunsch führen, nicht mehr leben zu wollen: «Ich fühle mich als kleines, mickriges Geschöpf, das keinen Wert in der heutigen Gesellschaft hat. Und das hat letzten Endes bei mir in diesem Selbstmordversuch geendet, weil ich auch so einen Haß gegen mich entwickelt habe.

o Menschen mit einem geringen Selbstwertgefühl ziehen sich häufig von anderen zurück. Es mangelt ihnen an Zutrauen und Mut, Kontakt zu anderen aufzunehmen, freie soziale Beziehungen einzugehen: «Die Tür zu den anderen habe ich bis heute noch nicht auf. Das liegt daran, daß ich mich so schrecklich finde.» Ein Student: «Ich habe keine Freunde. Denn ich zweifle an mir. Ich habe kein Selbstvertrauen, ein Mädchen anzusprechen und zum Beispiel zum Essen einzuladen. Ich kann eine Absage nicht verkraften. Ich nehme dann an, das Mädchen will mit mir nichts zu tun haben, weil ich häßlich bin oder weil ich uninteressant und langweilig bin. Und dieses Gefühl zerreißt mein Selbstvertrauen für Wochen, und ich bin dann depressiv. Ich sehe dann nicht ein Mädchen, das andere Interessen hat, sondern ich sehe nur mich selbst als langweiligen, tölpligen Rainer.»

In ihren Beziehungen zu anderen sind solche Menschen häufig

schwierige Partner. Auf Grund ihrer Unsicherheit sind sie leichter verletzt und mißtrauisch. Sie fühlen sich eher angegriffen und bedroht und neigen dazu, sich zu verteidigen: «Ich beobachte immer wieder: Es genügt fehlende Anerkennung, und ich ziehe mich zurück. Ist dies nicht möglich, versuche ich noch deutlicher, aber meist erfolgloser, diese Anerkennung zu gewinnen, und stoße dann erst recht und gerade darum auf Ablehnung. Es muß unheimlich schwer sein, mit mir umzugehen, ohne mich zu verletzen. Ich muß vielleicht erst einmal in meinem Leben in mir selbst Sicherheit und Zuverlässigkeit finden, um anderen gegenüber unbefangen auftreten zu können.»

o Menschen mit geringer Selbstachtung können andere weniger achten und akzeptieren. Eine 32jährige Frau: «Ich merke, daß ich nicht wirklich fähig bin zu lieben. Ich spüre sehr viel Haß und Abwehr in mir gegenüber den meisten Menschen. Es ist schwer, mir selbst und vor allem den anderen das einzugestehen. Mit diesem Haß und der Abwehr kann ich mich nicht akzeptieren und in der Folge natürlich auch nicht liebenswert finden.»

## Menschen achten und akzeptieren sich

Menschen, die sich selbst achten, haben eine bejahende Einstellung zu sich. Sie mögen sich und erleben sich als wertvoll: «Ich bin mit mir selbst zufrieden – das heißt, daß ich mich eben auch so mag, wie ich bin, wenigstens im großen ganzen.» – «Ich fühle mich auch wohl, wenn ich anderen nicht immer gefalle.» – «Ich kann zugeben, daß ich eine Menge Fehler mache.»

Wenn wir uns selbst mögen und achten, beeinflußt dies unser alltägliches Erleben und Verhalten: Wir empfinden weniger Angst. Wir bringen unser Fühlen und Denken offener und spontaner zum Ausdruck. Wir nehmen unsere Umwelt und andere Menschen unverzerrter wahr. Wenn wir ein überwiegend positives Selbstbild haben, können wir auch bei anderen eher die «guten Seiten» erkennen. Wir können freier und bewußter leben. Wir neigen weniger dazu, uns selbst äußere und innere Einschränkungen aufzuerlegen. Wir fühlen uns sicherer, lassen uns weniger durch erniedrigende Erfahrungen entmutigen, sind nicht so leicht enttäuscht von uns, geraten seltener in schlechte Stimmungen. Wir hegen weniger Argwohn gegenüber anderen, fühlen uns weniger bedroht, sind weniger feindselig und trachten weniger danach, Macht über andere auszuüben. [53]

Dies gilt auch für Heranwachsende: Jugendliche, bei denen im Alter von zwölf Jahren eine hohe Selbstachtung festgestellt wurde, waren vier Jahre später deutlich weniger mit Polizei und Gerichten in Konflikt gekommen und hatten eine bessere Beziehung zu ihrer Familie und ihren Lehrern als Jugendliche, die als 12jährige eine geringere Selbstachtung hatten. Ferner: Bei Schulkindern der ersten bis dritten Klasse hingen Leseleistungen mehr mit ihrer Selbstachtung zusammen, die man während ihres Kindergartenalters festgestellt hatte, als mit sogenannten Intelligenztestwerten.

Menschen mit größerer Selbstachtung sorgen auch angemessener für sich selbst. Eine Frau, 30: «Diese Trennung von meinem Freund machte mich so traurig. Und ich dachte: Setz dich jetzt hin und betrink dich. Aber dann wird es noch schlechter, weil ich mich betrunken vor mir selber ekle. Ich habe es dann geschafft, mir eine schöne Platte aufzulegen und bei Kerzenlicht meinen Gedanken nachzugehen.»

Selbstachtung ermöglicht es Menschen, offenere, vertrauensvollere Beziehungen zu anderen zu leben: «Ich mache die seltsame und wunderbare Erfahrung: Je mehr ich mich selbst annehme, desto mehr kann ich auch andere Menschen annehmen. Dies gilt für meine Familie und für meinen Beruf.»

*Sich selbst achten und annehmen –*
*hilfreiche Erfahrungen und Möglichkeiten*

Bei Kindern und Jugendlichen werden die Einstellungen zu sich selbst – ihre Selbstbewertung und Selbstachtung – durch ihre Eltern und auch durch ihre Lehrer beeinflußt. Dies geht aus vielen Untersuchungen hervor. [1, 31, 53] Das Gernhaben, die Wärme und die Achtung, die Eltern und Mitmenschen ihnen entgegenbringen, sind dabei ausschlaggebend. Durch Äußerungen wie «Ich mag dich», «Ich bin gern mit dir zusammen», aber auch durch die Anteilnahme der Erwachsenen an ihrem Gefühlsleben, durch körperliche Berührung oder durch die Zeit, die andere ihnen widmen, lernen die Kinder und Jugendlichen, sich selbst als liebens- und achtenswert zu sehen. Dabei können oft diejenigen Eltern ihren Kindern diese Zuwendung am ehesten geben, die sich selbst achten und ein günstiges Selbstbild haben.

Äußerungen wie etwa «Geh weg, du bist böse!», «Dauernd muß ich mich mit dir herumärgern», «Nichts kannst du richtig machen» vermindern dagegen die Selbstachtung junger Menschen. Sie erfahren, daß sie nicht achtenswert sind. Sprachliche Intelligenz, Zugehörigkeit zu einer sozialen Schicht, Besuch von Gymnasium oder Hauptschule und das Einkommen der Eltern hatten dagegen geringen oder keinen Einfluß auf die Selbstachtung von Kindern.

Was aber können *Erwachsene* tun, die zuwenig Wärme, Zuneigung und Achtung von ihren Eltern und von anderen erhielten und die sich selbst wenig achten und lieben können? Wir möchten im folgenden die Erfahrungen von Menschen wiedergeben, die eine positivere Einstellung zu sich selbst fanden. Meistens halfen ihnen andere Menschen bei dieser persönlichen Entwicklung.

Diese Erfahrungen und Beispiele zeigen auch: Die Art, wie wir uns mit uns selbst fühlen, und das Bild, das wir von uns haben, kann sich wandeln. Auch wenn wir sehr ungünstige Erfahrungen in der Kindheit gemacht haben: Die Erfahrungen, die wir *heute* täglich machen, und die Art und Weise, wie wir uns *heute* selbst bewerten, sind bedeutsam dafür, wie wir uns mit uns selbst fühlen.

○ Wir gehen nachsichtiger und einfühlsamer mit uns selbst um. Der Bericht des 35jährigen Jakob zeigt, wie wir lernen können, eine unnachsichtige, strenge Haltung uns selbst gegenüber aufzugeben: «Ich habe mich sehr lange Zeit nicht richtig gemocht und annehmen können. Ich habe versucht, mir durch Arbeit oder die Anerkennung von anderen Wert zu geben. Ich habe mich immer abgestrampelt, um mich besser annehmen zu können. Aber ich habe damit nichts erreicht. Jetzt merke ich, daß ich die eine oder andere Schwäche von mir annehmen kann, daß ich zum Beispiel wirklich das Gefühl habe, vieles in meinem Beruf nicht zu verstehen. Das hätte ich mir früher nicht zugestanden. Da hätte ich mich mehr gequält, ich hätte irgendwie versucht, es in mich hineinzuprügeln, bis ich es habe. Und jetzt akzeptiere ich: Bestimmte Dinge verstehe ich nicht. Ich hab jetzt meine Grenzen akzeptiert. Ich kann jetzt sagen: Ich darf so sein, wie ich bin. Allerdings kann ich mir gegenüber noch nicht sagen: Ich bejahe mich total. Mit dem Weg, mich mehr zu akzeptieren, hängt sehr viel zusammen, etwa, daß ich mir mehr Ruhe gönne. Der Antreiber in mir war ein schlechter Partner: Jakob, du mußt! Jakob, das ist jetzt dran! Dann habe ich tagelang gearbeitet. Und das hat mich sehr eingeengt. Ich habe nichts anderes gesehen, wenig Beziehungen angeknüpft, wenig Beziehungen auch zur Natur, die mir heute schon mehr ein Partner ist. Angst hat mir das Wohlsein mit mir selber verleidet, die Angst, eine Aufgabe nicht zu bewältigen. All das brachte mich in eine Situation, wo ich mich quälte, drückte, knechtete, wo ich sozusagen ein Sklavenleben mit mir machte. Aber dann hat sich eines Tages mein Körper gewehrt gegen diese Sklavensituation: Ich bin krank geworden. Ich glaube, der Umgang mit mir selber ist so eine Beziehung wie zwischen zwei Menschen. So eine Herr-Knecht-Situation. Mein Verstand ‹Herr› hat jahrelang meine Lebensgeister geknechtet, er ließ Muße und Ruhepausen nicht zu. Er schaffte einen Vierzehn-Stunden-Tag voller Belastungen. Und heute ist mein Weg eher so: Du darfst! Du kannst! Gönn dir was! Laß es zu! Mach es dir schön! Du mußt nicht! Das ist eben eine freundliche, dem Leben zugewandte Einstellung. Und so werde ich mir ein Partner, statt mir ein Knecht zu sein.»

Jakob schildert eine Erfahrung, die auch andere machen: Wenn sie nicht mehr gegen sich ankämpfen, sondern lernen, sich selbst anzunehmen, auch ihre sogenannten Schwächen und Fehler, dann werden sie fähig, sich zu ändern. Dies ist für uns eine der beeindruckendsten Erfahrungen in vielen psychotherapeutischen Gesprächen. Es ist ein sanftes, geduldiges Lernen – kein strenges, hartes, unnachgiebiges Lernen*müssen*.

o Häufig geht das Sich-Annehmen mit dem Prozeß des «Loslassens» einher: Menschen lassen Vorstellungen oder Einstellungen los, die sie sich oft jahre- und jahrzehntelang auferlegt hatten, zum Beispiel den Anspruch, perfekt zu sein, den Anforderungen und Wünschen, die sie an sich selbst und die andere an sie stellen, entsprechen zu müssen. Dieses Loslassen und Aufgeben von Vorstellungen, Wünschen und Scheinzwängen führt zu größerer innerer Freiheit und ermöglicht es dem einzelnen, sich mehr anzunehmen.

Eine etwa 40jährige Frau: «Ich erlebe mich jetzt ruhiger und ein Stück freier und ausgeglichener. Ich habe etwas mehr Selbstvertrauen gekriegt. Ich habe jetzt vieles bei mir akzeptiert, was ich früher schlimm fand. Ich sage: ‹So bist du ja eigentlich›, und das ist dann für mich okay. Früher erlebte ich mich angespannter, und ich hatte überhaupt kein Selbstvertrauen. Ich habe auch gedacht, ich bin so richtig zickig. Ich habe vieles bei mir nicht gemocht. Ich habe mich als zu dick, zu klein, zu doof und was weiß ich gesehen. Die anderen waren immer besser, schöner und klüger als ich. Mich hat wahnsinnig gestört, daß ich nicht so war wie die anderen. Einiges will ich noch abbauen, aber den größten Teil habe ich jetzt angenommen.» Eine andere Frau berichtet vom Loslassen ihres Partners: «Ich lebe seit drei Jahren getrennt von meinem Mann. Zuerst konnte ich mich innerlich nur sehr schwer lösen. Und nur durch eine äußere Distanz zu ihm konnte ich *meinen* Weg gehen. Gespräche haben mir sehr geholfen, meinen Partner als Menschen zu akzeptieren, der sein Leben ohne mich gestalten will. Ich kann das jetzt akzeptieren, obwohl immer noch Schmerz in mir sitzt.»

o Manchmal entschließen sich Menschen, sich aus Beziehungen und Situationen zu lösen, in denen sie sich lange Zeit mißachtet fühlten und die eine Quelle ihrer geringen Selbstachtung waren. Sie erkennen, daß dieses Loslassen für sie notwendig ist, um eine förderliche Einstellung zu sich selbst zu finden. Frauen, die jahrelang von ihrem Partner geringschätzig behandelt, gedemütigt und wenig gefördert wurden, bekommen Mut, diese sie krankmachende Beziehung zu beenden, wenn der Partner sich nicht wandelt. Sie lassen dabei langgehegte Erwartungen, Hoffnungen und Wünsche los, die sie so lange ausharren ließen. Andere Menschen berichteten uns, daß sie ihre beruflichen Vorstellungen, Wünsche oder Ziele in einem Betrieb, einer Abteilung oder dem Vorgesetzten gegenüber losließen und manchmal ihren Arbeitsplatz wechselten, um sich mehr geachtet, angenommen und weniger gedemütigt zu fühlen.

o Die Bereitschaft, der zu sein, der ich wirklich bin, und keine Angst zu haben vor dem, was in mir ist, fördert das Annehmen meiner selbst. Und wenn wir lernen, uns selbst anzunehmen, besteht eine große Chance, daß wir uns ändern können. Im folgenden wird deutlich, wie ein 40jähriger Mann sein Gefühl der Einsamkeit zuläßt, es anzunehmen lernt und sich dadurch zu ändern beginnt: «Ich hab erst jetzt zum erstenmal in meinem Leben gelernt, meine Einsamkeit zu leben. Ich war im Zimmer allein, und ich bin nicht weggerannt wie sonst. Ich habe mir dieses Alleinsein erlaubt. Ich habe es gespürt. Früher bin ich aus dem Zimmer gerannt, ich konnte es nicht ertragen, ich mußte unter Leuten sein. Ich war dann unter Leuten, und ich war auch allein. Ich fühlte mich auch da einsam, aber ich hatte wenigstens Menschen um mich. Als ich das nicht mehr ertragen konnte, habe ich's mit dem Alkohol versucht. Ich habe einfach meine Einsamkeit hinunterkippen wollen, sie vergessen und nicht wahrhaben wollen. Und ich mußte so alt werden, vierzig Jahre, mehr als vierzig Jahre, um endlich den Schritt zu tun, diese Einsamkeit in mir hochkommen zu lassen. Ich wußte eigentlich immer gar nicht recht, was das war, was mich so wegtrieb. Und neulich, als ich allein im Zimmer bleiben konnte, da wurde mir bewußt: Du bist allein, du hast so viel Zurückweisung in deinem Leben erfahren, auch da warst du allein. Und es wurde mir bisher eigentlich auch erst dann klar, daß ich, wenn ich Menschen suchte oder wenn ich versuchte, alles mit Alkohol zu vergessen, daß ich dann auch unglücklich war. Ich war allein, und ich konnte mir diese Einsamkeit nicht erlauben. Ich litt unter irgend etwas. Ich rannte vor irgend etwas weg, versuchte, irgend etwas zu vergessen. Ich wußte nicht, was es war. Aber da in meinem Zimmer allein, da war zum erstenmal ganz klar: Ich fühle mich *allein*, und ich bin einsam, das ist irgendwie ein Teil von mir. Und ich muß euch sagen, ich war in dem Augenblick gar nicht so – so unglücklich wie sonst immer, wenn ich vor irgend etwas wegrannte, irgend etwas vergessen wollte und nicht wußte, was es war.»

o Die Bereitschaft, die Person zu sein, die wir im Innern sind, führt zu einer Verminderung der Fassaden und Anpassung an andere – und damit zu größerer Nähe zu uns selbst. Menschen lernen auch, daß ihnen die Anpassung an die Meinung anderer keine Selbstachtung bringt: «Ich habe jahrelang versucht, mich selbst aufzuwerten, indem ich mit anderen einer Meinung war.» Ein 50jähriger, der sich selbst achten kann: «Irgendwie war es mir immer wichtig, daß ich mich mit mir gut fühlte. Es war mir weniger wichtig, daß andere mich gut fanden. Gewiß, ich wollte mit den anderen klarkommen. Aber wenn es nicht ging, dann paßte ich mich nicht an sie an, sondern an mich selbst. Ich habe so mehr Frieden mit mir, wenn auch manchmal weniger Frieden mit anderen, die mich verändern möchten.»

o Auf der Suche nach sich selbst kommen Menschen zu neuen Einstellungen, manchmal zu einer Art «seelischer Wiedergeburt». Ein 45jähriger Mann, Vater von zwei fast erwachsenen Kindern: «Dieser Weg und diese Sicht nach innen hat viel in mir ausgelöst. Ich bin jetzt auf einem Weg, der zu meinem innersten Sein, zu mir selbst führt. Es ist schön und schwer, mich selbst zu erleben und zu leben. Ich arbeite an mir. Es fällt mir oft noch schwer, mich selbst zu lieben, mich und mein Fühlen zuzulassen, anzunehmen, mich mir selbst zuzumuten, mit meinen Schuldgefühlen fertig zu werden. Sie hindern mich oft daran, mir Gutes zukommen zu lassen. Aber ich mache Fortschritte. Ich sehe, daß ich bisher eigentlich gar nicht gelebt habe. Das war nichts, was ich heute als ‹Leben› bezeichnen würde. Ich wollte sein, was ich nicht war.»

o Menschen nehmen sich selbst ernster, sehen ihre Gefühle und Wünsche als bedeutsam an, verleugnen sich nicht mehr. Dies beginnt mit dem Bemühen, in sich hineinzuhören, um herauszufinden, was jemand will, wie sie/er sich entwickeln möchte.

Menschen lernen auch, in Konfliktsituationen ihre Auffassung zu vertreten. Die 40jährige Olga, geschieden, Mutter von zwei Kindern, berichtet: «Ich möchte meine Meinungsverschiedenheit mit anderen besprechen können. Ich sehe das so als Lernaufgabe für mich an. So muß ich lernen, auf meinen Nach barn ein zweites Mal zuzugehen, um ihm zu sagen, daß ich wieder achtzig Meter Unkraut für ihn mit zupfen muß. Ich werde es dieses Mal nicht per Telefon regeln. Ich werde ihn persönlich über den Zaun ansprechen. Ich will das jetzt lernen und klären für mich.»

Menschen lernen dabei, auf Wege des Gewinns von Selbstachtung zu verzichten, die ihren Bedürfnissen nicht angemessen sind: «Leistung war für mich immer ein Mittel, um anzukommen. Aber ich brauche jetzt meine Bestätigung weniger von außen, sondern bekomme sie mehr durch mich selbst, durch meine Maßstäbe.» So ergab auch eine Untersuchung: Jugendliche mit größerer Selbstachtung erwarteten weniger, durch ihren Beruf in ihrer Selbstachtung bestätigt zu werden; während sich Jugendliche mit geringer Selbstachtung von ihrem Arbeitsplatz in hohem Maße Prestige und Anerkennung erhofften. [53]

o Mit zunehmender Selbstachtung lernen Menschen, über ihre Bedürfnisse, ihre Wünsche nach Selbstbestimmung mit anderen zu sprechen, etwa in der Partnerschaft. Dabei ist es wichtig, daß sie andere nicht bewerten oder verletzen. Eine Frau, 30, hatte gemeinsam mit ihrem Mann an einer Gesprächsgruppe teilgenommen. Einige Monate danach berichtet sie: «Ich habe es früher mit mir geschehen lassen, daß seine Wünsche bei uns gelebt wurden. Ich habe über vieles nicht gesprochen und auch nicht sprechen können. Ich hatte überhaupt kein Selbstwertgefühl. Jetzt, seitdem ich darüber sprechen kann, erlebe ich eine Veränderung. Mein Mann versucht, doch etwas mehr zu erspüren, er nimmt sich Zeit. Er versucht wahrzunehmen, was ich ihm signalisieren möchte.»

o Beziehungen zu Partnern, Freunden, Kollegen und Mitmenschen, die uns achten und uns trotz unserer Schwächen und Fehler anerkennen, sind eine große Hilfe bei unserem Bemühen, uns mehr anzunehmen und uns zu mögen. Jakob erlebt seine Frau als hilfreich: «Ich bin nicht sicher, ob ich mich schon so bejahen könnte, wenn Kati nicht gewesen wäre. Sie war der erste Mensch in meinem Leben, der mich völlig bejaht hat. Da kam sie und sagte: Ich find deine Zehen so schön – also irgend etwas, was mir gar nicht so wichtig war. Für sie war's schön. Oder: Mensch, dein Bauch, da kann ich mich reinsetzen. So alle meine Teile, manchmal auch die, die ich nicht so mochte, weil sie etwas dick waren oder so, die wurden angenommen, und ich fühlte mich immer liebgehabt. Das hat dazu beigetragen, daß ich mich auch ein Stück so annehmen konnte. Und das hab ich noch nie gehabt, daß ich so bedingungslos angenommen wurde.» Etwas später sagt er: «Was ich einen anderen von mir sehen lasse, das kann ich auch selber anschauen.»

o Wenn Menschen sich in dieser Weise angenommen fühlen und mehr Selbstachtung empfinden, werden sie fähiger, andere anzunehmen, auf sie zuzugehen und in eine tiefere und förderliche Beziehung zu kommen. Ein 40jähriger: «Ich versuche, mich so zu nehmen, wie ich bin. Ich mache dabei auch die seltsame und wunderbare Erfahrung: je mehr ich mich selbst annehme, desto mehr kann ich andere Menschen annehmen. Dies gilt für meine Familie und für meinen Beruf. Während ich früher glaubte, andere Menschen verstünden mich nicht oder akzeptierten mich nicht, muß ich heute sagen, *mir* fehlte früher das Verständnis für diese Menschen. Weil ich selbst hart und unnachsichtig mit mir war, war ich es mit ihnen auch.» Jakob: «Es war so, daß ich mir ein Partner sein konnte, weil mich ein anderer Partner angenommen hat. Und dadurch, daß ich mich dann ein Stück mehr angenommen habe, konnte ich dem anderen wieder mehr ein Partner sein und er wieder etwas mehr Partner mit mir, so daß ich mich wieder ein Stück mehr annehmen konnte. Ich glaube, daß das Hand in Hand geht.»

o Eine hilfreiche Möglichkeit zu einer persönlichen Wandlung und zu mehr Selbstachtung sind personzentrierte Gruppen- und Einzelgespräche mit einem einfühlsamen psychologischen Helfer oder Selbsthilfegruppen. Sie sind besonders förderlich für Menschen, die in ihrer Umwelt keine Beziehungen zu hilf-

reichen, verständnisvollen Personen haben. Das heilsame Klima
in der Gruppe ermöglicht es den Teilnehmern, sich mit den unangenehmen Erfahrungen und ungünstigen Teilen ihrer Person auseinanderzusetzen und dabei Verständnis und Achtung zu erfahren. Dies führt meist dazu, daß sie mehr zu sich selbst finden,
weniger Angst haben und sich mehr annehmen können: «Ich
fühlte, daß die anderen mich annahmen und schätzten, und das
half mir dabei, mich nicht mehr verachtungswürdig zu finden,
sondern anzunehmen.» – «Ich fühlte mich nicht mehr so wie ein
Nichts. Ich kann mich zwar noch nicht so annehmen, wie andere
mich sehen. Es ist zu neu, auch zu wunderbar für mich. Aber nach
der Gruppenerfahrung erscheine ich mir selbst etwas wertvoller.
Ich wurde anerkannt – auch dann, wenn ich offen über mich, über
meine Ängste und Schwierigkeiten gesprochen habe.»

Diese Auseinandersetzung mit den eigenen Schwächen in
einem Klima von Anerkennung und Geborgenheit ist für viele der
Beginn, sich selbst positiver wahrzunehmen: «Irgendwie fühle
ich mich selbstsicherer durch die Gespräche.» – «Es ist einfach so,
daß ich mich lieber mag», sagt eine Frau vier Monate nach ihrer
Teilnahme an den Gruppengesprächen. «Früher habe ich mich
zeitweilig unheimlich verabscheut. Weil ich immer fand, daß ich
häßlich bin, daß ich linkisch in der Gegend herumstehe oder nicht
mit anderen Leuten reden kann. Dieses negative Betrachten meiner Person habe ich geradezu perfekt gekonnt – so mich richtig
unters Mikroskop legen und dann völlig kaputt finden. Das ist
jetzt nur noch wenig so. Ich kann heute zu mir selbst stehen. Das
macht mir keine Schwierigkeiten mehr. Es gibt jetzt Momente,
wo ich mich richtig gern habe.» Und im folgenden schildert sie
einige Auswirkungen in ihrem alltäglichen Leben: «Ich glaube,
daß sich meine ganzen Probleme vermindert haben – ich kann einfach mit mir selber besser umgehen. Neulich habe ich gedacht,
daß ich mich eigentlich auf die Zeit freue, die jetzt kommt. Früher
habe ich gedacht: Ach, Scheiße, jetzt wirst du langsam vierzig, der
Zug ist abgefahren. Jetzt habe ich unheimlich gute Vorstellungen

für die Zeit, wenn die Kinder groß sind. Ich möchte noch so wahnsinnig viel machen. Ich habe so viele Ideen. Ich möchte einfach
etwas machen, was mir Spaß macht und was mir wichtig ist.»

## Nach dem Sinn des Lebens suchen

Wie wir uns selbst fühlen, wie wir leben, wie wir uns und unsere
Umwelt wahrnehmen, hängt auch damit zusammen, welchen
Sinn wir in unserem Leben sehen, welchen Sinn wir ihm geben.

Manche Menschen nehmen das Leben «so» hin, sehen seinen
Sinn darin, dafür zu sorgen, daß ihnen das Leben möglichst viel
einbringt: Annehmlichkeiten, Sicherheiten, Besitz, Karriere.
Für sie sind materielle Werte häufig ein Maßstab dafür, was sie
aus ihrem Leben machen.

Andere wiederum sehen ihr Leben als einen «Kampf» – als
Kampf ums Überleben, als Kampf um politische Macht, als
Kampf für die Durchsetzung von Ideen, für den «Fortschritt»,
für die «Wahrheit». «Prinzipiell sehe ich das Leben als Kampf»,
sagt ein 47jähriger Mann.

Manche Menschen widmen ihr Leben anderen. Sie schenken
ihre Zeit Kindern, Partnern, Kranken, Mitmenschen. Einige
vernachlässigen dabei ihr eigenes Leben, aber sie fühlen sich dadurch ausgefüllt und erleben einen befriedigenden Sinn. Die
Nobelpreisträgerin Mutter Teresa findet in der liebevollen Sorge
für Leprakranke, Sterbende und Obdachlose ihren Sinn und inneren Frieden und gibt anderen Menschen seelische Kraft.

Andere sehen den Sinn ihres Lebens im Glauben, in der Suche
nach Gott. Für den amerikanischen Psychologen und Philosophen Ram Dass zum Beispiel ist das Leben selbst ein Weg zu
Gott – so wie ihn sich jeder für sich vorstellt, etwa Gott als ein
Teil in uns. Immer wieder stellt er die Frage: Woher kommen
wir? Wohin gehen wir? Und er rät seinen Lesern: «Gib das ab,
was dich nicht zu Gott führt.» [32]

Schule und Elternhaus sind jungen Menschen bei der Suche nach einem Sinn für ihr Leben oft wenig behilflich, obwohl gerade Heranwachsende oft ein großes Bedürfnis haben, sich über das eigene Leben, seinen Sinn und seine Bedeutung klarzuwerden. Der 17jährige Ofensetzerlehrling Alfred sagt in einem Gruppengespräch: «Ja, ich bin mir im unklaren darüber, was ich – wozu ich überhaupt lebe, nicht? Ich meine, weil Leben – das besteht an und für sich nicht nur aus Arbeiten und Wohnungeinrichten und so. Das macht man ja alles für irgend etwas, nicht? Aber ich weiß halt nicht, für was ich das alles machen soll. An und für sich suche ich nach meinem eigenen Sinn irgendwo. Ich hab auch noch keine – so etwas wie eine Lebensaufgabe gefunden.» Zwei Monate nach der Teilnahme an dem Gruppengespräch äußert Alfred: «Es ist so, ich weiß jetzt schon, wofür ich lebe. Das ist zwar vielleicht noch ein bißchen abstrakt, aber für mich ist es doch ein sehr großer Anhaltspunkt. Und zwar finde ich, daß ich nur insoweit einen Sinn im Leben sehen kann, wie ich für andere Leute ein Sinn bin oder ihnen helfen kann. Ich kann jetzt viel mehr Verständnis für andere aufbringen und gerade für meine Eltern, was doch anfangs sehr problematisch für mich war, weil ich mich selber viel mehr verstehe, mich selbst, mein eigenes Leben!» [57]

### Den Sinn des Lebens im Beruf sehen

Manche erblicken den wesentlichen Sinn ihres Lebens darin, beruflich «vorwärts zu kommen». Häufig verlieren sie im Verlauf ihrer «Karriere» ihre eigene Person aus den Augen, vernachlässigen ihre zwischenmenschlichen Beziehungen und verarmen gefühlsmäßig.

Der Manager Karl in einem gefilmten Gruppengespräch: «Ich habe durch meinen Beruf einen großen Teil meines Freundeskreises verloren, indem ich mich voll an meinem Arbeitsplatz über Jahre hinweg engagierte, überhaupt das Privatleben aufgab. Man versucht, etwas im Beruf zu erreichen, und irgendwann merkt man dann, daß der Einsatz mit dem Gewinn, den man dafür hat, oder mit dem Standard einfach nicht mehr übereinstimmt. Menschlich bin ich vereinsamt, ich bin menschlich allein geblieben. Das ist verständlich. Wenn ich daran denke – wie viele Male wurde angerufen: ‹Komm, wir gehen heute abend aus.› Und ich habe gesagt: ‹Ja, nein, ich kann nicht. Ich habe morgen was vor, ich muß mich noch vorbereiten.› Ich habe irgendwann Bilanz gezogen und habe gesagt: Was habe ich in den letzten fünf bis zehn Jahren erreicht? Was habe ich gemacht? Was habe ich menschlich erreicht, was habe ich dafür bezahlt? Ich mußte eben voran, um das Ziel zu erreichen, das ich mir und somit auch für meine Mitarbeiter gesteckt habe. Ich mußte als Lokomotive arbeiten. Und das kostet Verschleiß. Ich habe die Volksschule gemacht und wollte eigentlich meinen Wissensstand so weit bringen wie jemand, der die Hochschule gemacht hat. Ich wollte mich auch gegenüber meinem Konzern, meiner Direktion nicht blamieren. Ich wollte alles noch exakter, noch genauer machen.

Und ich habe aus dem Ganzen gemerkt, wenn ich heute Bilanz ziehe: Ich habe mich selber gar nicht leben können. Ich habe mich aufgegeben. Ich habe mich aufgegeben für etwas, wo ich heute sagen kann: Ist es das wert? War es das wert? Wenn ich ehrlich bin, muß ich sagen: Das war es nicht wert. Mir fehlt etwas, um zu leben. Ich hab nicht genug gelebt. Ich bin nicht lebendig genug. Ich muß viele Jahre abstreichen, wo ich sagen muß: Ich hab in Wirklichkeit nicht gelebt – wohl in meinem Beruf, in der Karriere, in diesem Sinn habe ich gelebt –, aber ich habe innerlich als Mensch nicht gelebt. Ich wollte – ich habe das Ziel fixiert, das Ziel wollte ich erreichen um jeden Preis. Ich habe die Knüppel, die einem in den Weg gelegt wurden, beseitigt. Was aber darunter gelitten hat, war eben der zwischenmenschliche Bereich.» [56]

So wie Karl empfinden auch andere Menschen bei einem Rückblick die Arbeit und die Jahre des Kämpfens, die sie ihrer «Karriere» gewidmet haben, nicht als sinnvoll für sich, nicht als «gelebtes» Leben. Was ist das Ziel? «Oben» anzukommen? Was bringt es uns? Unserer Erfahrung nach wird intensive Arbeit später als wenig sinnvoll erlebt, wenn sie nur auf das Erreichen eines Endziels ausgerichtet war, wenn die Arbeit selbst und der Weg zum Ziel nicht als bereichernd empfunden wurden.

## Den Sinn des Lebens in der persönlichen Entwicklung sehen

Wir sind in den vergangenen Jahren vielen Menschen begegnet, die das Leben als einen Weg des seelischen Reifens und persönlichen Wachsens ansehen, als einen Weg zu sich selbst. Sie ziehen sich nicht aus ihrer Umwelt zurück, verhalten sich ihr gegenüber nicht passiv, sondern sehen das Geschehen in sich und in der Welt als eine sinnvolle Herausforderung für ihre seelische Entwicklung an. Das Leben ist für sie ein Prozeß des Erfahrens und Reifens. Vieles, was andere als ein äußeres «Problem» erleben, wird von ihnen als eine Möglichkeit gesehen, neue Erfahrungen zu machen und sich dabei seelisch weiterzuentwickeln.

Ilse, Verwaltungsangestellte, 32: «Ich weiß nicht, ob es im Leben überhaupt ein endgültiges Ziel gibt. Ich habe früher lange Zeit eigentlich immer nur auf ein Ziel hingelebt. Und eines Tages ist mir bewußt geworden, daß die Zeit verläuft. Und das hat mich im Moment furchtbar erschüttert. Und dann habe ich darüber nachgedacht, und irgendwann kam ich dazu: Ich glaube, das Leben ist ein Weg; das Leben ist kein Ziel. Das Ziel ist, wenn es das überhaupt gibt, jenseits von diesem Leben. Das ist eine religiöse Frage. Aber ich glaube, das Leben *ist* dieser Weg, dieses Gehen über Steine und an den Blumen entlang und durch die Tunnels und die schönen Strecken.»

Menschen, die zu dieser Einstellung gefunden haben, sehen

ihre persönliche Entwicklung, das Erlangen innerer Freiheit, die Erweiterung ihres Bewußtseins als hohen Wert an. Clara: «Ich finde, dieses Schritt-für-Schritt-sich-selbst-Entdecken – eigentlich bin ich ja das einzige, was ich im Leben wirklich habe. Alles andere ist in Bewegung, und es kann sehr schön sein. Aber ich bin das einzige, was ich wirklich habe. Und mein Leben ist *mein* Leben. Da ist eine Menge verkorkst drin, ja. Aber es ist mein Leben. Es sind *meine* Erfahrungen, es sind *meine* Schritte, es ist *mein* Weg.»

Wenn ich merke, da ist etwas, was mich wirklich berührt, mich begeistert, mich betroffen macht – das empfinde ich als Geschenk und als Bereicherung. Und dafür lebe ich wirklich – egal, was dabei herauskommt. Ich bin viel weniger anspruchsvoll geworden nach außen und viel zufriedener. Und viel offener für meine Zukunft. Ich habe dieses Vertrauen, daß jede Begegnung und jede Veränderung mich weiterbringt. Das ist immer wieder eine Herausforderung, eine Aufgabe. Und es bringt mir Freude, sie irgendwie anzunehmen, sie zu meistern.»

Mit diesem Bemühen, uns persönlich weiterzuentwickeln, werden viele seelische Kräfte frei. So können wir in der Welt stehen, ohne uns von den alltäglichen Umständen überwältigen zu lassen, ohne uns zu eng zu binden, aber auch ohne vor ihnen zu fliehen oder uns ihnen zu entziehen. Wir kämpfen weniger, verbrauchen keine unnötigen Energien für eine Karriere. Wir leben intensiver, engagieren uns für unser eigenes Leben und sehen den Sinn unseres Lebens in diesem Engagement: «Ich sag mir jeden Tag: Ich lebe für den Tag und für die Stunde. Ich sehe die Kleinigkeiten, die ich habe, die mir eine Freude machen können, die sehe ich wirklich – und nicht nur alles, was rings um mich düster ist.» Wir leben mehr in der Gegenwart, nehmen unser unmittelbares Erleben bewußter wahr. Wir fühlen uns frei, sind kreativ.

Der bekannte amerikanische Psychologe Carl Rogers berichtet als 80jähriger in einem Fernsehinterview, wie er neue Erfahrungen geradezu sucht und sie für seine persönliche Entwicklung nutzt: «Bewußt habe ich immer engen Kontakt zu jüngeren Leuten gehalten, und das hat mein Leben interessant gestaltet und mich davor bewahrt, unbeweglich zu werden. Ich hatte einen so engen Kontakt zu den jungen Menschen, daß diese mich auch bereitwillig kritisierten und mich als Person, als einen aus der Gruppe akzeptierten. Für mich war das sehr wertvoll, und es bewahrte mich davor, zu einer Symbolfigur zu werden, was ich wirklich hasse. Und so blieb ich einfach ein Mensch. Ich weiß, daß ich fortwährend Risiken auf mich nehme. Ich meine, wenn wir keine Risiken auf uns nehmen, dann leben wir nicht richtig, wir existieren nur. Obwohl ich bereits achtzig Jahre alt bin, sind Beziehungen zu Frauen für mich von großer Bedeutung. – Ich steige auch gerade in ein neues berufliches Projekt ein. Ich gehe auf verschiedenen Gebieten Risiken ein und finde, daß dies für mich das Leben lebenswert macht. Es stimmt auch, daß die einzige Welt, die mir etwas bedeutet, eine Welt ist, die expandiert. Die neuen Entwicklungen in der Wissenschaft regen mich an und führen mich zu neuen Perspektiven meiner Gedankenwelt. Ich frage mich: ‹Was, glaubst du, werde ich als nächstes machen?› Ich bin mir da nicht sicher. Aber ich vertraue darauf, daß ich ganz bestimmt aufregende Dinge finden werde, die ich machen will, sofern ich lange genug lebe. Das Leben hat es bisher sehr gut mit mir gemeint, aber ich habe es auch ausgekostet, ich habe es auch kosten wollen.» [38]

*Durch eine Krise Sinn im Leben finden*

Manche Menschen werden erst in einer Lebenskrise gleichsam seelisch wach. Diese bringt sie dazu, ihr bisheriges Leben neu zu überdenken, es aus einer anderen Sicht und mit anderen Bedeutungen wahrzunehmen, einen neuen Sinn für sich zu entdecken – erste Schritte auf dem Weg zu sich selbst, zu einem intensiveren seelischen Leben. Solche Krisen können ausgelöst werden durch die Trennung vom Partner, durch sehr beeinträchtigende äußere Ereignisse, durch den Verlust eines geliebten Menschen, durch eine schwere Krankheit: «Also, ich muß sagen: Diese Trennung von meinem Mann hat mir auch viele positive Dinge geschenkt», sagt Margit; «das Positive sehe ich darin, daß ich jetzt ein Stückchen mehr von mir kennengelernt habe, daß ich mal wahrnehme, daß ich überhaupt auch jemand bin und nicht nur – so habe ich mich früher verstanden – für andere dasein wollte. Ich bin inzwischen so weit, daß ich mir sage: Nein, ein Stück will ich jetzt auch für mich haben. Und das macht mich froher.»

Unerwartete harte äußere Einflüsse führen bei manchen zu einer neuen Sicht ihres bisherigen Lebens. Überlebende von Flugzeugunglücken berichten, daß sie durch dieses Ereignis zu einer anderen Einstellung zum Leben gefunden hätten. Einige der amerikanischen Geiseln, die 1979/80 über ein Jahr lang in Persien festgehalten worden waren, sagten, sie hätten eine tiefere Bedeutung in ihrem Leben erkannt. Sie legten jetzt weniger Wert auf berufliche Erfolge und materielle Dinge. Die Beziehungen zu anderen Menschen und geistige Werte seien für sie wichtiger geworden. [16]

Auch in Depressionen können manche Menschen einen Sinn, eine «Botschaft» erkennen. Sie gehen seelisch gestärkt aus ihnen hervor. Mehr als zwei Drittel von 900 befragten Frauen, die zeitweilig unter Depressionen gelitten hatten, sahen diese rückblickend als eine Chance, als ein Alarmsignal und Anstoß, einen neuen Weg zu finden, ihr Leben so zu ändern, daß es ihren körperlichen und seelischen Bedürfnissen mehr entsprach. Diese Erkenntnis führte zu mehr Vertrauen in die eigene Person und zu der Erfahrung, daß sie die Verantwortung für die Gestaltung ihres Lebens übernehmen können und daß sie fähig sind, ungünstige Bedingungen zu verändern. Sie erlangten ein bewußteres und intensiveres Lebensgefühl. [62]

Eine Krankheit wird meist als Ursache von Leid und Unglück empfunden. Manche Menschen aber finden durch die Krise, die eine schwere Erkrankung bedeutet, zu einer anderen Einstellung ihrem Leben gegenüber: Nachträglich sehen sie in der Krankheit den Beginn eines reicheren, intensiveren Lebens, eine «seelische Geburt». Sie nehmen das Leben nicht mehr so selbstverständlich hin wie früher, sie leben bewußter. Gerade an der Einstellung zu einer schweren Krankheit zeigt sich, in welch hohem Maße wir selbst durch unsere inneren und äußeren Reaktionen auf die Ereignisse zu unserem Leid und Unglück, aber andererseits auch zu unserem inneren Reichtum und unserem Wohlbefinden beitragen.

Der 19jährige Ted Kennedy, dem das rechte Bein wegen einer Krebserkrankung amputiert wurde, sagt in einem Interview: «Die erste Frage, die man sich in einem solchen Augenblick der Diagnose stellt, ist wohl immer dieselbe: Warum ich? Warum mußte das von allen Menschen auf der Welt ausgerechnet mir passieren? Meine erste Reaktion war, daß ich eigentlich ebensogut tot sein könnte. Würde noch irgendein Mädchen mit mir ausgehen wollen? Würden mich die Leute später noch genauso ansehen wie früher? Doch dann sagte ich mir, daß ich mich all diesen Problemen wohl oder übel stellen müsse. Und am nächsten Tag wurde ich operiert. Obwohl ich mein Bein verloren habe, glaube ich doch, daß ich inzwischen eine Menge anderer Dinge gewonnen habe. Wenn man ein Bein verliert, kann es sein, daß man statt dessen ein Herz gewinnt. Die wichtigste Lektion, die ich gelernt habe, ist die, daß die Zukunft in irgendeiner Form immer wieder eine Lösung bereithält – gleichgültig, wie düster einem die Dinge auch manchmal erscheinen mögen.» [24]

Daß Krankheit ein Weg zum Leben sein, zu einer geänderten Einstellung uns selbst gegenüber führen kann, geht auch aus dem Brief einer 49jährigen Krankengymnastin hervor: «Ich bin an multipler Sklerose erkrankt, die rasch fortschreitet. Und doch kann ich sagen, daß durch diese Krankheit mein Leben reicher und tiefer wurde. Unheilbar krank ist nicht gleich Tod. Ja, das andere, neue Leben fängt dadurch erst an.»

Krebserkrankungen konfrontieren die Betroffenen – meist plötzlich und unerwartet – mit der Endlichkeit ihres Lebens. Anne-Marie hat in ihrem Buch ‹*Gespräche gegen die Angst*› eingehend dargestellt, wie manche der Krebspatienten, mit denen sie gesprochen hat, in ihrer Krankheit eine Chance zu einem intensiveren Leben entdeckten. Die folgenden Äußerungen stammen aus Briefen, die Betroffene uns schrieben:

Susanne, 26, schreibt uns, wie sich ihre Mutter durch die schwere Krankheit in ihrer Einstellung zum Leben wandelte: «Meine Mutter mußte wegen Darmkrebs operiert werden und hat für immer einen künstlichen Darmausgang. Jedoch mit der Operation, eigentlich schon mit dem Wissen, krebskrank zu sein, vollzog sich bei meiner Mutter ein eigenartiger Wandel. Ich erlebte sie als gefaßt, wenig ängstlich und sogar optimistisch. Während sie bisher manchmal sogar mit Selbstmord drohte, zeigt sie jetzt einen für mich überraschenden Willen, leben zu wollen. Die Monate danach blühte sie auf, was es mir auch wieder leichtmachte, auf sie einzugehen. Diese Krankheit, so schrecklich sie ist, hat bei meiner Mutter zu einem neuen Lebensgefühl geführt. Sie sagte einmal, daß sie dankbar sei für jeden Tag, den sie leben darf. Sie meinte auch, daß diese Krankheit ihr erst die Angst vor dem Leben genommen habe. Und daß sie jetzt die Kraft gefunden hat, alles das noch zu machen, was sie bisher in ihrem Leben versäumte.»

Sehr beeindruckt hat uns der Bericht einer Frau, 49: «Im März 1980 hatte ich aus heiterem Himmel eine Krebsoperation, eine Brustamputation. Danach war die Zeit irgendwie leerer, als ob sie nicht weiterginge. Es folgte ein Schock, dann ein Gefühl der Minderwertigkeit. Ich wurde mit mir selbst nicht mehr fertig, zeigte das aber nicht, sondern spielte meinen Angehörigen gegenüber weiter die Rolle, als sei nichts gewesen. Gespräche mit Patienten, dem Psychologen und viel Lesen haben mir dann geholfen, daß ich diese Krankheit als chronisch anerkannte und mich selbst irgendwie so akzeptierte.

Seitdem habe ich das Gefühl, vieles im Leben anders zu beurteilen. Auch Problemen anderer Leute, zum Beispiel deren Eheproblemen, sexuellen Problemen oder Depressionen, stehe ich viel aufgeschlossener gegenüber. Ich urteile nicht mehr so vorschnell, bin in der Beziehung sensibler und erkenne auch Gesetze (das darf man nicht, das gehört sich nicht usw.) nicht mehr ohne weiteres an. Meine Ansichten sind viel weiter und vielleicht ‹menschlicher› geworden. Ich erkenne auch viel mehr an, daß es schwieriger ist, nein zu sagen und seinen Lebensstil zu leben, als sich dauernd zu sehr anzupassen, wie ich es mein Leben lang vorher viel zu sehr getan habe, bis ich überhaupt nicht mehr gemerkt habe, daß dabei auch meine Gefühle verschüttet wurden und ich selbst allmählich verkrustete: Ich glaube wirklich, daß nach dieser schweren Zeit ganz allgemein mein Lebenshorizont weiter geworden ist.»

Erschüttert hat uns das Schicksal der 31jährigen Mary: «Ich hab angefangen, übermäßig zu trinken, weil ich einen Vorhang zwischen mich und die übrige Welt setzen wollte. Ich wollte mich mit Problemen einfach nicht befassen. Ich hatte auch Kontaktschwierigkeiten, Hemmungen, Komplexe, Minderwertigkeitsgefühle.» Nach einem Selbstmordversuch wurde Mary in die psychosomatische Abteilung eines Krankenhauses in Berlin eingeliefert. «Im Krankenhaus ist es mir dann gelungen, durch ganz intensive Arbeit mit mir meine Kontaktschwäche zu überwinden.» Als sie die Klinik verließ, war sie seelisch gefestigt und glaubte, das Schlimmste überstanden zu haben. Zwei Monate später wachte sie morgens auf und konnte nichts mehr sehen. Die Ärzte vermuteten, daß die Erblindung eine Nachwirkung des Methylalkohols war, den Mary früher in großen Mengen getrunken hatte. «Ich hab's immer noch nicht akzeptiert, daß ich mein Leben lang blind sein soll. Aber ich kann mir sagen: Ich bin heute blind, und ich muß für heute leben und mit der Blindheit fertig werden. Abgesehen von der Blindheit ist mein Leben heute wesentlich glücklicher. Und ich weiß nicht, ob ich nicht sogar mit der Blindheit glücklicher bin als früher. Denn jetzt lebe ich intensiv. Ich kann die kleinen Freuden erkennen, ich kann mich wirklich über Kleinigkeiten freuen. Sie summieren sich zu einem großen Berg von Freude, und ich brauch nicht immer auf die Sonntage zu warten, wo es vielleicht schön wird, oder auf den Urlaub.» [33]

Diejenigen von uns, die nicht von schwerer Krankheit betroffen sind, können von Erkrankten oder Schwerbehinderten lernen, ihre Lebenseinstellungen, Werte und Ziele sowie ihr Verhalten sich selbst und anderen gegenüber zu überdenken. Wir beide haben in Gruppen, in denen wir mit Schwerbehinderten zusammen waren, viel für uns gelernt: unsere Möglichkeiten mehr zu schätzen, unsere Chancen besser zu sehen, intensiver und geduldiger zu leben, unsere körperlichen und seelischen Bedürfnisse mehr zu beachten, sorgsamer mit uns selbst umzugehen. Bei Erkrankten und Schwerbehinderten wird uns deutlich, wie wenig wir manchmal unser Leben nutzen, wie wir Möglichkeiten, die uns offenstehen, nicht beachten, wie wenig dankbar wir oft sind. Indem wir uns auf die seelische Wirklichkeit Behinderter und Schwerkranker einlassen und sie zu verstehen suchen, ändert sich unser Bewußtsein.

Rolf, ein Laienhelfer, beschreibt die Erfahrungen, die er in Gesprächsgruppen mit Krebspatienten gemacht hat: «Die Begegnung mit den krebskranken Menschen war ungeheuer bereichernd für mich. Ich habe mich an die Fragen, die mir vorher viel angst machten, herangewagt. Ich habe versucht, die Angst zuzulassen, die mit dem Gedanken an eine eigene Erkrankung und meinen Tod verbunden ist. Dadurch hat mein Leben ganz neue Ziele und Inhalte bekommen. Ein Beispiel, das mich selbst erstaunt: Ich bin jetzt weniger ehrgeizig, setze mich aber mehr für mich und die Interessen und Bedürfnisse von anderen ein. Ich erlebe mich selbst viel mehr mit unterschiedlichen und intensiven Gefühlen. Mein Leben ist dadurch reicher geworden. Ich habe eine andere Einstellung dazu bekommen, welchen Sinn mein Leben hat.»

## Einstellungen zu Sterben und Tod

Viele Menschen haben Angst vor dem Sterben und vermeiden es, sich mit diesem gefürchteten Geschehen zu befassen. Manchmal haben wir den Eindruck, daß die große Angst vor dem Tod die Menschen in ihrem Alltag unsichtbar begleitet und ihr Leben einschränkt und verdüstert.

«Sterben und Tod lösen bei mir Angstgefühle aus, ganz gleich, ob es sich um Gedanken an den eigenen Tod oder an den Tod von Verwandten handelt», sagt eine Zahnärztin, 38; «ich habe sehr große Schwierigkeiten, mich überhaupt gedanklich damit zu befassen. Ich habe den Tod von Verwandten bisher nur als Schock erlebt.» Der 35jährige Programmierer Horst: «Der Anblick eines Leichenwagens erzeugt Entsetzen und Grauen in mir. Ich konnte auch nicht trauern, als meine Oma und mein Vater starben.»

Menschen, die vor dem eigenen Sterben und dem anderer Angst haben, fühlen sich Sterbenden gegenüber oft hilflos. Das gilt auch für Personen in medizinischen Berufen. Sie sind unsicher im Umgang mit ihren todkranken Patienten, geraten in Spannungen und seelische Bedrängnis. Es kostet sie viel Kraft, mit diesen Schwierigkeiten fertig zu werden, sie zu überdecken. Eine Ärztin, 28: «Ich habe Angst vor dem Sterben und vor allem, was damit zusammenhängt. Ich habe vor einem Monat mein Medizinstudium beendet, bin nun Ärztin und zur Hilfe verpflichtet. Wenn ich jedoch in Situationen komme, wo ich von mir eigentlich selbstverständlich erwarte, daß ich zupacke, zum Beispiel bei einem schweren Unfall, stehe ich wie versteinert da und zittere vor Angst.» Ein Medizinstudent: «Irgendwie bin ich bisher darum herumgekommen, mich näher mit Sterben und Tod auseinanderzusetzen. Meine wichtigste Erfahrung im Umgang mit zwei todkranken Patienten ist, daß ich eigentlich viel mehr Angst hatte als die Patienten selbst, das auszusprechen, was im Raum lag. Mir fällt es unendlich schwer, von einem gewissen Punkt an nicht mehr ‹heilen› zu können und einfach nur noch dazusein, offen zu sein, auch für meine eigenen Todesängste, und keinen großen Bogen um das Zimmer der Sterbenden zu machen.»

Diese Ängste und ungeklärten Einstellungen lähmen viele Menschen so, daß sie Sterbenden in ihren letzten, für sie so wichtigen Tagen und Stunden nicht helfen können, sondern sie eher belasten. Ein Geschäftsführer: «Meine Frau und ich pflegen zur Zeit meine krebskranke Mutter, die gegen das Sterben ankämpft. Und wir empfinden unsere Sprachlosigkeit meist als quälend.»

So ist der Wunsch vieler Menschen verständlich, Todkranke in einem Krankenhaus sterben zu lassen. Ängste und Hilflosigkeit tragen dazu bei, daß Gespräche, persönliche Zuwendung und seelische Begleitung in den letzten Tagen und Stunden als sehr schwierig empfunden werden und daß die Intensivstation, Maschinen und Tabletten in den Vordergrund treten. Das Sterben wird abgetrennt von dem Leben in den Familien. «Ich glaube, ich werde große Angst haben, wenn ich in einem weißgefliesten, sterilen Sterbezimmer ohne meine geliebten Freunde oder Verwandten sterben muß. Ich denke, der Tod gehört zum Leben. Vielleicht wird er erst zu dieser großen Bedrohung, weil wir ihn nirgends echt erleben, niemanden sehen, der bewußt, in Würde und ohne Angst, stirbt.»

Wenn wir jedoch lernen, uns mit Sterben und Tod auseinanderzusetzen und die Endlichkeit unseres Lebens anzunehmen, können sich unsere Ängste davor erheblich vermindern. Fast immer führt dieses Lernen zu veränderten, freieren Einstellungen unserem täglichen Leben gegenüber. Unser Leben gewinnt eine tiefere Bedeutung und erscheint uns wertvoller: «Ich habe erkannt, daß ich eine ganz andere Lebensweise haben kann, wenn ich mich darauf besinne, daß mein Leben begrenzt ist. Es gibt mir eine Chance zu prüfen, ob ich so, wie ich lebe, gut lebe. Ist es sinnvoll, daß ich Reichtümer anhäufe, aber die Blumen nicht wachsen sehe, daß ich keine Gefühle habe, nicht weinen kann und darf, denn es könnte ja der Geschäftspartner sehen?»

Was wir heute und jetzt tun, erhält für uns eine andere Bedeutung, wenn wir uns – anstatt den Tod zu ignorieren – unseres zukünftigen Sterbens bewußt sind. Dieses Sehen und Akzeptieren der Begrenztheit unseres Lebens ermöglicht es uns, mehr in der Gegenwart zu leben. Ein 45jähriger Mann: «Die Angst, daß ich sterben könnte, ließ mich fast zwei Jahre lang nicht los. Aber dann setzte ich mich mit dem Tod auseinander: In vielen Gesprächen, vielen einsamen Stunden und vielem Nachdenken. Heute, nachdem ich das alles durchgestanden habe, erlebe ich einen Wandel: weg vom äußeren, funktionsmäßig angespannten Leben hin zu innerlich entspanntem Leben. Es ist bei diesem Wandel so, als ob meine alte Person wirklich sterben mußte, damit die neue Platz findet.»

In diesem Selbstklärungsprozeß stellen sich Menschen viele Fragen: Werde ich mein Leben in Frieden loslassen können? Was habe ich versäumt und vernachlässigt? Habe ich so gelebt, daß mein Hunger nach Leben gestillt ist, oder habe ich versäumt, mich selbst zu leben? Haben andere Menschen so viel Macht über mich gehabt, daß ich nicht mich gelebt, sondern mich ihren Bedingungen gebeugt habe? Habe ich mich oft mit Problemen gequält, die angesichts der Tatsache, daß ich sterben werde, für mich bedeutungslos sind? «Habe ich nach Liebe gerufen, nicht aber selbst geliebt? Ich bin das Zentrum meines Lebens. Ich werde sterben. Wer bin ich also? Worin erfülle ich mich?»

Einen Anstoß zur Auseinandersetzung mit Sterben und Tod können Bücher oder entsprechende Gesprächsseminare geben.

Ein Student schreibt uns: «Aus Büchern habe ich gelernt, daß Sterben ohne Angst möglich ist. Ich denke noch nicht gern an den Tod, aber ich beginne zu ahnen, daß der Tod kein Schlußpunkt ist – daß es ein Leben nach dem Tod gibt, das anders aussehen wird als das Leben, das ich heute habe. Ich möchte lernen, den Tod als ein bewußtseinserweiterndes Ereignis anzusehen, durch das ich meine Persönlichkeit, meine Seele und mein Bewußtsein weiterentwickeln kann.» Eine Ärztin, 29: «Seit sechs Monaten arbeite ich nun auf einer Intensivstation. Durch Teilnahme an einer Gesprächsgruppe und durch Seminare habe ich gelernt, nicht mehr so oft vor mir selbst wegzulaufen. Ich habe den Mut gefunden, mich mit meinen Ängsten und mit meiner Aggression hinsichtlich des Todes auseinanderzusetzen.»

*Das Erleben des Sterbens eines Angehörigen oder Freundes* – besonders wenn dieser sein Sterben akzeptieren kann – fördert häufig bei den Begleitern eine Änderung der Einstellung zum Tod und zum Leben. «Durch den Tod meiner Mutter habe ich vieles gelernt. Ich habe zu Menschen, die im Sterben liegen, ein ganz anderes Gefühl bekommen. Ich habe festgestellt, daß sie keine Bedrohung für mich sind – und daß ich somit nicht vor Angst gelähmt bin, wenn ich selbst einmal krank bin oder sterben muß. Tod und Krankheit bedeuten für mich seit diesem Erleben nicht mehr Zerfall, Verlust, sondern nur Abschied und vielleicht noch Zukunft.»

«Nach dem Tod meines Vaters und meiner Freundin fragte ich mich immer wieder: Warum mußte mir dieses passieren? Welchen Sinn hat das? Ich plagte mich mit Schuldgefühlen – hatte ich doch beiden Verstorbenen allzu selten mitgeteilt, wie sehr ich sie mochte. Eines wurde mir jedoch durch die tragischen Ereignisse bewußt und klar: Ich kann Schuldgefühle vermeiden, wenn ich mein Fühlen und Denken Menschen sofort mitteile, ihnen sofort sage, daß ich sie mag. Wenn ich mich in sie hineinfühle, werde ich sie auch besser verstehen können. Und ich werde mich auch selbst besser fühlen. Ich werde nicht mehr das Gefühl haben müssen,

etwas Unerledigtes vor mir zu haben, wenn der Tod an meine
Tür klopft – und das kann jeden Tag passieren. Ich glaube, daß
die Begegnung mit dem Tod dieser beiden Menschen eine große
Bedeutung für mein weiteres Leben hat: bewußter leben, besser
erkennen, was wichtig für mich ist oder was belanglose Äußer-
lichkeiten sind.»

«Mir selbst hat das Sterben meines Vaters den Tod und das
Sterben näher gebracht und die Chance des Wachsens in dieser
Situation gezeigt», sagt Sophia. «Für mich ist das Sterben dadurch
ein Teil des Lebens geworden, ein Abschnitt, der nicht Stillstand,
sondern Entwicklung ist. Ich möchte auch so ruhig und mit mir
selbst im reinen und im Einklang sterben wie mein Vater.»

So kann unser Leben durch die Auseinandersetzung mit Sterben und Tod und durch das Akzeptieren unserer Sterblichkeit
eine andere Bedeutung und Qualität erlangen. Wir empfinden
das Leben mehr als ein Geschenk, sehen einen tieferen Sinn
darin, füllen es weniger mit bedeutungslosen Aktivitäten. Als
Eltern und Lehrer werden wir Kinder weniger zu äußeren Leistungen, zum Leben für die Karriere erziehen. Wir werden unseren Kindern eine persönliche Entwicklung und seelischen Reichtum zu ermöglichen suchen. Wir lernen «loszulassen»: Ziele,
Wünsche und Erwartungen an uns und andere. Wir können klarer erkennen, was letztlich für uns bedeutsam ist.

Diejenigen, die sich von ihren Ängsten vor Sterben und Tod
befreien konnten, empfinden die Begleitung von Sterbenden als
eine sehr wichtige Erfahrung. Die 40jährige Birgit, Mutter von
vier Kindern, betreut als Laienhelferin und Klinische Seelsorge-
rin Sterbende in einem Krankenhaus. In einem Gespräch mit uns
berichtet sie über ihre Erfahrungen: «Mit dieser Arbeit bei
Schwerkranken und Sterbenden im Krankenhaus gebe ich zwar
Kraft von mir. Aber ich mache auch jedesmal wieder eine ungeheuer wichtige Erfahrung. Ich wüßte nicht, in welchem Bereich
ich dies so direkt und so konzentriert erfahren könnte. Die Ster-
bebegleitung ermöglicht es mir, fast augenblicklich Zugang zu

den Menschen zu finden. Ich versuche in dem Augenblick der Begegnung völlig dazusein, mich nur auf das einzustellen, was ich erlebe: eine Erleichterung, gerade in dem Augenblick dazusein, wo der andere meine Hand braucht. Das ist etwas, was mich außerordentlich berührt – daß gerade bei schwerer Krankheit und im Sterben ein so ungeheuer starker Körperkontakt und eine derartige Gefühlsintensität vorhanden ist, die schon über kleinste Berührungen geht. Das ist etwas, was ich mir vorher nie vorgestellt habe – und daß auf einmal manche mit ihrem Körper sich so ausdrücken können, wie sie es überhaupt noch nie in ihrem Leben konnten. Oder das Bedürfnis haben, in den Arm genommen zu werden, den, der bei ihnen steht, zu sich zu ziehen. Auch die Hand neben sich zu legen oder den Kopf in die Hand zu schmiegen. Auf einmal haben Grenzen keine Bedeutung mehr. Dabei habe ich nicht das Gefühl, daß ich, der ich als ziemlich Gesunder an einem Sterbebett stehe, derjenige bin, der seine Kraft nun ausstrahlt. Sondern es ist ein unmittelbares Hin und Zurück von Kräften. Das ist dem Sterbenden auch irgendwie spürbar, und es ermöglicht ihm, das Angebot von mir anzunehmen. Für mich beinhaltet das, daß ich den Sterbenden so lassen kann, wie seine augenblickliche Lage ist, ihn auch frei zu lassen für das Sterben. Ich meine, das ist auch etwas Schweres – wir sind ja im Grunde immer auf Hilfe aus, zu retten, zu helfen –, daß ich die Hilflosigkeit annehme. Ich glaube, dieses Spüren der Schwäche, das kann eine ganz große Stärke sein.»

Birgit spricht mit uns auch darüber, wie die Arbeit mit Sterbenden sie bereichert: «Ich habe eine unglaubliche Achtung vor diesen Menschen. Ganz deutlich spüre ich diese Achtung, von Mal zu Mal. Diese Menschen, die ihren Lebenskampf gekämpft haben, oft sehr entbehrungsreich und mühsam – welche Kraft sie in ihren letzten Stunden zeigen! – Ich fühle eine ganz starke Freude, daß ich solch eine Fülle von Erlebnissen und Erfahrungen mit Menschen haben kann. Ich erlebe das als Bereicherung. Als ich meine Arbeit im Krankenhaus begann, da hieß es: Man verblutet sich da, verausgabt sich, weil es so unfaßbar ist, was in dieser Welt für Leid ist. Ich habe bei vielen Sterbenden erlebt, mit welcher Freude sie zu sich selbst zurückfinden. Manchmal benutzen sie mich vielleicht nur dafür, auf diese Suche nach sich selbst zu gehen. – Es ist natürlich ein Mitleiden, ein Sorgen. Aber ich bin nicht bedrückter in meinem Leben; ich bin voller Freude. Ja, es ist eine Freude, die ich von innen her spüre, die tief in meinen Lebensgrund hinabreicht. Ich empfinde manchmal auch einfach in mir Liebe, weil Leben möglich ist und weil Menschen sein können.»

Bedingt durch Anne-Maries Krebserkrankung haben wir beide uns in den letzten Jahren sehr mit Sterben und Tod auseinandergesetzt. Unsere persönlichen Erfahrungen und die Erfahrungen von 200 Angehörigen und medizinischen Helfern bei der Begleitung Sterbender haben wir in dem Buch ‹Sanftes Sterben› niedergelegt.

In ihm sind auch Erfahrungen von über Personen enthalten, die in Gruppen unter unserer Leitung an einer sogenannten Sterbemeditation teilnahmen. Sie stellten sich hierbei im entspannten Zustand ihr eigenes Sterben vor und blickten anschließend auf ihr Leben zurück. Dies führte bei ihnen zur Verminderung von Ängsten sowie zu einem bewußteren Leben im Alltag. Eine Teilnehmerin beschrieb ihre Erfahrung so:

«Als ich auf mein Leben zurückblickte, habe ich die Erfahrung gemacht, daß viele Sachen in meinem Leben einen ganz anderen Stellenwert bekamen: daß positive Begegnungen, daß schöne Erlebnisse verstärkt waren. Und andererseits war auch wieder eine Wehmut in mir, daß Sachen, die schiefgelaufen sind, so gelaufen sind. Mir ist dann noch etwas ganz Deutliches in den Sinn gekommen, was ich besser tun würde. Und zwar hab ich gedacht, wenn ich wieder leben würde, dann würde ich mich selbst mehr lieben. Als ich dann die Augen aufmachte, wurde mir plötzlich bewußt, daß ich ja noch Zeit dazu habe. Und das hab ich noch nie so gespürt, daß ich es ja nur machen muß, daß der Moment jetzt noch da ist.»

# Verantwortlich für uns sorgen

## Die Notwendigkeit

Viele Menschen vernachlässigen und beeinträchtigen sich seelisch. Sie behandeln sich selbst nicht gut, sorgen nicht hinreichend für sich. Sie sind eher passiv, gleichgültig gegenüber sich selbst: «Ich find irgendwie nicht so eine innere Ruhe und Kraft in mir selbst», sagt der 32jährige Horst. «Ich fühle mich vollkommen unsicher. Es wurmt mich, daß ich da irgendwo nicht im reinen mit mir selbst bin, daß ich nichts für mich tue, daß ich mich so gehenlasse.»

Menschen nehmen sich nicht ernst, nicht wichtig genug. Sie gönnen sich zuwenig Zeit für sich selbst, zuwenig Ruhe und Zuwendung: «Ich habe mich selber, meine Person und meine Bedürfnisse nicht wichtig genommen, so daß ich manchmal gar nicht weiß: Was will ich eigentlich, wer bin ich, was brauche ich?»

Auch für ihren Körper sorgen viele Menschen nur wenig oder gar nicht. Manche schädigen und zerstören ihn. Herbert, 37: «Ich schäme mich eigentlich richtig, wie ich mit meinem Körper umgehe. Ich würde mit keinem anderen so umgehen, ihn so schlecht behandeln, wie ich es mit mir tue.» Durch falsche Behandlung unseres Körpers, durch Stress, unangemessene Ernährung oder Verbrauch von Genußgiften tragen wir zur Entwicklung vieler unserer Krankheiten selbst bei. Wir haben einige beeindruckende offizielle Befunde zusammengestellt:

*Alkoholmißbrauch:* In der Bundesrepublik Deutschland sind etwa 1,5 Millionen Menschen alkohol*krank*. Jährlich kommen etwa 100000 weitere Alkoholkranke dazu. Das entspricht der Bevölkerungszahl einer Großstadt. Einige der Folgen:

o Wenn wir annehmen, daß im engeren Umfeld eines Alkoholkranken etwa drei Familienangehörige leben, dann leiden etwa 5 Millionen Menschen direkt oder indirekt unter Alkoholmißbrauch.

o 1978 wurden in der Bundesrepublik Deutschland 37 Milliarden Mark für Alkohol ausgegeben.

o Die Behandlungs- und Folgekosten betragen jährlich etwa 17 Milliarden Mark.

o Ein Drittel der 12000 Todesfälle im Straßenverkehr in der Bundesrepublik Deutschland steht mit übermäßigem Alkoholgenuß in Zusammenhang. Mehr als die Hälfte aller Verurteilungen wegen Verkehrsstraftaten waren Trunkenheitsdelikte.

*Rauchen:* Ergebnisse einer langjährigen Untersuchung der amerikanischen Gesundheitsbehörde zeigen, daß 85% aller Todesfälle durch Lungenkrebs vermieden werden könnten, wenn die betreffenden Personen nicht geraucht hätten. Insgesamt seien 30% aller Krebstodesfälle dem Rauchen zuzuschreiben. Für Tabakwaren werden in der Bundesrepublik Deutschland jährlich 23 Milliarden Mark ausgegeben. Die jährlichen Folgekosten durch Nikotinmißbrauch werden auf 20 Milliarden Mark geschätzt, insbesondere durch die Auswirkungen auf Herz-Kreislauferkrankungen.

*Ernährung:* Nach Erhebungen des Bundesgesundheitsministeriums ist jeder dritte Bundesbürger übergewichtig. Übergewicht fördert viele Erkrankungen des Kreislaufs und der Verdauungsorgane. Die Folgekosten falscher Ernährung werden in der Bundesrepublik Deutschland auf mindestens 17 Milliarden Mark jährlich geschätzt.

*Bewegungsmangel:* Viele Menschen bewegen ihren Körper zuwenig. Dies beeinträchtigt oft erheblich die körperlichen Vorgänge. Die Folgekosten des Bewegungsmangels werden auf mindestens 10 Milliarden Mark jährlich geschätzt.

So beeinträchtigt ein großer Teil der Bevölkerung den eigenen
Körper erheblich oder zerstört ihn.

Das Ausmaß der Unfähigkeit, für sich zu sorgen, und die
grobe Vernachlässigung des eigenen Lebens geht aus folgendem
hervor: Jeder dritte Bundesbürger zerstört bis zu seinem fünf-
zigsten Lebensjahr sein Leben durch Selbsttötung, Selbstbeschä-
digung, übermäßigen Alkoholgenuß, Tabletten- und Drogen-
mißbrauch, starkes Rauchen, überreichliche Ernährung, man-
gelnde Bewegung sowie durch leichtsinnigen Umgang mit Fahr-
zeugen und Apparaten! Zu diesen persönlichen Folgen kommen
enorme direkte und indirekte finanzielle Folgekosten. Sie werden in der Bundesrepublik Deutschland auf insgesamt 80 bis 100
Milliarden Mark jährlich geschätzt. [12] Keine andere Art von
Lebewesen hat eine ähnliche Selbstzerstörung aufzuweisen.

Die Selbstzerstörung des eigenen Körpers hängt bei vielen mit
seelischen Vorgängen zusammen, oft mit der Unfähigkeit, für
sich seelisch zu sorgen. Einige Äußerungen sollen diesen Zusammenhang verdeutlichen. Ein Mann berichtet uns: «Ich finde irgendwie nicht die innere Ruhe in mir. Nur mit Alkohol, da fühle
ich mich frei und entspannt. Und ohne Tabletten kann ich schon
gar nicht mehr leben. Ich fühle mich irgendwie immer unfrei und
fühle mich auch irgendwie immer unter Druck.» – «Anfang des
Jahres hat mein Mann mich und meine Tochter verlassen, und
ich dachte, ich sterbe», sagt Marianne. «Ich bekam Herzbe-
schwerden und ganz massive körperliche Symptome. Ich
dachte, ich geh ein. Es war so schrecklich, daß ich auch im Beruf
dachte, da geht nichts mehr weiter. Ich hatte keine Hoffnung,
daß es besser werden könnte. Und da fing ich an zu trinken.» –
«Ich gehe seit einiger Zeit in einer Weise mit mir um, die ich

durchschaue und doch nicht durchbrechen kann», berichtet die Bibliothekarin Nicole. «Ich mache mich weitgehend unbeweglich und einsam durch zu vieles Essen. Jeden Abend sitze ich allein in meiner Wohnung und stopfe mich so voll, daß ich Bauchschmerzen bekomme und mich nicht mehr rühren kann. Jeden Tag nehme ich mir neu vor, das nicht fortzusetzen. Und jeden Tag scheitere ich wieder. In kurzer Zeit habe ich unheimlich zugenommen und kann mich nicht ausstehen in meiner Eßgier und im Dickerwerden. Ich träume schon nachts davon, daß ich mich nicht mehr unter die Menschen wage vor lauter Scham. Und ich denke, daß auch andere Menschen mich nicht mehr anschauen mögen.»

Über diese groben Selbstbeschädigungen hinaus beeinträchtigen Menschen die allgemeine Funktionsfähigkeit ihres Körpers durch seelische Spannungen, Konflikte, Ängste. Nach dem Urteil von Ärzten werden 40 bis 70 Prozent der Erkrankungen von Patienten in der Allgemeinmedizin und der Inneren Medizin durch seelische Vorgänge mitverursacht oder gefördert. So ergab auch eine von uns durchgeführte Untersuchung: Menschen, die deutlich unter Ängsten litten, geringe oder schwierige Kontakte zu anderen und Schwierigkeiten mit sich selbst hatten, empfanden ihren Körper mehr als Last und machten ungünstigere Erfahrungen mit ihrem Körper, bejahten zum Beispiel häufiger die Äußerungen «Ich fühle mich unwohl in meiner Haut» und «Ich würde meinen Körper am liebsten verstecken».

Manche spüren es selbst, daß gewisse körperliche Erkrankungen mit ungünstigen seelischen Vorgängen zusammenhängen, daß sie also seelisch zuwenig für sich sorgen. Eine 37jährige Frau, die unter starken Erschöpfungszuständen leidet, schreibt: «Mir ist ganz klar: Solange ich nicht gelassen bin, sondern meine Probleme wie einen Berg vor mir sehe, kann ich nicht zur Ruhe kommen. Mein Körper reagiert so stark darauf. Nach jeder seelischen Kraftanstrengung bin ich körperlich völlig k. o., und mein Körper ist ohne Widerstandskraft. Ich möchte lernen, meine

Kräfte sinnvoll einzuteilen und nicht zu verpulvern. Denn ich habe keine Lust mehr, weiter krank zu sein, das kotzt mich an.» Eine 40jährige Frau schreibt: «Meine körperlichen Krankheiten sind meiner Meinung nach durch Ängste und seelischen Schmerz entstanden. Ich habe seit fast zwanzig Jahren eine Blasenentzündung. Ich hatte Angst vor sexuellem Kontakt. Die Blasenentzündungen traten immer auf, wenn ich ‹Ruhe› vor den sexuellen Wünschen meines Partners wollte. Und seit drei Jahren leide ich an einem übersäuerten Magen. Seit drei Jahren lebe ich zugleich zwischen Hoffnung und Trauer, was die Trennung von meinem Partner anbetrifft. Ich bin mir klar darüber, daß mein körperliches Wohlbefinden ganz stark von den seelischen Belastungen abhängt.»

Eindringlich beschreibt eine 43jährige Frau ihre körperlichen Beeinträchtigungen und die Minderung ihrer Lebensqualität: «Meine Hauterkrankung tritt immer auf, wenn ich seelisch unter Druck stehe, viel zu tun habe und dann auch unter Schlaflosigkeit leide. Neben den Schmerzen fühle ich mich unwohl in meiner Haut und fühle Ekel vor mir selbst, fühle mich aussätzig. Ich glaube, daß meine seelischen Probleme, Traurigkeit und Ängste diese körperlichen Reaktionen hervorrufen. Ich spüre auch, daß meine Rücken- und Kopfschmerzen, die schon so selbstverständlich sind und mir nur noch auffallen, wenn sie unerträglich werden, davon kommen, daß ich ständig angespannt bin und mich nur mit großen Schwierigkeiten entspannen kann. Und dann habe ich fast immer einen Druck im Magen, häufig Schmerzen, Verdauungsschwierigkeiten. Ich habe Angst, daß ich mir durch mein hektisches Essen meinen Magen kaputtmache. Wenn ich unter Arbeitsdruck stehe, esse ich sehr viel; wenn ich seelischen Kummer habe, überhaupt nichts. Ich sage mir oft selbst, daß diese Krankheitssymptome seelisch bedingt sind. Daß sie sicherlich zu einem Teil auf meine innere Unruhe und Gespanntheit zurückzuführen sind. Durch meine innere Unruhe und Gespanntheit schlafe ich auch häufig sehr schlecht, und dann bin ich müde und zerschlagen.» Und etwas später schreibt sie, wie sie sich entwickeln möchte: «Ich möchte selbstsicherer, ruhiger, froher, positiver werden, weniger Ängste haben. Ich möchte endlich nur ich selbst sein, möchte in mir ruhen, entspannt und gelassen sein. Ich möchte so sicher sein, daß ich bestimme, was für mich richtig ist, und nicht immer fragen: Was meinen die anderen?»

*Warum sorgen Menschen seelisch so wenig für sich?* Warum zerstören viele ihren Körper? Es ist nicht eine einzelne Eigenschaft, die diesen Menschen fehlt. Vielmehr hängt dies mit vielen Erfahrungen zusammen, die sie gemacht haben, mit ihrem Lebensstil und einer Vielzahl von Vorgängen, die es ihnen erschweren oder unmöglich machen, für sich zu sorgen: Sie leben häufig hinter Fassaden, haben wenig Selbstvertrauen, sind körperlich und seelisch gespannt, sie setzen sich wenig mit sich selbst auseinander.

Ihre innere Anspannung ist oft so groß, daß sie die Spannungen, die zunächst auftreten, wenn sie in disziplinierter Weise für sich zu sorgen versuchen (wenn sie sich zum Beispiel das Rauchen abgewöhnen wollen), nicht ertragen können. Insbesondere Menschen mit geringer Selbstachtung und -liebe fällt es schwer, für sich und ihren Körper zu sorgen. Ungünstige Einstellungen zu sich selbst wirken sich auch ungünstig auf den Körper aus: «Meinen Körper kann ich nur selten entspannen.» – «Ich fühle mich nicht wohl in meiner Haut.» – «Ich ermüde schnell.» Personen, die in einer Untersuchung diese Äußerungen bejahten, fühlten sich meist seelisch unsicher, hatten Kontaktschwierigkeiten und seelische Probleme. Es ist naheliegend: Wenn wir einen Menschen oder einen Gegenstand nicht mögen, dann sorgen wir nicht für ihn. Und so sorgen Menschen nicht für sich und ihren Körper, wenn sie sich selbst ablehnen. Sie erleben sich als eine Person, die es nicht wert ist, daß sie selbst und andere sich um sie kümmern und für sie sorgen.

## Lernen, seelisch mehr für sich zu sorgen

Das Lernen, sorgsamer mit sich umzugehen, erstreckt sich oft über einen langen Zeitraum und erfordert viele kleine Schritte. Wichtig ist, daß wir bereit sind, uns zu ändern, eine andere Einstellung zu uns selbst und einen anderen Lebensstil zu finden.

Im folgenden stellen wir anhand einiger Erfahrungsberichte wesentliche Vorgänge dieser Entwicklung dar.

Wir sehen es als sehr bedeutsam an, wenn Menschen für sich sorgen lernen, *bevor* sie in eine Krise geraten. «Ich nehme mich jetzt selbst wichtig, meine Person mit meinen Wünschen und Bedürfnissen», sagt eine Mutter. «Ich sorge auch vor, weil ich weiß, es können Schwierigkeiten auf mich zukommen, schwere Zeiten. Und dieses Sorgen für mich, das tue ich trotz der drei Kinder.» Durch dieses Sorgen für uns erhalten und erweitern wir nicht nur unsere eigenen seelischen und körperlichen Möglichkeiten; wir sind dadurch auch bessere Partner in der Familie und für unsere Mitmenschen.

### Der Entschluß, sorgsamer mit sich umzugehen

Oft wird es Menschen durch seelische Krisen, durch Krankheiten, Gesprächsgruppen oder andere tiefgreifende Erfahrungen bewußt, daß sie so wie bisher nicht mehr weiterleben können und wollen: «Mir ist klargeworden, *ich* muß handeln und nicht hier auf meiner Bude sitzen und grübeln.»

Menschen spüren, daß es auf sie selbst ankommt – darauf, wie sie mit sich umgehen: «Ich bemühe mich jetzt um mich selbst», sagt eine Frau, 32; «ich bemühe mich, mich zu erkennen, mich und meine Gefühle zu verstehen. Ich trage für mich die Verantwortung und entscheide für mich. Dadurch bin ich selbständiger, selbstsicherer geworden.» Eine 19jährige Hebammenschülerin: «Nach Gesprächen mit Freunden und vor allem in einer

Gesprächsgruppe merkte ich: Nicht meine Probleme muß ich anpacken, sondern *mich*. Ich selbst muß etwas tun. Von da an ergriff mich ein irrsinniges Glücksgefühl. Das war so stark wie noch nie zuvor in meinem Leben: Es war klarer, fühlbarer als früher. Und eigentlich hatte ich gar keinen Grund, glücklich zu sein, außer daß ich mich gefunden hatte. Und so konnte ich mich allmählich auch selbst annehmen und einen neuen Anfang machen. Ich habe jetzt ein gutes Gefühl mit meinen kleinen Zielen, die ich mir Tag für Tag setze.»

Menschen, die sich ihrer Verantwortung für sich selber bewußter wurden, berichteten uns häufig: Sie suchten die Schuld für eigene Schwierigkeiten weniger bei anderen, zum Beispiel in der Vergangenheit – in ihrer Erziehung, bei ihren Eltern. Gewiß, in vielem, was wir erleben und tun, sind wir durch diese Erfahrungen beeinflußt. Manche erfüllt dies mit Haß, Wut und Enttäuschung. Sie vermindern so ihr Lebensgefühl und ihr Sorgen für sich. Dagegen gelangen Menschen, die sich ehrlich sich selbst zuwenden, meist zu der Einsicht, daß sie jetzt selbst für vieles verantwortlich sind, daß die Entscheidungen vielfach bei ihnen liegen.

Sie übernehmen weniger für andere und mehr für sich selbst die Verantwortung. Wir möchten dies erläutern: Viele Menschen, vor allem Eltern und Lehrer, neigen dazu, für andere – für ihre Kinder oder Schüler – Verantwortung zu übernehmen, dafür, was diese tun. Dies wirkt sich eher ungünstig auf die aus, denen die eigene Verantwortung gleichsam entzogen wird. Vor allem aber wird häufig auch der beeinträchtigt, der die Verantwortung für andere übernimmt. Er sorgt zu wenig für sich selbst: «Ich habe gemerkt, daß ich durch das Gefühl, Verantwortung für andere übernehmen zu wollen, mich selbst aus dem Auge verloren habe. Inzwischen habe ich durch vielfache Erfahrungen den Eindruck, daß der Kontakt zwischen Menschen nur dann tief ist, wenn jeder Verantwortung für sich selbst, das eigene Fühlen, Denken, Wahrnehmen und Handeln übernimmt und den anderen mit seiner Eigenverantwortung sieht und akzeptiert.» Eine Frau: «Ich habe in den letzten Jahren mich und meine Bedürfnisse sehr zurückgeschraubt. Ich habe mich zu sehr eingeengt. Ich habe immer weiter gefühlsmäßig zurückgesteckt, ohne daß ich das gemerkt habe. Das ist einfach so eine Art von mir; ich verzichte gern dem anderen zuliebe. Aber dann ist mir das so zuviel geworden, daß ich da gar nicht mehr herauskam. Ja, ich sagte mir: Wo bin *ich* eigentlich?»

Ist es nicht eine eigennützige, gegenüber unseren Mitmenschen gleichgültige Haltung, wenn wir uns in erster Linie für *unsere* Handlungen, für uns selbst verantwortlich fühlen? Unserer Erfahrung nach sorgen Menschen, die sich wirklich für sich selbst verantwortlich fühlen, auch für andere, ohne ihnen ihre Eigenverantwortung zu nehmen. Sie schaffen aus ihrem Verantwortungsgefühl förderliche Bedingungen für andere.

Wir sorgen also für unser eigenes Verhalten und billigen dem anderen zu, die Möglichkeiten, die wir ihm bieten, in einer Weise zu nutzen, die ihm angemessen erscheint. Damit geben wir unseren Mitmenschen die Freiheit, für sich selbst Verantwortung zu übernehmen. Unsere Beziehungen zu ihnen werden durch diese Haltung entspannter und förderlicher, und die anderen werden unsere Angebote eher nutzen können: «Ja, ich kann nur die Verantwortung für mich selbst und mein Verhalten übernehmen. Ich möchte zwar, daß sich in der Ehe etwas tut, aber ich kann dieses dem anderen nicht überstülpen. Ich kann nur versuchen, etwas zu leben, und ihm damit vielleicht etwas zu signalisieren und ihn anzuregen.»

Zum Schluß dieses Abschnitts möchten wir den amerikanischen Psychologen Carl Rogers zu Wort kommen lassen. Er beschreibt, wie ihm die Notwendigkeit bewußt wurde, verantwortlich für sich zu sorgen, und wie er dies allmählich lernte: «Ich habe für andere immer besser gesorgt als für mich selbst.

Aber in diesen letzten Jahren habe ich da doch Fortschritte gemacht. Ich habe gelernt, in verschiedener Weise körperlich besser für mich zu sorgen. Ich habe auch gelernt, meine eigenen seelischen Bedürfnisse zu respektieren. Vor drei Jahren half mir eine Gruppe, mir bewußt zu machen, wie gehetzt und überlastet ich mich durch Forderungen fühlte, die von außen an mich herangetragen wurden. Nach der Gruppe tat ich etwas, was ich noch nie zuvor getan hatte: Ich verbrachte zehn Tage völlig allein in einem Strandhäuschen, das mir angeboten worden war. Ich stellte fest, daß es mir großen Spaß machte, mit mir selbst zusammenzusein. Ich mag mich. Es fällt mir jetzt leichter, um Hilfe zu bitten. Ich bitte andere, Sachen für mich zu tragen und Dinge für mich zu erledigen, statt zu beweisen, daß ich es selbst tun kann. Ich kann jetzt auch um persönliche Hilfe bitten. Als meine Frau Helen schwer erkrankte und ich dem Zusammenbruch nahe war, da ich rund um die Uhr als Krankenpfleger, Hausmann, gefragter Psychotherapeut und Schriftsteller zugleich zum Abruf bereitstehen mußte, bat ich einen befreundeten Psychotherapeuten um Hilfe und erhielt sie auch. Ich erforschte meine eigenen Bedürfnisse und versuchte sie zu befriedigen. Ich wende mich nicht leicht an andere, aber ich bin mir jetzt viel deutlicher bewußt, daß ich nicht alles allein bewältigen kann. Ich pflege meine Person jetzt besser als früher.» [37]

## Selbstachtung und Selbst-Sorge

Dies ist eine wesentliche Bedingung, mit sich selbst sorgsam umzugehen. Menschen, die sich selbst achten und beachten, die sich ernst nehmen, sind eher fähig, für sich zu sorgen, weil sie sich als wertvoll erleben. Sich selbst mehr beachten – das bedeutet: Wir nehmen uns mehr Zeit für uns selbst. Wir vernachlässigen uns nicht. Wir respektieren unsere Bedürfnisse: «Ich nehme mich heute wichtig. Ich habe jetzt mehr Selbstvertrauen in mir.»

Menschen, die sich selbst achten, fühlen sich innerlich freier, das zu tun und so zu sein, wie es ihrer Person entspricht. Mit größerer Selbstachtung gewinnen sie mehr innere Freiheit. Sie geraten zum Beispiel weniger in Gefahr, sich mit Alkohol zu betäuben. Sie haben genug Selbstwertgefühl, um anderen zu sagen, daß sie nicht weitertrinken möchten. Sie sorgen für sich, sie richten sich weniger an den Erwartungen anderer aus: «Es ist jetzt so, daß ich mehr auf das achte, was ich eigentlich will, und das auch sage.»

Auch wenn sie mit sich allein sind, behandeln sie sich als achtungsvollen Partner: «Ich habe heute mit mir selber Kaffee getrunken», berichtet die 22jährige Angelika. «Ich habe mir den Kaffeetisch so gedeckt, als ob Besuch käme. Richtig schön gedeckt: schöne Decke aufgelegt, Kerzen angezündet. Ich hatte mich selber zu Besuch. Und ich hab mich wohl gefühlt.» Bernd: «Ich sag mir: Verdammt, du hast das Recht darauf – sei gut zu dir. Hab dich gern. Weil ich merke, daß ich das wirklich brauche, daß ich so was in mir entwickle, mich gern zu mögen, und mich nicht immer mit der Peitsche durch die Gegend jage.» –

«Das Leben ist einfach wieder lebenswert, seit ich mich selbst ernster nehme und meine Gefühle und Wünsche für wichtig halte», sagt Christa, Hausfrau und Mutter. «Ich fange an, mich richtig wohl zu fühlen mit mir selbst. Ich sehe meine Arbeit nicht mehr so verkrampft. Wenn das, was ich tue, mir selbst Freude bereitet, dann bringt es meinem Mann und den Kindern auch mehr Freude. Früher glaubte ich auch nicht so ganz daran, daß das Leben wohl einen Sinn hat. Jetzt würde ich sagen: Überhaupt zu leben hat Sinn.»

*Einfühlung und Selbst-Sorge*

Wir können lernen, in uns hineinzuhören und uns zu fragen: Was fühle ich? Was ist mir unangenehm? Was möchte ich? Was muß ich tun, um mich wohl zu fühlen? Ein Mann: «Ich passe jetzt mehr auf mich selber auf, frage mich: Was ist bei dir los? Wie reagierst du? Ich höre mehr auf mich. Ich sage mir: Wenn du dich irgendwo gehetzt fühlst, was kannst du dagegen tun? Ich achte mehr auf meine seelischen und auf meine Körpergefühle, achte stärker auf meine Bedürfnisse. Und ich gönne mir auch mal was. Früher war das so, überspitzt gesagt, daß ich ein Pflichtmensch war, nur für die anderen da war. Jetzt sage ich mir: Ich will mehr leben, mir auch von dieser Seite her mehr gönnen. Und die Verbesserung drückt sich auch darin aus, daß ich auf andere doch stärker zugehe, auf sie eingehe.» Eine berufstätige Hausfrau und Mutter: «Ich meine, daß ich jetzt noch häufiger in mich reinhöre und prüfe, ob das, was ich tue, auch gut für mich ist. Oft spüre ich eine innere Anspannung und merke erst hinterher, daß ich mir zuviel aufgepackt habe, daß ich mich mal wieder vernachlässigt habe.»

Die Einfühlung in sich selbst ist ein guter Schutz gegen die Neigung, sich gleichsam selbst zu vergewaltigen, sich Leistungen abzuverlangen, die man nicht oder nur unter großen Anstrengungen erfüllen kann. Menschen, die gelernt haben, auf ihre Gefühle zu hören, wollen nicht ständig noch mehr und alles besser machen. Sie können eher ihre Grenzen akzeptieren, sich mit diesen Grenzen mögen. Und sie können das anerkennen, was sie geschafft haben. Sie sind mehr in sich zentriert. «Ich kann jetzt eher diese innerlichen Verkrampfungen wahrnehmen, die auftreten, wenn ich bemüht bin, so zu sein, wie andere es von mir erwarten. Ich spüre, wie hinderlich dies für mich ist.»

*Selbstklärung und Selbst-Sorge*

Durch Einfühlung in unsere Bedürfnisse und durch die Auseinandersetzung mit uns können wir lernen, Wahrnehmungen und
Erfahrungen bewußter zu verwerten. Wir finden eher heraus,
was für unser seelisches und körperliches Leben beeinträchtigend und was förderlich ist. Dies ist meist ein langsames, fast
unmerkliches Lernen. Es geht einher mit kleinen, Schritt für
Schritt vollzogenen Änderungen in der Gestaltung unseres Lebens. Manchmal werden wir auch zurückgeworfen und spüren,
daß wir nicht die richtigen oder nur unzureichende Konsequenzen aus unseren Erfahrungen gezogen haben.

Wenn wir herausfinden, was schädigend für uns ist, so können
wir uns vor «seelischen Vergiftungen», vor Beeinträchtigungen
schützen. Dies gilt für große wie kleine Ereignisse, durch die wir
uns beeinträchtigt fühlen, Situationen, in denen wir uns selbst
nervös machen, die uns Stress und Spannungen verursachen:
«Manchmal finde ich heraus, daß ich versäumt habe, auf meine
Gefühle zu hören oder sie anderen mitzuteilen, oder daß ich unnötig Angst hatte», berichtet ein 50jähriger; «daraus lerne ich –
nicht so, daß ich mir damit etwas fest vornehme oder einrede,
sondern ich bin dann innerlich eher geneigt, das nächste Mal in
einer solchen Situation anders zu handeln.»

So können wir frühzeitiger und bewußter wahrnehmen, wenn
zwischenmenschliche Beziehungen für uns belastend oder gar
schädigend sind. Oft spüren wir solche Beeinträchtigungen an
unseren körperlichen Empfindungen. Manchmal ist es dann notwendig, daß wir uns aus bestimmten Beziehungen lösen und uns
Menschen zuwenden, denen gegenüber wir mehr wir selbst sein
können: «Was habe ich früher meine Energie und Zeit in manche
Menschen investiert, um ihre Feindseligkeit zu vermindern oder
um sie von meinen Auffassungen zu überzeugen! Und ich habe
sehr darunter gelitten. Heute habe ich das aufgegeben, ich versuche nicht mehr zu überzeugen. Ich habe gelernt, daß hinter

einer Ablehnung häufig viele Ängste stehen. Ich verteidige mich auch nicht mehr gegen Menschen. Nicht daß ich resigniert hätte oder passiv bin. Aber ich sage mir: Es ist besser, ich suche Menschen auf, die für mich befriedigend sind, die mich hören wollen. Und ich meide diejenigen, die mich nicht mögen oder herabziehen wollen. Um das zu lernen, habe ich viele Jahre gebraucht, und auch heute schaffe ich es noch nicht immer. Aber ich habe Fortschritte gemacht, und mein Leben ist befriedigender geworden. Ich bin viel produktiver geworden, weil ich heute fast ausschließlich *für* etwas arbeite, statt gegen etwas anzukämpfen. Und noch etwas beobachte ich: Die Menschen, mit denen ich früher viele Konflikte hatte – ja, ich habe zu ihnen keine freundschaftlichen Beziehungen. Aber sie lassen mich weitgehend in Ruhe, und manchmal merke ich, daß einige mich eher respektieren.»

Manche erkennen, daß sie über Jahre oder Jahrzehnte ein unbefriedigendes Leben führten, weil ihre berufliche Stellung sie überforderte. Sie hatten durch diese Tätigkeit zwar ein gutes Gehalt, mehr Prestige und Macht. Aber sie erkauften diesen äußeren Reichtum mit der Beeinträchtigung ihrer inneren Freiheit und seelischen Lebensqualität. Hans in einem Gruppengespräch:

«Ich war also auf der Karriereleiter… Ich habe mühselig Etappe für Etappe genommen, durch Ehrgeiz, durch Fleiß und Leistung, die eben andere nicht bereit waren zu bringen – auch teilweise durch Aufgeben des Familienlebens. Ich hab etliche Jahre draußen wie ein Zigeuner aus dem Koffer gelebt. Aber ich hatte mir zum Ziel gesetzt: Das will ich erreichen. Und ich hatte es erreicht… Aber das Problem: Man wird draußen so hart gedroschen, daß man nach Hause kommt und daß man dann dieses Leben weiterlebt. Und als ich dann oben war auf der Stufe, dann fühlte ich mich für alles verantwortlich, hatte ständig die Faust im Nacken – Umsatz, Kosten und alles. Und dann habe ich mir gesagt: Was nützt dir all das, was nützt es dir, wenn du ein horrendes Geld verdienst und hast nicht einmal Zeit, es auszugeben?

Und dann gab's für mich nur eine Möglichkeit: Wieder runter in die unteren Etagen. Sollen die oben machen, was sie denken! Ich bin jetzt für eine kleinere Bezirksvertretung verantwortlich, und das hat bisher phantastisch geklappt.» [56]

Wenn wir in uns hineinhorchen und herauszufinden versuchen, was für uns schädigend ist, können wir günstige Bedingungen für uns entdecken. «Ich habe herausgefunden, daß ich Zeit für mich brauche, Zeit, in der ich allein bin, für mich da bin. Es ist nicht so, daß ich auf der Flucht vor der Welt bin. Aber ich habe festgestellt, ich fühle mich nur wohl mit mir selbst und kann mich anderen zuwenden, wenn ich mich mir selbst auch intensiv zuwende, wenn ich in mich hineinhören kann und wenn Friede in mir ist.»

Viele erfahren auch, oft auf Grund von Enttäuschungen, daß der Erwerb ständig besserer oder teurerer Konsumartikel selten ihre seelische Lebensqualität und ihr Wohlbefinden vergrößert.

Durch die Auseinandersetzung mit uns selbst, mit unseren Erfahrungen und Einstellungen gelangen wir zu neuen Auffassungen, zu günstigeren Einstellungen unserem Leben gegenüber, zu verantwortlichem Sorgen für uns. Wir können unsere Vorurteile korrigieren. Wir erkennen, daß wir selbst Hindernisse in uns errichtet haben. Wir können Ereignisse und Personen anders sehen und innerlich von ihnen abrücken. Helmut, 29: «Ich weiß noch, wie ich das früher so drauf hatte zu sagen: Die Familie ist eine Reproduktionsstätte autoritärer Strukturen. Aber ich habe seitdem manches erfahren, und heute denke ich so: Na gut, das mag sein, daß die Familie autoritäre Strukturen weitergibt. Aber für mich bedeutet das noch nicht, daß es auch so ist, wenn *ich* eine Familie habe. Ich glaube, es wird unheimlich viel Liebe in meiner Familie geben – so wie es im Moment auch mit meiner Frau ist; eben ein richtig schönes menschliches Zusammensein. Und früher hab ich immer gesagt: Mein Gott, diese Spießer! Ja, und heute ist das eben für mich Geborgenheit. Allerdings hat es lange gedauert, vor drei bis vier Jahren habe ich da noch anders gedacht. Aber heute stehe ich dazu, zu meinen Bedürfnissen nach Nähe und Geborgenheit. Ich akzeptiere sie nicht nur, sie sind sogar eine Notwendigkeit für mich.»

Viele berichteten uns, daß sie durch Gespräche mit Freunden oder in Gruppen lernten, sich mit ihren Erfahrungen auseinanderzusetzen und mehr für sich zu sorgen. Sie konnten sich aussprechen, lernten die Erfahrungen und Möglichkeiten anderer kennen, konnten die eigenen Schwierigkeiten von einem anderen Gesichtspunkt aus betrachten.

Andere lernten aus Büchern, für sich Möglichkeiten herauszufinden, für sich besser zu sorgen. Eine Frau schreibt uns: «Das Buch ‹Gespräche gegen die Angst› hat mir ein Stück weitergeholfen. Ich las das Buch und erkannte mich in meiner Not wieder. Ohne zu wollen, übertrug ich die geschilderten Situationen auf meine und begann, auch meine Angst zuzulassen und mich mit ihr auseinanderzusetzen.»

Oft berichteten uns Menschen, daß sie sich auch mit ihrer Freizeitgestaltung auseinandersetzten. Nachdem sie zum Beispiel jahrelang passiv vor dem Fernseher gesessen haben, fragen sie sich: «Will ich das wirklich? Was bringt mir das eigentlich?» Viele fanden durch eine forschende, ehrliche Auseinandersetzung mit sich selbst zu neuen anregenden und befriedigenden Aktivitäten, die förderlich für ihre Persönlichkeitsentwicklung waren. Christina, Lehrerin, Mutter zweier Kinder: «Beim Malen fühle ich mich mir selbst ganz nahe. Meine Bilder sind Ausdruck meines Ichs, meiner Lebendigkeit, meiner eigenen schöpferischen Kraft.» Ein Mann, der früher sehr zurückgezogen lebte, berichtet: «Ich gehe jetzt öfter raus, weil ich dadurch viel mehr mit anderen Leuten zusammenkomme. Ich bin einmal mit einem Bekannten auf dem Fußballplatz gewesen. Der kannte da diesen und jenen, und schon lernte ich wieder Leute kennen. Man ist unter Leuten, man spricht mit Leuten, man tauscht Gedanken aus. Und das finde ich gut. Dadurch kriege ich auch wieder mehr Selbstvertrauen.» So können Menschen herausfinden, was ihnen guttut: Spiele, Sport, kunsthandwerkliche Tätigkeiten, Lesen, der Umgang mit Tieren, das Sorgen für Pflanzen. Sie werden auf vieles aufmerksam, dem sie früher keine Beachtung geschenkt haben und von dem sie nicht wußten, wie bereichernd es für sie sein kann.

### Loslassen

Menschen, die verantwortlich für sich sorgen, sagten uns, wie wichtig es für sie war und ist, daß sie sich von ihren Vorstellungen, Erwartungen und Wünschen lösen können. Sie empfanden es als sehr hilfreich für ihre persönliche Entwicklung, wenn sie sich nicht an Dinge oder Menschen klammerten, sondern diese freiwillig «losließen», sich durch das Festhalten nicht selbst einengten. Für die meisten war es zunächst schwer, von Wünschen, Hoffnungen und Zielen oder gar Menschen Abschied zu nehmen.

Wir möchten diese Fähigkeit loszulassen, an einem einfachen Beispiel erläutern: Wenn wir einen Zug versäumen, so können wir mit uns oder mit anderen hadern, uns ärgern, wütend sein, uns die verpaßten schönen Möglichkeiten vorstellen. Wir können es aber auch als etwas Gegebenes annehmen, was wir nicht mehr ändern können. So werden wir frei, aus dieser Situation noch etwas Günstiges für uns zu machen: die Wartezeit als Ruhepause zu genießen, die Umgebung einmal genauer wahrzunehmen oder uns mit uns auseinanderzusetzen, zum Beispiel mit der Frage, wie wir zukünftig besser mit unserer Zeit umgehen können. Wenn wir in solchen alltäglichen Situationen «loslassen» können, wird uns dies auch bei schwerwiegenden Ereignissen eher möglich sein. Wenn Menschen keinen Partner finden können, wenn sie von einer schweren Krankheit betroffen sind oder wenn sie ein bestimmtes Berufsziel nicht erreichen, dann können sie sich darüber grämen, sich in Sorgen verzehren, sich quälen. Sie können aber auch die Ereignisse und sich selbst akzeptieren und damit freier werden für neue Sichtweisen und Aktivitäten.

Häufig glauben wir, daß wir «gerade dieses» nicht loslassen können, daß wir es unbedingt benötigen. Einige Monate oder Jahre später stellen wir fest, daß das, was wir damals so unbedingt zu brauchen oder erreichen zu müssen glaubten, für uns gar nicht so wichtig, vielleicht sogar schädlich war. Denken wir daran, wie Ereignisse oder Personen, die uns heute unwichtig erscheinen, vor einem Monat, vor einem Jahr oder vor zehn Jahren von großer Bedeutung für uns waren, wie wir uns damals ärgerten, traurig oder verzweifelt waren. Dies zeigt uns, wieviel freier und gelassener wir sein können, wenn wir das Gegebene mehr akzeptieren. Dort, wo wir die äußeren Umstände nicht verändern können, können wir durch «Loslassen» innere Freiheit erlangen; wir können unsere Einstellungen zu den nicht änderbaren äußeren Umständen ändern. Der 34jährige Verwaltungsangestellte Bernd: «Ich mache mich manchmal wirklich verrückt wegen irgendwelcher Kleinigkeiten. Manchmal spüre ich dann so eine Chance, mal neben mich zu treten und zu fragen: Was machst du denn da eigentlich? Und dann zerplatzt diese Sache, diese große Angelegenheit wie eine Seifenblase in viele Kleinigkeiten. Aber ich merke so oft, daß ich in diesen Zuständen so tief drin bin, daß ich mich meistens ziemlich unter Druck setze: Das müßte! Das sollte! Man müßte!»

Durch dieses Loslassen gewinnen wir mehr Bewegungsmöglichkeiten, mehr innere Freiheit: «Ich merke, wenn ich auf meine ursprünglichen und tatsächlichen Bedürfnisse höre, daß ich immer weniger Sachen zum Anziehen brauche. Und ich freue mich über die viele Zeit, die ich dabei gewinne, weil ich nicht dauernd auf Kleidersuche bin», sagt eine junge Frau.

Viele haben Schwierigkeiten, ihre Pläne und Ziele loszulassen.

Sie engen sich ein durch ein starres Einhalten einmal gefaßter Entschlüsse. Häufig steht der Wunsch nach Perfektion hinter einer solchen Haltung. Was sie einmal geplant haben, was sie sich zum Ziel gesetzt haben, das müssen sie ausführen und erreichen.

Doch berichteten uns auch viele Menschen, daß sie es schafften, ihre inneren Widerstände aufzugeben: «Heute brems ich mich von vornherein ab. Ich mach mir einfach nicht mehr so ein Superprogramm. Ich hab erfahren: Manches erledigt sich dann von allein, ohne mich. Das hätte ich vorher nie gedacht. Ich hätte auch nie geglaubt, daß ich mich ohne erledigte Programmpunkte wohl fühlen kann, keine Schuldgefühle habe. Aber es ist tatsächlich so. Ich kann jetzt auch so vor mir bestehen – und vor allem: Ich fühle mich körperlich besser so.»

Die Neigung, Pläne starr einzuhalten, entspringt häufig einer inneren Unsicherheit. Menschen mit geringem Selbstvertrauen brauchen eher äußere Ziele, an denen sie sich ausrichten können. Sie suchen dadurch Halt zu finden. Aber durch diese starre Zielstrebigkeit empfinden sie die Gegenwart als etwas, was sie «durchstehen» müssen, um ihre oft hochgesteckten Ziele zu erreichen. Die Gegenwart ist für sie nur wichtig, weil sie ihnen hilft, den Zielen näher zu kommen. «Ich wünschte, ich könnte schlafen gehen und vier Jahre später aufwachen mit einem Examen in der Tasche.» Für diesen Studenten hat das Leben in den nächsten Jahren nur noch ein Ziel: den Studienabschluß. Die reale Gegenwart ist ihm weniger bedeutungsvoll. Er lebt sie weniger. Besonders bedrückend ist es, wenn diese Menschen ihr Ziel nicht erreichen. Dann taucht oft in ihnen das Gefühl auf, in den letzten Jahren nicht richtig gelebt zu haben.

Manche Menschen scheinen von einem Ziel zum anderen zu leben. Sie genießen nicht den Weg, den Prozeß des Lebens, Werdens und Arbeitens. Oft können sie auch das Erreichen eines Ziels nicht auskosten. Wir sehen es als wichtig an zu lernen, den Prozeß, den Weg als einen Wert zu erleben. Ein 44jähriger berichtet, wie er sich in dieser Hinsicht zu ändern sucht: «Ich möchte etwas leisten, etwas wirklich Tolles. Aber ich möchte darauf verzichten, es machen zu *müssen*. Ich möchte darauf verzichten, mich als gut vor den anderen verkaufen zu müssen. So habe ich früher den Kollegen erzählt, was für ein toller Hecht ich bin. Ich habe damals zwar Bewunderung ausgelöst, aber nicht die Liebe und Zuwendung bekommen, die ich brauchte. Ich will meine Energie nicht dafür einsetzen, etwas erreichen zu *müssen*. Ich möchte einfach, daß sie da ist und daß mit ihr etwas passiert. Ich möchte darauf vertrauen, daß ich nichts gewaltsam forcieren muß.»

Loszulassen bedeutet also nicht, daß wir passiv sind. Im Gegenteil: Es bedeutet, daß wir für uns sorgen, daß wir mit unserer inneren Welt entspannt an äußere Entscheidungen und Ziele herangehen. Wir stehen in der Welt, stellen uns ihren Anforderungen. Aber wir liefern uns ihnen nicht aus. Wir wissen, daß vieles sich in seiner Bedeutung und Wichtigkeit für uns verändert, wenn *wir* uns ändern. «Ich kann heute Dinge loslassen», berichtet Angelika, 22: «Ich kann jetzt auch mal Sachen liegenlassen. Ich kann mich heute gutfühlen, ohne daß ich weiß, was morgen sein wird. Eigentlich fühle ich mich wohler mit mir. Ich kann auch ganz verrückte Sachen machen: Heute war ich auf dem Markt und habe zum erstenmal für alle meine Freunde kleine Geschenke gekauft. Ich spüre, es ist jetzt viel mehr Freude in mir, viel Liebe. So kannte ich mich bisher gar nicht.»

«Loslassen» ist also eine bewußte Wandlung unserer inneren Einstellung zu unseren Bedürfnissen, Wünschen und Erwartungen. Reinhard: «Früher meinte ich immer, ich müßte andere von meinen wissenschaftlichen Auffassungen überzeugen, um anderen Menschen besser zu helfen. Dafür habe ich sehr gekämpft. Und ich war ärgerlich, wenn es dabei viele Hindernisse gab. Ich fühlte mich unwohl dabei und brauchte viel Kraft dazu. Heute kann ich schon mehr darauf verzichten, andere zu überzeugen. Ich kann sie eher anhören, wenn sie Auffassungen äußern, die nach meinen Erfahrungen oder Untersuchungen falsch sind. Dieses Loslassen bringt mir mehr innere Freiheit und Ruhe. Was mir dabei geholfen hat, ist, daß ich nicht mehr so sehr darauf bedacht bin, was die anderen sagen und wie ich sie ändern kann. Sondern ich bin mehr zentriert in mir und meinen Auffassungen. Ich habe jetzt mehr Energie, das zu tun, was *ich* sinnvoll finde.»

Besonders schwer und schmerzlich ist es für viele, einen Partner loszulassen, der nicht mehr mit ihnen zusammen leben möchte. Eine Frau, 40 Jahre, mit zwei fast erwachsenen Töchtern, schreibt uns: «Während ich dies hier alles so schön geordnet schreibe, muß ich die meiste Zeit weinen. Denn das, was ich mir am meisten wünsche, ist, daß Dieter zurückkommt. Er bedeutet mir so viel, und ich liebe ihn so sehr, daß mir ein Leben ohne ihn fast arm und wertlos erscheint. Du merkst, ich kann schlecht loslassen. Und das ist, wenn ich Anne-Marie richtig verstanden habe, eine ganz wichtige Voraussetzung, um leben zu können – für beide Seiten. Aber ich habe Angst davor loszulassen, weil ich mich fürchte, daß dann mein halbes Leben, unsere Ehe, in der Ecke landet. Und dabei ist diese Ehe ja schon lange nicht mehr das, was sie einmal war.»

Diese Frau suchte Hilfe in einer Gesprächsgruppe. Nach einer persönlichen Entwicklung wurde sie fähig, ihren Partner loszulassen. Sie schrieb uns, daß sie sich nun innerlich freier fühle. Das erstaunliche war, daß ihr Mann wieder mehr Interesse an ihr fand, als sie sich auf diese Weise seelisch entwickelte.

Ingrid, 43, wurde ebenfalls von ihrem Partner verlassen, worunter sie sehr litt. Es gelang ihr jedoch, sich selbst ein besserer Partner zu werden: «Ich kann ihn jetzt loslassen. Ich merke, wie ich dabei innerlich wachse. Ich merke, daß ich dieses Alleinsein jetzt sehr stark spüre, aber nicht als unangenehm empfinde. Das ist neu. So traurig diese Trennung manchmal ist und die Erfahrungen so schmerzlich, so bin ich doch dankbar, weil ich sehe: Wenn

die Beziehung zu ihm abbricht, dann fange ich nicht an, irgendwo zu wackeln. Ich denke, daß ich mir selbst ein besserer
Partner geworden bin. Neulich, als ich eine Radtour gemacht
habe, da spürte ich in mir eine unwahrscheinliche Harmonie.
Und um das zu erreichen, war es wohl nötig loszulassen. Ich
merke es in meinem Wesen, daß ich mich unheimlich wohl fühle,
ganz ruhig und auch wirklich zufrieden.»

Das Loslassen erstreckt sich auch auf schmerzhafte Erfahrungen der Vergangenheit. Klammern wir uns noch immer an Menschen, die uns verwundeten, an alte Gefühle? Sind wir noch immer diesen Schmerzen verhaftet? Manche Menschen hadern
jahre- und jahrzehntelang mit ihren Eltern oder mit anderen
schmerzlichen Erfahrungen. «Loslassen» heißt, daß wir diese
Erfahrungen als etwas Vergangenes annehmen und daß wir Menschen, die uns den Schmerz zufügten, vergeben können, ohne
ihr Schuldeingeständnis zu benötigen. Diesen Schmerz haben
*wir* früher in uns hervorgebracht. *Wir* lassen ihn immer wieder
lebendig werden; und *wir* sind die einzigen, die ihn auch wieder
loslassen können. Manchen hilft es, anderen zu vergeben und so
schmerzliche Erfahrungen «loszulassen». Oder sie sehen die
Vergangenheit als eine Stufe ihrer Entwicklung, als eine Weg-
strecke, die zu gehen gleichsam «notwendig» war, damit sie
dorthin gelangen konnten, wo sie heute sind.

Andere lernen das Loslassen erst durch den bitteren Zwang,
der von bestimmten Situationen ausgeht: etwa beim Tod eines
nahen Angehörigen oder beim Verlust der eigenen Gesundheit.
Es ist klar, daß es uns sehr trifft, wenn wir nicht mehr mit einer
geliebten Person zusammen leben können oder selbst schwer er-
kranken. Aber viele leiden zusätzlich dadurch, daß sie den Tod
oder die Erkrankung nicht annehmen können, sich dagegen
wehren. Erkrankte malen sich immer wieder aus, wie schön es
sein könnte, wenn sie gesund wären. Sie kämpfen gegen die
Krankheit und vergrößern damit ihr Leiden. Loslassen bedeutet
in solchen Situationen, daß wir akzeptieren, nicht mehr mit dem

Verstorbenen zusammen leben zu können oder nicht mehr im Besitz unserer Gesundheit zu sein und so in vielen äußeren Dingen eingeschränkt zu leben.

Welche förderlichen Bedingungen können wir uns schaffen, um leichter loslassen zu können?

o  Wir lernen in der Begegnung mit Menschen, die die Fähigkeit des «Loslassens» und der «freiwilligen Einfachheit» haben. Reinhard: «Es war vor einigen Jahren auf dem Londoner Flughafen. Ich wußte nicht, ob bei dem Streik des Bodenpersonals unsere Koffer mittransportiert worden waren. Ich war recht unglücklich, und alle meine Gedanken waren hiervon ausgefüllt. Da fiel mein Blick auf eine indische Familie, die im Lotossitz inmitten des Getümmels von Menschen saß. In diesem Augenblick wurde mir schlagartig klar, daß sie eine ganz andere innere Haltung hatten als ich und wie sehr ich meinen Gefühlen und Gedanken über den möglichen Gepäckverlust hingegeben und verhaftet war.»

o  Menschen, die wissen, daß sie bald sterben werden, können oft für sie Bedeutsames, ja ihr Leben loslassen. Wir können von ihnen lernen. Gelingt es uns, bewußter die Erkenntnis in unser Fühlen, Denken und Handeln einzubeziehen, daß unser Leben begrenzt ist und daß der Tod uns von allen Personen und Dingen trennt, werden wir uns weniger an Personen und Dinge klammern und sie eher loslassen können. Loslassen führt zu einer Änderung unseres Fühlens, unseres Bewußtseins und unseres körperlichen Befindens.

o  Intensives Nachdenken über unser Leben und seinen Sinn kann uns zu neuen Einstellungen und Einsichten führen und das Loslassen erleichtern. Wir haben hierbei Bücher von östlichen Philosophen und Denkern als hilfreich erfahren.

o Ein Lebensstil der «freiwilligen Einfachheit» steht mit dem Loslassen in Zusammenhang und fördert es. Wir können lernen, uns Modetrends zu verweigern. Statt dessen können wir mehr in uns hineinhorchen und wahrzunehmen versuchen, welche Bedürfnisse wir *wirklich* haben: «Wie einfach wir leben, ist eine sehr persönliche Angelegenheit. Wir alle wissen, wo unser Leben unnötig kompliziert ist. Wir werden uns schmerzvoll bewußt der vielen Ablenkungen... die wie ein Gewicht auf unserem Leben liegen und die unseren Weg auf dieser Erde zusätzlich beschwerlich und mühevoll machen. Mit Einfachheit zu leben heißt, unser Leben von Bürden zu befreien, leichter zu leben klarer zu leben», schreibt Duane Elgin. [6] Ausdrucksformen dieser «freiwilligen Einfachheit» sind zum Beispiel die Einschränkung des Konsums, der Gebrauch dauerhafterer und energiesparender Produkte sowie eine natürlichere Ernährung.

Eine Auseinandersetzung mit unseren Bedürfnissen führt oft zu der Einsicht, daß wir Dinge, die wir für nötig erachten, eigentlich nicht wirklich brauchen, ja, daß wir ohne sie freier sind.

### Erfreuliches bewußter erleben

Richten wir unsere Aufmerksamkeit und Zuwendung auf die positiven Erfahrungen, die wir mit uns und unserer Umwelt machen? Oder sind wir zentriert in dem, was uns fehlt, was uns ärgert, was uns ungünstig erscheint?

Unser Leben kann erfüllter und vielfältiger sein, wenn wir uns mehr den für uns positiven Erfahrungen und Vorstellungen zuwenden. Fast jeder von uns macht täglich einige Erfahrungen, die für ihn günstig sind. Es liegt an uns, ob wir diese intensiv erleben, ob wir uns am Abend an sie erinnern, oder ob wir sie kaum beachten und uns mehr den unangenehmen Erlebnissen zuwenden. Diese Zuwendung zu den erfreulichen Erfahrungen und Gefühlen, die uns die Natur, unser Wohnraum, wir selbst und andere Menschen ermöglichen, macht uns innerlich reicher und beweglicher. Sie ist ein Gegengewicht zu Beeinträchtigungen und seelischen Belastungen. Der 35jährige Facharbeiter Bruno, der in einer Gesprächsgruppe sagte, er könne niemandem trauen und seine Beziehungen zu anderen seien vergiftet, berichtet zwei Monate später über seine Entwicklung: «Ich lebe intensiver jetzt. Ich erinnere mich an schöne Begebenheiten, etwa wenn ich mit der Bahn nach Hause fahre und die Leute ansehe. Da war heute ein Mann mit Blumen in der Bahn, und ich sagte mir: ‹Was hat der für schöne Blumen!› Und ich sah, daß er unsicher und verlegen war. Ich kam dann gleich mit ihm ins Gespräch – und das alles durch diese Offenheit, die ich in meinem Privatleben gewonnen habe. Da ist mir aufgegangen: Es ist ja gar nicht alles so bedrückend, was auf einen zukommt. Ich sehe die Welt und die Menschen ein bißchen freundlicher. Das erleichtert mich doch sehr.»

Manche Menschen bekommen eine andere Beziehung zur Zeit. Sie haben das Gefühl, daß ihnen die Zeit mehr selbst gehört. Jakob: «Früher war das so: Dort ist die S-Bahn, ich will sie noch haben. Da ist der Termin, jetzt noch eine Viertelstunde. Heute sehe ich zu, daß ich wirklich mehr *mein* Tempo leben kann. Ich habe wirklich dieses Gefühl: Die Zeit gehört mir. Manchmal ist mir heute nach einem gemäßigten Gang, manchmal nach einem schnelleren Gang. Aber es ist *mein* schneller Gang und nicht: Oh, du mußt in zehn Minuten jetzt da und dort sein.»

Bewußteres Erleben bringt Menschen größere Ruhe. Sie werden nicht mehr ständig von dem Gedanken gejagt und geplagt, etwas zu verpassen: «Ich bin jemand, der auch gern aktiv ist», sagt Bernd. «Aber ich kann auch einfach draußen sitzen und meine Umgebung auf mich wirken lassen. Ich finde das bereichernd. Hinter unserem Haus, da ist ein Park mit einem kleinen Ententeich. Ich geh öfter hinaus und setz mich da so auf den Rasen. Dann hör ich im Sommer die Bienen summen. Das sind für mich Erlebnisse, die mich irgendwie aufrichten, die mir Kraft geben.»

Manche versuchen, durch neue Situationen und Menschen ihr Erleben zu aktivieren und zu erweitern, zum Beispiel durch gemeinschaftliche Reisen, Wanderungen, sportliche Aktivitäten, den Kontakt zu elternlosen Kindern oder zu kranken Menschen. Sie bekommen neue Einblicke, die verhindern, daß sie in Routine erstarren.

Andere bemühen sich, dem alltäglichen Leben gegenüber aufgeschlossener zu sein, ihm neue Erfahrungen abzugewinnen. Eine Frau, 32: «Ich möchte diese Schwellenangst vor neuen Dingen überwinden, einfach mutiger sein. Ich möchte nicht mehr so ängstlich reagieren und immer schon irgendwelche Unannehmlichkeiten oder Unfälle im voraus sehen. Ich möchte einfach sagen: Da ist etwas Neues, ich stecke mal die Nase hinein.»

Viele von uns schöpfen die Möglichkeiten, die in uns liegen, nur zu einem geringen Teil aus. Unsere Lebensqualität wird reicher, wenn wir uns darin mehr fördern. Viele entwickeln ihre Möglichkeiten in der Musik, der Malerei, in handwerklichen Fähigkeiten oder in größerer Kreativität bei der Arbeit. Sie finden Ausdrucksformen, die ihnen zu einem vielfältigeren, intensiveren und befriedigenderen Erleben verhelfen: «In einer Theatergruppe habe ich eine Selbstdarstellung mitgemacht. Da hab ich aus der Phantasie etwas dargestellt, so eine Geschichte wie ein Märchen. Ich habe festgestellt, daß mir das einen irren Spaß macht. Ich war total weg und habe nur noch gespielt. Manchmal denke ich, daß es ein bißchen albern ist, wenn ein 40jähriger Mann sich so kindlich fühlt. Aber ich glaube, daß es für mich wichtig ist.» Ein junger Mann: «Ich habe jetzt mehr Selbstvertrauen und habe mir eine Gitarre gekauft. Ich möchte lernen, meine Gefühle auch in der Musik auszudrücken.» Eine Frau, 56, nach ihrer Scheidung: «Ich schreibe jetzt meine Gedanken auf. Und manchmal, wenn mir danach zumute ist, schreib ich in Gedichtform: meine Ängste, meine Sehnsüchte, meine Wünsche. Eigentlich sind meine Talente immer unterdrückt worden, von Kindheit an.»

## Wir schaffen uns eine förderliche Umwelt

Der Mitmensch ist für uns die wichtigste Umweltbedingung. Freunde, Kollegen, Nachbarn oder auch berufliche Helfer können uns stützen, wenn wir seelisch ins Wanken geraten. Wir können sie um Hilfe bitten, wenn wir uns nicht gut fühlen. Leben wir gleichsam in einem «Netzwerk» von Menschen, denen wir uns anvertrauen können und zu denen wir in aufrichtiger Beziehung stehen, so schaffen wir uns damit eine sehr förderliche Bedingung für unsere seelische Entwicklung.

Dem 40jährigen Jerry wird in einer Gesprächsgruppe mit Carl Rogers klar, wie hilfreich die Nähe anderer Menschen auch für ihn sein könnte: «Es ist für mich sehr schwer, mich anderen mitzuteilen. Ich sehe mich selbst mit Befremden an, weil ich keinen Freund habe. Und es schien mir immer, als brauche ich keine Freunde, ich meine: wirkliche Freunde. Dies ist für mich schockierend, weil ich feststellen muß, ich habe unrecht, ich brauche *doch* Menschen. Hier wird es mir jetzt langsam klar. Es scheint mir, daß ich mich als ein Teil eines jeden von euch fühle. Es ist jetzt für mich denkbar, daß es Menschen gibt, die dir entgegenkommen, wenn du ihnen entgegengehst. Es *ist* möglich! Ich fühle, daß ich den Menschen näherkomme. Menschen können um dich besorgt sein, ganz gleich, welche Art von Person du bist. Diese Einsicht ist mit gekommen. Und jetzt kann ich mir auch vorstellen, daß jemand um mich besorgt ist.» [44]

Wie können wir für ein «Netzwerk» von Freunden sorgen?

o «Wenn ich besser mit mir selbst umgehe, wenn ich ein besserer Partner für mich selbst bin, dann bin ich auch für andere ein besserer Partner», sagt eine Frau. Sie sieht sich selbst, ihre eigene persönliche Entwicklung als wichtige Grundlage dafür, förderliche Beziehungen zu anderen herzustellen und aufrechtzuerhalten. Wenn wir uns ändern, wenn wir in unserem Innern für eine bessere «Umwelt» sorgen, dann können wir uns häufig auch eine bessere mitmenschliche Umwelt schaffen. Manche Menschen streifen durch einen Wald und freuen sich an den Bäumen, den Farben oder der Sonne. Andere gehen fast achtlos durch eine solche Landschaft. In so unterschiedlicher Weise erleben viele auch ihre Mitmenschen. Es hängt in hohem Maße von uns selbst ab, was wir von anderen Menschen empfangen. Bernd, 34, konnte nach einem solchen inneren Wandel die Beziehung zu seinen Eltern positiver erleben: «Ich habe die Erfahrung gemacht: In dem Augenblick, wo ich mich veränderte und so meinen Eltern gegenübertreten konnte, veränderten sie sich auch. Das hat auch unsere Beziehung völlig verändert. Ich hab's irgendwo begriffen, daß meine Erwartungen an sie nicht immer berechtigt waren. Irgendwo sind sie auch Menschen und haben ihre Probleme und Fehler. Wir haben auch über die Probleme, die wir früher miteinander hatten, sprechen können. Ich kann sie jetzt so annehmen, wie sie sind, glaube ich. Sie sind mir auf ihre unvollkommene Art, wie auch ich unvollkommen bin, lieb.»

o Begegnen wir anderen mit der Bereitschaft, von ihnen zu lernen, so ist es meist sehr bereichernd für unser Leben. Dies kommt in der Äußerung Jakobs über die Beziehung zu seinen Kindern zum Ausdruck: «Ich freue mich über jede liebevolle Geste meiner Kinder. Wenn mir diese Beziehung fehlen würde, dieses Miteinander-einverstanden-Sein, dieses Sich-gegenseitig-Bejahen, dann wäre ich sehr unglücklich. Für mich sind Kinder immer so faszinierend, weil sie lebendig sind, weil sie einen offenen Zugang zur Welt haben. Kinder, wenn sie unter guten Bedingungen aufwachsen, zeigen mir, wo's langgeht. Ich habe mich also nicht an anderen Erwachsenen oder Kollegen orientiert, sondern ich sehe in Kindern gleichsam die Wegweiser. Das Entscheidende, was ich allmählich von ihnen gelernt habe, ist: Hingehen, dabeisein – nicht nur mit den Augen aus der Ferne betrachten, sondern sich an etwas erfreuen, tasten, sich bewegen, selber machen. Seitdem ich mich der Kinderwelt ein Stück angeschlossen habe, lebe ich mehr. Was ich noch von ihnen lerne, ist dieses Begeistertsein: von Kleinigkeiten, von einem Käfer, einer besonderen Pflanze oder einem Schmetterling, dieser Blick für Kleines, Lebendiges, was schön ist. Früher war meine Wahrnehmung von der Welt eine Autobahnwahrnehmung, schnell und gerade. Ich nahm viele Kleinigkeiten überhaupt nicht wahr. Die Kinder nehmen viel mehr die Gegend auf, entdecken viel. Es ist mir das Wichtigste, eine Beziehung zu den Kindern zu haben, die Freude enthält. Ich habe dieses Gefühl: Sie sind da, ich bin da. Wenn wir uns sehen, dann machen wir es uns schön. Es ist etwas Besonderes zusammenzusein; es ist ein Geschenk.»

o Das Suchen nach gemeinschaftlichem Erleben ist eine weitere Möglichkeit, ein «Netzwerk» zu schaffen und zu fördern. «Für mich ist wichtig, daß die Beziehung zu Menschen gefüllt ist durch Erleben und Tun miteinander. Wir machen Gemeinsames, ich pflege diese Gemeinsamkeit. Nicht einfach nur: der ist mein Sohn, meine Tochter oder meine Frau, sondern wir haben gemeinsame Sachen – Pflanzen aufziehen, Fahrradtouren machen, schwimmen.»

o In größere Nähe zu anderen können wir auch kommen, wenn wir einen Freund, Kollegen oder Bekannten um Hilfe bitten und uns ihm anvertrauen. Vera: «Wenn ich Probleme habe, dann weiß das jeder von den dreien, die noch mit mir im Büro arbeiten. Ich bin acht Stunden am Tag in der Firma. Wenn ich in die Firma komme und ich hab ein Problem, dann muß ich das sagen.» [60] Haben wir darüber hinaus die seelische Stärke, von anderen Hilfe anzunehmen, so sind sie eine wichtige Kraftquelle für uns.

Manche lernen durch Teilnehmer in Gesprächsgruppen, Nähe und Hilfe von anderen anzunehmen. «Es war eine ganz wichtige

Erfahrung für mich in der Gesprächsgruppe, Hilfe von anderen Menschen anzunehmen», sagt Karl-Heinz, 32; «ich habe dort gelernt, daß andere mir helfen können, ohne daß sie mir meine Probleme abnehmen. Ich glaube, der Sinn dieser Gruppen, dieser Mitmenschlichkeit ist, daß wir uns gegenseitig helfen.» In Gesprächsgruppen erfahren Menschen auch, daß sie trotz ihrer Schwierigkeiten fähig sind, anderen zu helfen. Sybille, 37: «Für mich ist das zum Beispiel ein ungeheurer Erfolg, wenn ich merke, daß ich anderen helfen kann. Daß ich nicht immer nur die Bedürftige bin. Sondern wenn ich selber das Gefühl bekomme, über meine Bedürftigkeit hinaus auch anderen helfen zu können.»

## Weitere Möglichkeiten, für uns zu sorgen

Geistig-seelische und körperliche Übungen können uns helfen, im Alltag mit weniger Angst, größerer Ruhe und Offenheit zu leben. Am besten beginnen wir mit solchen Übungen in einer Zeit, in der wir uns wohl fühlen – also bevor wir in einen Zustand innerer Schwierigkeiten geraten. Ferner ist es auch leichter, in einer Gruppe diese Übungen durchzuführen; die Gemeinschaft der anderen ermutigt uns und verhilft uns zu einer gewissen Regelmäßigkeit. Wir möchten im folgenden auf einige wenige derartige Möglichkeiten eingehen, die wir für uns als sehr hilfreich empfinden:

o *Meditation* kann uns helfen, uns selbst und unsere Umwelt entspannter zu erleben, uns mehr von lästigen Gedanken und Erinnerungen zu befreien, und unsere Beziehung zum Universum zu empfinden. Sie ermöglicht es uns, uns innerlich freier zu fühlen sowie uns und die Umwelt klarer zu sehen. So können wir uns selbst Frieden geben. Meditation führt auch zu körperlicher Entspannung. Viele fühlen sich hinterher erfrischter als nach einem tiefen Schlaf. Meditationsübungen helfen uns, bewußter, entspannter, friedvoller, selbstbestimmter zu leben. [2, 32]

Bei der einfachen Form des Meditierens setzen wir uns auf einen Stuhl oder mit geradem Rücken, eventuell an eine Wand gelehnt, auf den Boden und schließen die Augen. Wir entspannen unsere Muskeln vom Gesicht bis zu den Füßen und werden uns unseres Atmens deutlich bewußt. Wir wenden die innere Aufmerksamkeit nicht unseren Gedanken oder Einfällen zu, sondern wir lassen sie wie Wolken an uns vorbeiziehen. Sie werden uns zwar bewußt, aber wir halten sie nicht fest. Um Gedanken und Einfälle besser loszulassen, können wir etwas sprechen, zum Beispiel bei jedem Aus- und Einatmen die Worte «aus» und «ein» oder einen anderen Laut. Wir können dieses sogenannte Mantra leise vor uns hin sprechen oder gleichsam denken. Die Dauer der Meditation bestimmen wir selbst. Es können also 10 oder 30 Minuten sein oder auch nur drei bis fünf Minuten, etwa im Anschluß an einige Yogaübungen.

Es gibt auch Formen der Meditation, in denen am Anfang die Bewegung des ganzen Körpers steht, danach folgt die äußere und innere Stille; das mag für manche ein einfacherer Zugang sein.

Bei einer weiteren Meditationsform, «rechte Aufmerksamkeit» genannt, werden wir uns unserer Tätigkeit voll bewußt. Ob wir gehen, stehen, sitzen oder liegen, ob wir sprechen oder schweigen, ob wir essen oder trinken, in allen Handlungen achten wir bewußt auf unsere momentane Tätigkeit. Das bedeutet, daß wir ganz in der Gegenwart, im Augenblick leben. Meist weilen nämlich unsere Gedanken irgendwo anders, bei Erinnerungen an die Vergangenheit oder in der Zukunft, bei Problemen oder Sorgen. Dabei leben wir nicht in dem, was wir tun.

Eine andere praktische und nützliche Übung ist das Wahrnehmen des Hier und Jetzt. «Gehe eine Straße hinunter und konzentriere dich nur darauf, was du siehst. Wenn du beginnst, an Probleme und Schwierigkeiten zu denken, die du hast, oder an das, was du nach dieser Übung tun willst, dann lenke deine Aufmerksamkeit zurück auf deine Wahrnehmung. Du wirst feststellen, daß Wahrnehmen eine Hier-und-jetzt-Erfahrung ist. Wenn du dich dann bewegst, ändern sich auch deine Wahrnehmungen. Alles, was in jedem Moment ist, ist die gegenwärtige Wahrnehmung. Du kannst auch bemerken, wie die Farben intensiver werden. Du kannst dies als eine schöne... Erfahrung ansehen, die dich in einer Art entspannter Wachsamkeit beläßt... Nachdem du eine kurze Strecke gegangen bist, bleib stehen, schließe deine Augen und versuche, dir möglichst viel von dem, was du gesehen hast, ins Gedächtnis zurückzurufen.» [46]

Welche Auswirkungen hat das Meditieren auf das Alltagsleben?

Die 41jährige Krebspatientin Irene: «Meist meditiere ich abends von sieben bis halb acht. Das hat sich bei mir so eingespielt, und ich bin dann so auf innere Ruhe eingestellt. Aber es ist für mich kein Dogma. Manchmal mache ich es auch, wenn mir danach zumute ist. Wenn ich mich sehr schlecht fühle, dann seh ich nur zu, daß ich still werde, das hilft mir. Ich spüre, daß das schon sehr wichtig für mich ist, so zur Ruhe und zur Besinnung zu kommen.» – «Ich stehe jetzt morgens früher auf, um vor dem Frühstück noch zwanzig Minuten meditieren zu können. Ich werde hierdurch frei von inneren Hindernissen. Den Tag hindurch kann dann jede einfache Tätigkeit, jede Begegnung mit Menschen zur Meditation werden und zur Möglichkeit, mich intensiv selbst zu erfahren.» – «Ich meditiere öfter mal mit den Schülern, besonders zu Beginn der sechsten Stunde», sagt ein Lehrer. «Neulich sagte der Klaus mitten im Unterricht: ‹Können wir nicht kurz meditieren, ich kann nicht mehr aufpassen?› Wir haben dann drei oder fünf Minuten meditiert, und die Chemiestunde lief für alle besser, auch für mich.»

«Durch die Meditation hat mein Leben einen ganz anderen Wert bekommen», berichtet Heike. «Ich meditiere jetzt seit Jahren, jeden Tag, morgens und abends. Irgendwo bin ich viel gelassener allen Dingen gegenüber. Es ist unglaublich. Es verändert

mich gewaltig. Auch körperlich verändere ich mich, schmeiße
sehr viel Stress raus. Ich fühle mich viel gesünder. Ich merke
auch, wie ich früher so abhängig war, so unselbständig. Diese
Eigenständigkeit, zu sich selbst zu finden und darüber hinaus zu
wachsen, das ist schon phantastisch. Entweder war ich früher
euphorisch oder ganz unten im Tal. Jetzt bin ich viel ausgeglichener. Ich sehe jetzt auch alles von einer anderen Seite aus, bekomme
mehr Einblicke: daß ich nicht nur dieses Leben betrachte, sondern dieses Leben als ein Durchgangsstadium ansehe. Dann bekommt alles einen anderen Wert. Auch was ich jetzt für Aufgaben
habe und was an mich herankommt, das seh ich nicht mehr als
Belastung, sondern als Aufgabe, daran zu wachsen. Ich bin innerlich irgendwie viel ruhiger und gleichzeitig doch sehr wachsam
und hellhörig geworden. Ich nehme die kleineren Dinge noch viel
mehr wahr. Es ist erstaunlich. Ich hab es früher nicht denken
können, daß man auf der einen Seite sensibler werden kann und
gleichzeitig kraftvoller. Mit sensibler meine ich: einfach so in
Dinge eindringen, die einem bisher noch unsichtbar waren. Ich
kann jetzt viele geistige Dinge viel wacher wahrnehmen. Wenn ich
etwa mit jemandem zusammen bin, weiß ich, was er denkt und
fühlt. Ich baue auch Ängste ab. Das, was ich früher als Angst
angesehen habe, ist im Grunde genommen eine Schwäche gewesen. Ich stehe dem Leben anders gegenüber. Man wird stark durch
Meditation, das spüre ich in mir.»

o *Aktives bildliches Vorstellen.* Jeder von uns kann Vorstellungen gleichsam wie Bilder oder Filme vor seinem geistigen Auge
produzieren. Tun wir dies in einem entspannten Zustand, so beeinflussen wir dadurch unser Erleben und Verhalten. Ein Beispiel: Wenn wir uns im hungrigen Zustand deutlich etwas Lecke-
res zu essen bildlich vorstellen, dann spüren wir, wie uns «das
Wasser im Munde zusammenläuft» und wie unser Verhalten und
Erleben stärker darauf ausgerichtet ist, dieses Bedürfnis zu befriedigen. Das gleiche gilt etwa für die bildliche Vorstellung se-

xueller Wünsche. Wir spüren, wie in unserem Körper das Verlangen nach Nähe und erotischen Erlebnissen wächst.

Bildhaftes Vorstellen ist eine Möglichkeit, unser Sein durch unser Bewußtsein zu beeinflussen. Wichtig ist, daß wir uns zunächst entspannen. Dann versetzen wir uns mit Hilfe unserer bildlichen Vorstellungskraft in eine schöne Umgebung. Wir sehen und fühlen zum Beispiel am Strand den warmen Sonnenschein oder rasten auf der Spitze eines Berges mit herrlichem Weitblick. Es ist egal, welches Vorstellungsbild vor unserem inneren Auge entsteht – wichtig ist, daß wir dabei Ruhe und Frieden empfinden. Wir stellen uns die Situation deutlich in allen Einzelheiten vor, die Farben, Geräusche, Gerüche und unsere Empfindungen. Wir sehen uns selbst in dieser Situation. Darin verweilen wir etwa zwei bis fünf Minuten. Diese Übung führt zu einer deutlich spürbaren Entspannung und Beeinflussung seelischer und auch körperlicher Vorgänge.

Eine 43jährige Frau über die Auswirkungen dieser Vorstellungsübungen: «Ich habe heute schon den ganzen Tag über ein Bild in mir, das ich heute morgen in meiner Vorstellungsübung hatte. Ich habe hochstämmige Buchen über mir gespürt und die Sonne, die da durchschien und das Grün noch heller machte. Und dann habe ich die Luft dazu gerochen. Ich ging auf schwingendem Waldboden, und ich fühlte mich ganz wohlig und frei. Dieses Bild war heute unentwegt in mir. Ich fühlte gleichsam ein Schwingen, ich fühlte *mich*.»

Manche Menschen haben Schwierigkeiten, sich bei diesen Übungen zu entspannen. Andere hatten Schwierigkeiten, sich schöne Situationen vorzustellen, sie in ihr Bewußtsein zu bringen. Für einige lagen die schönen und entspannten Situationen, die sie sich vorstellten, schon viele Jahre zurück, bei manchen sogar in ihrer Kindheit. Das ist ein Zeichen dafür, daß diese Menschen in ihrem Alltag seelisch und körperlich zu angespannt sind, daß sie sich zu selten Situationen gönnen, die ihrer körperlichen und seelischen Gesundheit förderlich sind, oder diese

Situationen nicht bewußt leben können. Es ist ein Signal, eine Aufforderung, in dieser Hinsicht etwas für sich zu tun.

o *Gespräche mit Menschen*, die unsere seelische Wirklichkeit verstehen und annehmen können, sind sehr hilfreich. «Ich finde es sehr wichtig, daß ich mich ausspreche, daß ich über meine Schwierigkeiten rede. Denn in schwierigen Situationen bin ich immer wie gelähmt, bin so verkrampft, daß ich überhaupt nichts tun kann. Dann vergrab ich mich so richtig in mir selbst. Aber wenn ich darüber sprechen kann, dann sehe ich klarer. Dann läuft bei mir alles anders, dann sehe ich auch wieder Rosen. Ich bin nicht mehr so blind.» – «Gespräche über mich und meine Erfahrungen fördern die Selbstauseinandersetzung mit mir. Erst wenn ich Gefühle ausgesprochen habe, bin ich in der Lage, mich mit ihnen auseinanderzusetzen und zu erforschen, was dahintersteht. Vorher bin ich einfach ganz von diesen Gefühlen bestimmt, sie verhindern ein Weiterdenken.»

o *Bücher* können uns helfen, das herauszufinden, was für unsere seelische Entwicklung anregend und günstig ist. Sie sind meist dann hilfreich, wenn sie uns persönliche Erfahrungen anderer Menschen vermitteln und wenn sie es uns ermöglichen, uns mit diesen und unseren eigenen Erfahrungen auseinanderzusetzen. Häufig wurden uns Bücher von Elisabeth Kübler-Ross (Erfahrung mit Sterbenden), von Carl Rogers (seelische Entwicklungsmöglichkeiten), Ram Dass (persönliche Entwicklung und Meditation) sowie die Hite-Reports über die sexuellen Erfahrungen von Frauen und Männern genannt. [20, 21, 25, 26, 32, 36, 37, 41] Wie Bücher sich auf Menschen auswirken können, beschreibt eine Lehrerin: «Das Buch hat mir geholfen, zu einer anderen Einstellung meinem Körper gegenüber, zu meiner Krankheit, zu meinem Leben und Sterben gegenüber zu kommen. Ich kann jetzt besser mit mir selbst umgehen. Ich habe mich in dem Buch wiedergefunden, und mir ist klargeworden, wo und wie ich an mir arbeiten kann.»

## Für den Körper sorgen

Wie wir zu unserem Körper stehen und für ihn sorgen, hängt häufig damit zusammen, wie wir seelisch für uns sorgen. Wenn wir uns selbst achten, innere Ruhe und Entspannung finden und seelisch für uns sorgen, so beeinflussen wir damit unsere körperlichen Vorgänge günstig und haben eher die seelische Energie, unserem Körper gegenüber fürsorglich zu sein. Im folgenden haben wir zusammengestellt, wie Menschen lernten, sich in ihren Einstellungen und ihrem Lebensstil so zu wandeln, daß sie besser für ihren Körper sorgten.

### *Den eigenen Körper achten und lieben*

Die Fähigkeit, liebevoll und achtsam mit seinem Körper umzugehen, wurde uns von vielen als wichtig für ihr seelisches und körperliches Wohlbefinden genannt: «Ich mag meinen Körper, und ich fühle, was er braucht. Ich bin sensibler geworden für Körpersignale, z. B. für Ermüdungserscheinungen. Ich kann mir dann Ruhe gönnen oder einfach mal abschalten.»

Wie können wir eine positivere Einstellung zu unserem Körper erlangen? Häufig berichten uns Menschen, daß sie erst aus Krankheiten, Krisen, Schwächen und den Folgen ihrer Fehler lernten. Erst dadurch, daß sie sich körperlich elend fühlten, wurde ihnen klar, was sie ihrem Körper angetan hatten: «Mir ist bewußt geworden, daß ich meinen Körper durch dieses dauernde Gehetze, diese vielen negativen Gefühle und das Übermaß von Essen und Rauchen sehr geschädigt habe.» – «Ich habe jahrelang nichts für meine Gesundheit getan. Obwohl ich Tag für Tag fast acht Stunden lang am Schreibtisch sitze, habe ich mich in der Freizeit zuwenig bewegt, habe meinen Körper sehr vernachlässigt. Mir ist jetzt aufgegangen, wie steif und unbeweglich ich geworden bin.»

Das Gefühl des körperlichen Unwohlseins und die Einsicht, daß wir selbst es sind, die unserem Körper Schaden zufügen, fördert den Wunsch, sich nicht weiter durch solche Vernachlässigungen krank zu machen. «Ich möchte mich wieder in meinem Körper wohl fühlen – daß er mir nicht Schmerzen macht, sondern vielleicht eine Quelle von Freude und Lust ist. Und ich richte jetzt meinen Lebensstil danach aus, ihn nicht zu schädigen, sondern ihm das zu geben, was gut für ihn ist.»

Sich selbst zu bejahen und auf ein gesundes Innenleben bedacht zu sein, hilft Menschen, in eine bessere Beziehung zu ihrem Körper zu kommen und für ihn zu sorgen. Eine Ärztin: «Jeder von uns wirkt auf seine körperliche Gesundheit ein durch die Art, wie er seelisch mit sich lebt. Unser Gefühlsleben beeinflußt über das hormonale System Vorgänge unseres Körpers, die Funktion von Organen, unser Immunsystem. Unser Magen, unsere Leber, unser Herz und alle wichtigen körperlichen Organe funktionieren besser, wenn wir uns selbst annehmen und wenn wir in einem entspannten Zustand sind.»

Auch in dieser Hinsicht können sich einfühlsame Gruppengespräche günstig auswirken. So stellten über 50 Prozent der Teilnehmer einige Wochen nach Beendigung der Gruppengespräche positive Veränderungen in ihrem körperlichen Befinden fest. Ungefähr 60 Prozent der Teilnehmer mit psychosomatischen Störungen fühlten sich anschließend besser, ihre Beeinträchtigungen waren deutlich geringer geworden. [54, 65] Eine Teilnehmerin: «Die angenehme Erfahrung der inneren Ruhe, körperlich locker und entspannt sein zu können, das war ein wichtiges Erlebnis für mich in der Gruppe – zu merken, daß es möglich ist, die Verkrampfungen, die ich oft spüre, selbst auflösen zu können. Sie tauchen oft auf, wenn ich meine Gefühle nicht so akzeptiere, wie sie sind.»

Auch ein einfühlsamer Partner kann eine große Hilfe bei dem Bemühen sein, in eine liebevolle, sorgsame Beziehung zum Körper zu kommen: «Für mich ist es so, daß meine Frau mir mit ihrer Bejahung des Körpers geholfen hat, auch *meinen* Körper zu bejahen – während früher in meiner Familie das Körperliche als etwas Unanständiges und Anstößiges galt», berichtet Jakob.

Viele können mit Kindern in einen unbefangeneren körperlichen Kontakt kommen. Sie zu streicheln, auf den Arm zu nehmen, zu tragen oder den Arm um sie zu legen, mit ihnen auf dem Boden der Wohnstube zu liegen und zu spielen, fällt ihnen leichter als Erwachsene zärtlich zu berühren und hilft ihnen, ihren Körper zu bejahen: «Wir, die Kinder, meine Frau und ich, haben eine sehr körpernahe Beziehung, kuscheln viel. Das ist sehr schön und frei, und ich muß sagen: Ohne Körperlichkeit könnte ich nicht leben.»

## *Körpersignale wahrnehmen*

Die Empfindungen und Reaktionen des Körpers wahrzunehmen, ist wichtig bei unserem Bemühen, für unseren Körper zu sorgen. Wir können Spannungen und Verkrampfungen spüren, Müdigkeit, Unruhe oder den Bewegungsdrang unseres Körpers, den Hunger nach etwas Bestimmtem oder die Sättigung. Wir können herausfinden, was unser Körper mag, wie uns bestimmte Nahrungsmittel bekommen und andere nicht: «Ich lerne einfach, die Zeichen meines Körpers viel deutlicher und aufmerksamer wahrzunehmen als früher und ihnen eine Bedeutung zu geben.»

Körperempfindungen überhaupt zu spüren ist für manche zunächst schwer. Manche beginnen im Urlaub damit, dies zu lernen, wenn sie Ruhe und Zeit dazu haben: «Im Sommer, wenn ich draußen in der Natur bin, dann schmeiße ich mich auf die Wiese oder nehme den Baum in den Arm oder irgend etwas. Dann bekomme ich wieder ein Gefühl für meinen Körper.»

Häufig spüren Menschen zuerst unangenehme Empfindungen, wenn sie ihren Körper lange vernachlässigt haben und nun

auf seine Signale zu achten beginnen. «Mein Körper fühlt sich
gespannt an. Mein Rücken schmerzt mich, und in meinem Nak-
ken ist alles hart. Meine Brust- und Bauchmuskeln fühlen sich an
wie gespannte Drahtseile. Und mein Atem ist irgendwie schwer,
so wie schwere Arbeit. In meinem Kopf fühle ich nicht direkt
Schmerzen, aber so etwas wie Verwirrung, Leere und Fülle zugleich.» Diese Äußerung eines jungen Mannes mag zunächst er-
schreckend wirken. Daß er sich dieser Spannungen bewußt
wird, ist jedoch ein Schritt auf dem Weg, für seinen Körper besser zu sorgen. «Ich habe oft die leisen Botschaften meines Körpers nicht gehört und mich bemüht, die Kopf- und Magenschmerzen zu überhören. Sie sagten mir eigentlich: Jetzt ist genug, mach Pause, hör auf zu arbeiten, entspanne dich. Erst als
ich dann eine Gastritis hatte, war ich gezwungen, mich mehr um
mich selbst zu kümmern, mich wirklich zu entspannen. Durch
eine Bewegungstherapie habe ich dann gelernt, daß mein Körper
und meine Seele zusammenhängen und daß ich nicht einen Teil,
den Körper oder die Seele, vernachlässigen darf, ohne daß der
andere Teil leidet.»

Manche empfinden es als hilfreich, wenn sie sich einmal oder
mehrere Male am Tag einige Minuten lang in die Stille zurückziehen und in sich hineinzuhorchen versuchen. Zur besseren Kon-
zentration können wir hierbei die Augen schließen. Dann fragen
wir uns, wie wir uns fühlen: gut, schlecht, gesund, kränklich.
Wir können uns weiter fragen, wie wir unsere Füße, Beine, den
Bauch, Rücken, Schultern, Arme, Gesicht und Augen fühlen
und was wir beim Spüren des jeweiligen Körperteils empfinden:
«Diese Übung steigert auch häufig die Vorgänge in meinem Körper. Ich erlebe seitdem mehr und viel genauer meine Gefühlswelt. Ich habe eine Möglichkeit gefunden, in mich hineinzuhorchen. Ich bin körperlichen Erscheinungen wie Verspannungen
gegenüber wesentlich aufmerksamer geworden und habe gelernt, sie als körperlichen Ausdruck meiner Gefühle anzusehen.»

*Wir lassen uns von unseren Körpersignalen leiten*

Wenn wir die Verspannungen und ungünstigen Empfindungen im Körper wahrnehmen, können wir uns damit auseinandersetzen und zu erforschen suchen, womit sie zusammenhängen, woher sie kommen, worauf sie hinweisen. Wir nehmen das Unbehagen und die Krankheitsanzeichen in unserem Körper nicht als etwas «Schicksalhaftes» hin, das von außen kommt und dem wir wehrlos ausgeliefert sind. Wir fragen uns: Mit welchen Erlebnissen und Erfahrungen hängen sie zusammen? Ist es meine Unruhe und Ängstlichkeit? Habe ich etwas gegessen, was ich nicht vertrage? Habe ich zuviel gegessen? Hängt es mit dem Rauchen oder Trinken zusammen? Habe ich etwas getan, was mir nicht bekommen ist? So befragen wir Teile unseres Lebensstils, ob sie mit den unangenehmen Körperempfindungen zusammenhängen. «Seit einigen Wochen merke ich jetzt in manchen Situationen, wie mein Rücken schmerzt. Und ich stelle mir jetzt Fragen, und ich lerne daraus: Was sind das für Situationen, in denen oder nach denen diese Schmerzen auftreten? Was tue ich in diesen Situationen? Und was kann ich tun? Manche kann ich vermeiden. Aber in anderen – warum gerate ich da in Spannung? Und allmählich lerne ich, auf mich selbst, auf meine Spannungen zu achten. Und ich merke oft, daß ich in unnötiger Spannung bin, beim Essen, beim Schreiben, beim Zuhören. Ich merke es an meinen Händen, an meinen Schultern, an den Muskeln meines Gesichts. Und allmählich lerne ich, mich entspannter zu verhalten und mehr in meinen Körper zu horchen. Aber das dauert natürlich lange; ich falle oft zurück; aber ich mache auch Fortschritte. Irgendwie ahne ich, daß alles mit meiner Lebensweise zusammenhängt und daß ich da etwas ändern werde.»

Bei dieser Selbstauseinandersetzung mit unseren Körperempfindungen können wir auch herausfinden, ob unsere körperlichen Schmerzen mit unserem seelischen Befinden in Zusammenhang stehen. Wir werden vielleicht feststellen, daß bei uns zum Beispiel Muskelverspannungen, ein verkrampfter Magen oder Durchfall auftreten, wenn wir uns heftig geärgert haben, Angst spüren oder uns bedroht fühlen.

Es gehört oft etwas detektivisches Gespür dazu herauszufinden, womit bestimmte Beeinträchtigungen zusammenhängen. Migräneartige Kopfschmerzen zum Beispiel sind bei manchen eine Folge des Verzehrs bestimmter Nahrungsmittel, etwa Orangen oder Schokolade. Durch intensives Nachforschen und Erspüren können wir solche Zusammenhänge aufdecken. Andere Menschen sind fähig, ihr Bedürfnis nach bestimmten Nahrungsmitteln zu spüren, die Mangelerscheinungen im Körper ausgleichen können. Wir sind sehr beeindruckt von Experimenten mit Tieren, die ergaben, daß diese bei natürlichem oder künstlich herbeigeführtem Mangel an Vitaminen oder Nährstoffen bestimmte Nahrungsmittel suchen, die diesen Mangel beheben. Wenn wir feinfühlig auf die Körpersignale achten, können wir diese Selbstregulationskräfte unseres Organismus, seine Selbstheilungstendenzen nutzen.

Manche Menschen berichteten uns, daß ihnen ihr Körper gleichsam Hinweise darauf gab, was sie tun mußten, um sich seelisch wohler zu fühlen. «Wenn ich anfange, depressiv zu werden», sagt Siegbert, 27, «dann fange ich komischerweise an, im Zimmer auf- und abzugehen. Ich mache es dann auf Strümpfen oder barfuß, weil ich Bodenkontakt suche. Irgendwie spüre ich: Ich brauche Bewegung, die tut mir gut. Häufig mache ich dann Spaziergänge, oder ich laufe.»

Bei der Klärung unserer Körperempfindungen und möglicher Zusammenhänge mit unserem Lebensstil können uns Bücher über körperliche und seelische Vorgänge und Erfahrungen anderer helfen. Sie können dann hilfreich für uns sein, wenn wir die Erkenntnisse anderer nicht starr auf uns anzuwenden suchen, sondern uns fragen, ob diese Erfahrungen anderer auch für uns zutreffen. So können wir sie als Hinweise und Anregungen bei der Erforschung dessen nutzen, was für uns schädigend oder förderlich ist.

Wir können auch zunehmend lernen, Hilfen für unseren Körper kreativ zu entwickeln und besser mit uns umzugehen. Wir können zum Beispiel Einschlafstörungen durch einen Spaziergang oder einen kurzen Lauf vor dem Zu-Bett-Gehen vermindern. Oder wir lernen, uns vor dem Einschlafen etwas Schönes vorzustellen, uns zu entspannen, auf unseren Atem zu hören: «Mir ist klargeworden, wie meine Gedanken Einfluß auf mein körperliches Fühlen nehmen, zum Beispiel beim Einschlafen. Ich bemühe mich jetzt, daß ich nicht an das denke, was ich noch alles tun muß, sondern daß ich an etwas Ruhiges denke.» Andere machen die Erfahrung, daß es für sie besser ist, irgend etwas Angenehmes zu tun, anstatt schlaflos im Bett zu liegen – ein Buch zu lesen, einen Brief zu schreiben, die Zimmerpflanzen zu gießen oder sich ein Fotoalbum anzusehen.

Gewiß ist es meist ein langer Weg, ehe wir in der Lage sind, diese Einsichten, wie wir unseren Körper fördern und Schädigungen von ihm abwenden können, auch in unserem täglichen Verhalten zu berücksichtigen. Es ist wichtig, daß wir die Sorge um unseren Körper nicht allein den Ärzten und den von ihnen verschriebenen Medikamenten überlassen. Die Einstellung «Die Ärzte werden meinen Körper schon wieder reparieren», was immer wir ihm auch angetan haben, steht im Widerspruch zum aktiven Sorgen für unseren Körper. Und ein weiterer Aspekt: Dieses aktive Sorgen kostet meist wenig Geld. Häufig werden wir sogar noch Geld sparen, wenn wir mäßiger essen, nicht rauchen, keinen Alkohol trinken, keine Süßigkeiten zu uns nehmen.

Menschen, die die Signale ihres Körpers wahrnehmen und beachten, lernen zunehmend, Anspannungen und Überbelastungen zu vermeiden: «Ich lebe jetzt insgesamt gesundheitsbewußter und bin ruhiger und entspannter geworden. Ich treibe mehr Sport, esse gezielter und freue mich intensiver an der Natur. Ich atme ruhiger. Meine Muskulatur ist nicht mehr so verkrampft. Meine Verdauung funktioniert ohne Nachhilfe», berichtet eine 37jährige Frau. «Ich habe meine Ernährung in den letzten drei Jahren umgestellt», sagt ein Mann, 60; «ich esse keine Süßigkeiten mehr, keinen Zucker, kaum noch Fleisch, aber viel Obst, geschrotetes Korn, Gemüsesäfte, Naturreis. Ich tue es nicht so sehr aus Angst vor Krankheit; ich fühle mich einfach wohler.»

## Hilfreiche Übungen für unseren Körper

Wir möchten auf einige Übungen und Aktivitäten eingehen, die häufig von Menschen als hilfreich erfahren werden: Bewegungstraining, Hatha-Yoga, Atemübungen und Entspannung. Es ist wichtig, daß wir mit derartigen Aktivitäten möglichst beginnen, wenn wir uns körperlich und seelisch wohl fühlen. So wird uns das körperliche Training zu einer Gewohnheit. Wir werden dadurch fähig, diese Aktivitäten auch in körperlich und seelisch ungünstigen Zeiten durchzuhalten.

o *Bewegung und sportliches Training* sind für die körperliche und seelische Gesundheit vor allem jener Menschen bedeutsam, die ihre berufliche Arbeit im Sitzen ausführen oder starken seelischen Belastungen ausgesetzt sind. Die förderlichen Auswirkungen wurden in vielen Untersuchungen nachgewiesen. So wurde zum Beispiel mit Erwachsenen in einer Rehabilitationsklinik vier Wochen lang täglich ein einstündiges körperliches Trainingsprogramm durchgeführt. Nach dieser Zeit waren die Teilnehmer körperlich leistungsfähiger und hatten ein günstigeres seelisches Selbstbild. Im Vergleich zu Personen, die nicht an dem Trainingsprogramm teilnahmen, akzeptierten sie sich mehr, hatten eine positivere Einstellung zu ihrem Körper und waren gefühlsmäßig und sozial lebensfähiger. [53] Auch bei Jugendlichen wurden solche günstigen Auswirkungen festgestellt:

Schüler des siebten Schuljahres mit geringer Selbstachtung hatten nach einem viermonatigen sportlichen Trainingsprogramm, insbesondere einem Lauftraining, neben besseren Herz-Kreislauf-Werten ein positiveres Bild von sich und mehr Selbstachtung als Jugendliche, die nicht an einem solchen Sportprogramm teilnahmen. [53]

Einige Äußerungen zu den Auswirkungen von Bewegungsübungen: «Mir fällt immer wieder auf, wie gut mir Bewegung tut. Ich fühle auch, daß mir die Körpertätigkeit mehr Sicherheit gibt.» – «Wenn ich Sport treibe, stehe ich zu mir selbst ganz anders. Dann steigt gleichsam auch meine innere Willenskraft.» – «Seit sechs Wochen bin ich jeden Tag im Schwimmbad und schwimme mindestens eine halbe Stunde. Ich werde auch immer schneller. Und seitdem habe ich richtig das Gefühl: Ich bin stark, körperlich stark. Und ich habe festgestellt: Das hilft mir, das ist so ein Gegengewicht gegen meine seelischen Stimmungen.»

Vielen Menschen fällt die regelmäßige Bewegung leichter, wenn sie diese mit ihrem Partner, einem Freund oder in einer Gruppe durchführen: «Zusammen mit zwei Freundinnen kämpfe ich gegen Übergewicht und Alkohol», berichtet eine Frau, 55; «wir treffen uns regelmäßig zum Sport und besprechen auch unsere Schwierigkeiten miteinander. Das Aussprechen darüber, warum uns körperliche Bewegung manchmal schwerfällt, aber auch, welche Freude wir dabei finden, halten wir für wichtig.»

o *Ein Dauerlauf* von 10 bis 30 Minuten, täglich oder einige Male in der Woche, wird von vielen Menschen unterschiedlichen Alters als sehr förderlich für ihre körperliche und seelische Gesundheit erlebt. Eine 81jährige Teilnehmerin eines New Yorker Stadt-Marathons, die erst im Alter von 72 ihre Vorliebe für das Laufen entdeckte, berichtet: «Bewege ich mich kaum, dann spüre ich mein Alter. Dann sticht es mich da und dort. Aber beim Laufen, da ist alles wie weggeblasen!» [14] Daniela, 21: «Wenn ich mich nicht gut fühle und dann laufe, dann spüre ich, daß ich wieder Kraft in mir habe. Dann fühle ich mich gut. Ich komme wieder in besseren Kontakt zu mir.» Laufen wir regelmäßig, verringert sich vor allem auf Grund der stärkeren Durchblutung und Entspannung, die wir hinterher spüren, unsere Anfälligkeit für Krankheiten; wir werden körperlich leistungsfähiger. So waren nach Untersuchungen an der Universität von Florida Männer im Alter von 35 bis 55 Jahren, die regelmäßig liefen, im allgemeinen gesünder und leistungsfähiger als untrainierte junge Leute. Meßbare Veränderungen waren schon nach sechs Wochen Training feststellbar. Laufen scheint den körperlichen Alternsprozeß zu verlangsamen. [13]

Die seelischen Auswirkungen des Laufens halten wir für mindestens ebenso bedeutsam wie die körperlichen. Laufen fördert die seelische Ausgeglichenheit, steigert seelisches und körperliches Wohlbefinden, das Selbstgefühl und die Lebensfreude. [63] «Wenn ich laufe, wenn ich meine Bewegung und den Atem spüre und mich darauf konzentriere, dann kommt Lebendigkeit in mich», sagt ein 44jähriger, der gerade eine psychische Erkrankung überwunden hat. Er fährt fort: «Ich habe noch eine Menge Ängste, und die spüre ich häufig bis in den Rücken hinein. Aber durch dieses Laufen geht meine Lähmung, Einengung und Fesselung über in Bewegung, Offenheit und Entwicklung.»

Auch in mehreren Untersuchungen ergab sich, daß Laufen bei Patienten mit Depressionen und anderen seelischen Beeinträchtigungen zu günstigen Änderungen führt. Denn gerade sie neigen häufig dazu, sich passiv zu verhalten und wenig zu bewegen. Sie «verkriechen» sich leicht in sich selbst. Laufen führt auch bei ihnen zu günstigen Körpergefühlen, zu einer Steigerung des Lebensgefühls. Clara, 37: «Wenn ich in so eine depressive Phase rutsche, dann renne ich immer einmal von meinem Block aus um den Park. Ich atme dann wirklich durch und hab das Gefühl, daß ich alles Negative rausschnaufe. Der ganze Kopf ist irgendwie durchlüftet. Ich kann dann gar nicht mehr an anderes denken. Ich finde, das ist ein hilfreiches Mittel. Das ist einfach besser, als

Pillen zu schlucken.» – «Ich kann's zu jeder Tages- und Nacht-
zeit machen. Wenn ich mich nachts fürchte rauszugehen, dann
gehe ich auf den Balkon und renne auf dem Stand. Da atme ich
auch und komme außer Atem. Es gibt mir ein Stück Freiheit. Ich
bin so glücklich, daß ich das als Möglichkeit entdeckt habe.»

o *Körpertherapeutische Übungen* wie Hatha-Yoga oder Atemtherapie sind weitere Möglichkeiten, für sich zu sorgen. Sie führen meist zu einer deutlichen Verbesserung des Lebensgefühls
und der Gesundheit, auch bei Menschen mit körperlichen und
seelischen Beeinträchtigungen. Viele Volkshochschulen bieten
Kurse dazu an.

*Hatha-Yoga* ist nicht – wie manche zunächst annehmen – ein
körperliches Leistungstraining oder Einüben akrobatischer
Körperstellungen. Vielmehr handelt es sich um sanfte, lang-
same, fast meditative Übungen mit dem Körper. [28] Diese führen zu größerer körperlicher Entspannung, besserer Durchblutung, zu einer erhöhten Funktionsfähigkeit des gesamten
Organismus, zu einer intensiven gefühlsmäßigen Erfahrung des
eigenen Körpers und zu deutlicher seelischer Entspannung. «Da
meine Ängste mit starken Verspannungen verbunden sind, fing
ich an, regelmäßig morgens und abends Yoga, Tiefatmungs- und
Entspannungsübungen zu machen», berichtet eine Frau.
«Durch diese Übungen erhöhte sich meine Körperwahrneh-
mung, so daß ich immer häufiger merke, wenn ich anfange, mich
zu verkrampfen. Und ich kann mich jetzt häufig entspannen,
bevor die Schmerzen kommen.»

*Atemtherapeutische Übungen* führen zu einer Vertiefung der
Atmung, die häufig durch seelische Spannungen und Ängste
flach und eingeengt wurde, zu einer besseren Durchblutung und
zu größerem Wohlbefinden: «Nach der Atemtherapie fühle ich
mich mehr in Kontakt mit meinem Atem. Ich lebe bewußter. Ich
spüre mich kraftvoller und lebendiger.»

*Entspannungsübungen*, zum Beispiel Autogenes Training,

werden von vielen Menschen als sehr hilfreich erfahren. Auch Ärzte erkennen zunehmend den Wert von Entspannungsverfahren und verordnen sie etwa bei psychosomatischen Beschwerden. Entscheidend ist die Entspannung der Muskulatur. Dies führt körperlich zu besserer Durchblutung, z. B. der Hals-Schulter-Region; seelisch führt sie zu größerer innerer Ruhe und vermehrtem Wohlgefühl. Nach notfalls nur einigen Kursstunden können wir allein üben, etwa unterstützt durch eine Tonkassette oder ein gutes Anleitungsbuch.

Die Übungen können kombiniert werden mit dem Vorstellen von angenehmen Erfahrungen – was wir auf S. 172 f und 189 dargestellt haben.

### Erkrankte sorgen für sich

Fühlen wir uns krank, so braucht unser Körper ein besonders einfühlendes und achtsames Sorgen, nicht nur von medizinischen Helfern, sondern von uns selbst. Bei einer Erkrankung ist es wichtig, daß wir die Signale unseres Körpers hören und beachten, uns angemessen ernähren, entspannen und förderliche Übungen machen.

Anne-Marie, zwei Jahre nach ihrer Krebsdiagnose: «Im Laufe von Monaten lernte ich, die Signale meines Körpers zu hören, und machte die Erfahrung, daß eine unglaubliche Weisheit in ihm steckt. Er teilte mir durch die Signale mit, wann er sich überlastet fühlte, was er wirklich brauchte, wonach er sich sehnte, wann er sich wohl fühlte. Die Vorstellung, daß ich einen kranken Körper hatte, der in Unordnung geraten war, verblaßte immer mehr angesichts der Erfahrung, daß er mir sinnvolle, ‹weise› Zeichen gab, damit ich meine geistigen und seelischen Aktivitäten auf seine Bedürfnisse abstimmte, so daß Körper, Seele und Geist im Einklang miteinander leben konnten. Ich lernte, meinen Körper zu hören, ihn zu verstehen, offen für seine Regungen zu sein und für ihn zu sorgen. Ich genieße es jetzt eigentlich auch, soviel Rücksicht auf meinen Körper nehmen zu müssen.»

Auch das Sorgen für unser *seelisches* Wohlergehen ist bei Erkrankungen besonders wichtig:

Eine anhaltende schwere Erkrankung ist ein sehr belastendes persönliches Erlebnis und beeinträchtigt unser Leben erheblich. Entscheidend ist, daß wir uns mit der Krankheit auseinandersetzen und trotz der Bedrohung wieder eine positive Einstellung zu uns und unserem Körper bekommen.

Wenn wir seelisch gut für uns sorgen, so wirkt sich dies förderlich auf körperliche Funktionen aus, so daß der Körper eher mit der Krankheit fertig werden kann.

Anne-Marie hat dieses einfühlsame Sorgen für den Körper in ihrem Buch ‹*Gespräche gegen die Angst*› dargestellt. Dieses Buch trägt den Untertitel «Krankheit – Ein Weg zum Leben». Es zeigt, daß Menschen durch ihre Krankheit – hier vor allem Krebs – lernen, intensiver und reicher zu leben, anstatt gegen sie anzukämpfen und voller Angst zu sein. Anne-Marie: «Irgendwo habe ich mich damit sehr ausgesöhnt, daß ich jetzt ein anderes Leben führen muß. Ich akzeptiere es und finde auch viele Schönheiten darin. Gestern sagte ich zu Reinhard: ‹Ich weiß gar nicht, wann haben wir je so viele schöne Sommertage gehabt?› Mir ist klargeworden, daß wir sonst immer nur auf dem Tennisplatz waren oder daß ich sonnabends und sonntags mit der Mannschaft unterwegs war und er mitunter auch. Zu den schönen gemeinsamen Stunden kommen wir im Grunde genommen erst jetzt. Und ich bin erstaunt, wie ich mit dem wenigen, was ich jetzt körperlich noch kann, trotzdem noch gut existieren kann. Das ist eine sehr bedeutsame Erfahrung. Ich lerne, meinen Körper noch mehr zu achten für das wenige, was er noch kann. Und daß er mir dadurch auch Bereiche erschlossen hat, die mir bis dahin noch nicht zugänglich waren.» So können wir Wege finden, trotz schwerer körperlicher Beeinträchtigungen befriedigend zu leben.

In den letzten Jahren sind die günstigen Einflüsse seelischer Vorgänge auf den Körper mehr in das Blickfeld von Wissenschaftlern gerückt. Gerade für den Erkrankten ergeben sich aus diesen neuen Erkenntnissen Möglichkeiten, aktiv an seiner Gesundung mitzuwirken.

Aus ihrem Alltag teilten uns Menschen etwa folgende Erfahrungen mit: Die vollständige *Entspannung* ist eine hilfreiche Möglichkeit, mit Schmerzen umzugehen. Gewöhnlich führen Schmerzen zu einer starken Anspannung, zu Muskelkontraktionen, zu einer Abwehr und Unterdrückung des Schmerzerlebens. Wenn es uns jedoch gelingt, uns zu entspannen, nicht gegen die Schmerzen zu kämpfen, sondern gleichsam in sie hineinzugehen, dann verspüren wir meist eine deutliche Linderung. Anne-Marie berichtet, wie ihr die Entspannung, das «Loslassen» ihres Körpers, während der operativen Entfernung von Krebsknoten an ihrem Hals half: «Ich habe vor der Operation eine halbe Stunde Meditationsmusik gehört und mir dann gesagt: So, Anne-Marie, versuch doch mal eine außerkörperliche Erfahrung zu machen. Du hast Vertrauen zu den Ärzten und überantwortest ihnen deinen Körper. Zwar hatte ich nun nicht gerade eine außerkörperliche Erfahrung, aber ich konnte während dieser zwei Stunden lokaler Anästhesie ein Stück weit von meinem Körper gefühlsmäßig abrücken. Und sie brauchten kein Betäubungsmittel nachzuspritzen. Ich hab da völlig ruhig und entspannt gelegen, ganz in mir zentriert. Ich hab auch wirklich kaum etwas gespürt, weil ich eben sehr entspannt und mir selbst sehr nahe war.»

Eine andere Möglichkeit ist das *Sprechen mit dem erkrankten Körperteil*: «Wenn ich Schmerzen im Kniegelenk habe, etwa beim Laufen, dann rede ich ihm gut zu, besänftige es, versetze mich mehr in es hinein. Manchmal mache ich auch einige Versprechungen für die Zukunft. Ich bekomme auch manchmal Rückmeldung von meinem Knie, daß ich es zu sehr beansprucht habe, zu unvorsichtig mit ihm umgegangen bin. Das ganz Erstaunliche für mich als Naturwissenschaftler ist, daß die Schmerzen sich dann fast immer mindern, ja daß sie manchmal sogar vollständig verschwinden.»

*Bildhafte Vorstellungen im entspannten Zustand* sehen wir auf Grund von Untersuchungen und eigenen Erfahrungen als eine wichtige Möglichkeit an, körperliche Vorgänge durch seelische Kräfte zu beeinflussen.

Wir können uns im entspannten Zustand das erkrankte Organ, die körperlichen Gesundungsvorgänge und Abwehrfunktionen in vielen Einzelheiten bildlich vorstellen – zum Beispiel weiße Blutkörperchen, die eingedrungene Viren angreifen. Wenn jemand zum Beispiel an Arthritis leidet, stellt er sich im entspannten Zustand konkret sein Gelenk vor, etwa mit kleinen Körnern, die die Schmerzen verursachen. Dann stellt er sich bildlich vor, wie seine weißen Blutkörperchen die Schlacken und Körner abtransportieren und wie die Gelenkoberfläche sauber und glatt wird.

Leidet jemand an einem Magengeschwür, so stellt er sich dieses als eine offene Wunde an der Innenwand seines Magens vor. Dann entwirft er ein Vorstellungsbild vom Heilungsvorgang: Ein Heilmittel bedeckt die Wunde, neutralisiert die überschüssige Säure und besänftigt das Geschwür; normale Zellen beginnen in der Wunde zu wachsen und schließen sie allmählich, bis die Magenwände schließlich wieder rosa und gesund aussehen. [47]

Folgende Auswirkungen haben solche zusätzlich zur medizinischen Behandlung durchgeführten Vorstellungsübungen im entspannten Zustand:

o Die Angst vieler Patienten vor ihrer Erkrankung vermindert sich. Sie können ihre Erkrankung eher akzeptieren.

o Sie gewinnen ein günstigeres positiveres Bild von ihrem erkrankten Körperteil. Dieses positivere Bild scheint sehr bedeutsam zu sein für körperliche und seelische Gesundungsvorgänge.

o Die Personen haben das Gefühl, aktiv etwas für ihre Gesundung tun zu können. Die Übungen führen auch zu einem vermehrten Sorgen für den Körper.

o Die Übungen führen zu einer erheblichen seelischen Entspannung.

o Die Übungen bewirken eine körperliche Entspannung und bessere Durchblutung. «Nach diesen Übungen habe ich gemerkt – und ich bin geradezu froh darüber –, daß sich mein Magen sehr gut entspannte. Als ich anfangs versuchte, zur Ruhe zu kommen und mir das vorzustellen, ist mir das schlecht gelungen. Aber ich habe dann doch gemerkt, daß sich mein Magen beruhigt hatte und daß ich auf einmal auch wieder essen konnte.»

Anne-Marie: «Ich habe deutlich erfahren, daß ich mich durch diese Übungen mit mir selbst und meiner Krankheit wieder wohler fühle. Ich hatte das Gefühl, im Krankheitsgeschehen eine aktive Rolle spielen zu können, und fühlte mich der Krankheit nicht mehr so ausgeliefert.»

So sorgen wir angemessener für unseren Körper, wenn wir uns nicht nur auf die Behandlung medizinischer Helfer, auf Medikamente und auf Operationen oder andere physikalische Anwendungen beschränken. Und: Gesundheit ist nicht nur die Abwesenheit von Krankheit, sondern ein körperliches und seelisches Sich-wohl-Fühlen.

# Die Erlebniswelt anderer verstehen

Viele Menschen begegnen sich, ohne die seelische Erlebniswelt des anderen zur Kenntnis zu nehmen und sie in ihren Handlungen zu berücksichtigen. Oft sind sie sich nicht einmal der offensichtlichsten Gefühle des anderen bewußt. Sie bewerten und beurteilen ihn und versuchen, ihn ihren Bedürfnissen entsprechend zu lenken. Dadurch werden ihre Handlungen wenig angemessen. So machen viele die Erfahrung: «Der andere versteht zwar meine Worte, aber nicht, wie ich mich fühle.»

Wenn wir uns mit unserem Verhalten ehrlich auseinandersetzen, werden wir feststellen, daß auch wir uns oft zuwenig in andere einfühlen, sie in ihrem seelischen Erleben wenig verstehen. «Wir alle glauben zu wissen, wie man zuhört», sagt ein Fernsehmoderator; «wir glauben, daß wir wirklich zuhören, und schließlich stellen wir fest, daß wir es überhaupt nicht tun.»

Die Schwierigkeit, aufeinander einzugehen, zeigt der folgende Ausschnitt aus einem Gespräch in einer gefilmten Paar-Gruppe:

Heinz, 35: «Das verstehe ich unter einem Gespräch: daß man sich hört. Aber meist ist es so, daß wir uns gegenseitig gar nicht genug hören. Wir sind zu sehr immer bei uns. Und wenn dann der andere anfängt, dann hören wir ihn nicht.»

Maria, Heinz' Frau: «Bei dir wurde alles sofort ins Lächerliche gezogen oder durch Witze überspielt. Bei dir konnte ich mich nicht aussprechen.»

Heinz: «Ich glaube, ich habe Maria nie verstanden – was *sie* wollte.» [58]

Auch Menschen in sozialen Berufen ignorieren oft das gefühlsmäßige Erleben, die Sorgen und Ängste der Hilfesuchenden, denen sie tagtäglich begegnen. Eine junge Krankenschwester: «Bei einer Patientin habe ich einen ganz schönen ‹Murks›
gemacht. Ich habe sie mit meinen Erwartungen, Hoffnungen
und Wünschen überschüttet beziehungsweise verschüttet und
lange nicht gemerkt, wie ich sie dadurch zu einem ‹Objekt›
machte.» Ein Arzt: «Die Kollegen, die sich die Zeit nehmen,
über den ‹Fall› hinaus die Person und das Leben der behandelten
Menschen vor sich zu sehen, sind oft noch Außenseiter. Und
Ärzte, die das Seelische ihrer Patienten verstehen, ja, die sind
selten.»

Auch manche Lehrer bemühen sich wenig zu verstehen, was
ihre Schüler fühlen, was die Erfahrungen im Klassenraum für die
einzelnen bedeuten: «Der Lehrer macht seinen Unterricht so, als
gebe es uns nicht; ohne daß er sich irgendwie vorstellt, welche
Schwierigkeiten wir haben und wie es uns geht», sagt ein 16jähri-
ger. [35, 54]


*Was geht in Menschen vor, die sich nicht verstanden fühlen?*

Sie fühlen sich ohne Unterstützung allein gelassen und verletzt.
«Wenn ich mich auf das Wagnis, das Risiko einlasse, einem anderen Menschen etwas sehr Persönliches mitzuteilen, und er es
nicht aufnimmt und nicht versteht, dann ist das ein sehr enttäu-
schendes, ein Gefühl der Einsamkeit hervorrufendes Erlebnis.
Und wenn diese Mitteilung durch Bewertungen, Beschwichti-
gungen oder Sinnentstellung beantwortet wird, dann durch-
zuckt es mich sehr heftig: ‹Ach, was soll's!› In solchen Momenten weiß ich, was es heißt, allein zu sein.» [37] Menschen ziehen
sich mehr in sich zurück und verschließen sich.

In der Partnerschaft ist ein geringes oder fehlendes Verständnis deutlich beeinträchtigend. Eine Ehefrau: «Was ich in meiner

Partnerschaft als belastend erlebe, ist das Gefühl, daß mein Partner nicht auf mich eingeht, daß ich mich nicht verstanden weiß.
Und so spreche ich schon vieles gar nicht mehr aus, auch nicht
meine Sorgen.» Personen, die sich von ihrem Partner in ihren
Gefühlen meist nicht verstanden fühlten, waren überwiegend
unzufrieden mit ihrer Partnerschaft. [11]

Ferner ergab sich in Untersuchungen: Schüler verschiedener
Schulklassen, die sich von ihren Lehrern in ihrer seelischen
Wirklichkeit nicht verstanden fühlten, lernten fachlich und persönlich weniger als Schüler von deutlich einfühlsamen Lehrern,
die in der Lage waren, auf sie einzugehen. [1, 35, 53] Bei Klienten, die sich von ihren psychotherapeutischen Helfern in ihren
gefühlsmäßigen Erlebnissen und Schwierigkeiten nicht verstanden fühlten, verringerten sich die seelischen Beeinträchtigungen
nicht oder nur geringfügig. [45, 54, 65]

### Warum fällt es uns schwer, uns in den anderen einzufühlen?

o Viele von uns waren nicht oder nur selten über einen längeren
Zeitraum mit Menschen zusammen, die die Fähigkeit hatten, andere in ihrer seelischen Welt tief zu verstehen. Wir haben zuwenig miterlebt, daß Menschen einfühlsam aufeinander eingingen.
Wir lernten zuwenig ein verständnisvolles Miteinander-Umge-
hen. Wir haben eher gelernt, Menschen Ratschläge zu geben und
sie in irgendeine Richtung zu lenken, die uns gut scheint, statt sie
in ihrer Erlebniswelt zu verstehen und ihnen eine Chance zu geben, sich selbst zu ändern.

o Häufig ist der Drang, selbst zu reden und selbst verstanden zu
werden, größer als das Bemühen, den anderen zu hören und zu
verstehen: «Die meisten haben nach zwei Minuten vergessen,
was ich ihnen gesagt habe. Sie benutzen jede Gelegenheit, um
von sich zu reden. Sie sind alle viel zu sehr beschäftigt – mit sich

selbst, mit ihrem Beruf, mit allen möglichen Dingen –, als daß sie
die Ordnung und die Aufgeräumtheit in sich herstellen könnten,
die nötig ist, um sich anderen voll und produktiv zuwenden zu
können. Häufig haben die meisten Leute, mich nicht ausgenom-
men, einen unbändigen Drang, sich selbst zu äußern.»

○ Viele Menschen sind zu sehr mit sich selbst beschäftigt, um an
den Gefühlen und Schwierigkeiten anderer einfühlsamen Anteil
nehmen zu können. Karl-Heinz, Facharbeiter: «Ich ertapp mich
manchmal dabei – wenn einer kommt und will was erzählen,
dann stell ich fest: Ich bin ein furchtbar schlechter Zuhörer. Irgendwie spricht der andere etwas an, dann stell ich fest, das Problem hab ich grad im Augenblick auch. Und dann bin ich mit
meinen Gedanken bei mir selber und höre gar nicht richtig
zu.» [60]

○ Manche fühlen sich durch die Erlebniswelt anderer bedroht
und vermeiden es deshalb, einfühlsam auf sie einzugehen. Eine
Frau: «Mein Freund konnte meine Traurigkeit nicht ertragen.
Sie zog ihn zu sehr in seine eigenen Tiefen.» – So werden auch die
Empfindungen von Hungernden und Notleidenden von vielen
Menschen nicht wahrgenommen; sie fürchten, daß sie ihr Be-
wußtsein und ihren luxuriösen Lebensstil ändern müßten, wenn
sie es täten.

## Offener werden für die Erlebniswelt anderer

### *Dem anderen in seine Erlebniswelt folgen*

Jeder von uns lebt in seiner eigenen inneren Erlebniswelt, in der
Welt seines Fühlens und Denkens. Diese seelische Welt ist für
ihn Wirklichkeit. Auf sie reagiert er. Es gibt so viele seelische
Welten, wie es Menschen gibt.

Und doch gehen viele Menschen davon aus, daß wir alle in der
gleichen seelischen Wirklichkeit leben. Gewiß: Wenn einige

Menschen zum Beispiel in einem Zimmer sitzen, so können sie zwar die gleichen Personen, Gegenstände und Ereignisse wahrnehmen, jedoch unterscheiden sich die *Bedeutungen*, die diese für jeden von ihnen haben. Wenn sie etwa ein Foto betrachten, sieht es jeder von ihnen in anderer Weise. Es ruft unterschiedliche Gefühle und Reaktionen bei ihnen hervor. Es hat für jeden eine andere Bedeutung.

Etwa im Umgang mit Kindern wird uns deutlich, daß sich ihre Erlebniswelt mit ihren Bedeutungen oft erheblich von unserer eigenen unterscheidet. Die Beschädigung einer Puppe oder der Verlust eines Spielzeugs ist für sie wirklich ein schmerzliches Erlebnis, über das sie sehr traurig sind.

Die innere Welt des anderen zu spüren erfordert ein intensives Bemühen. Denn sie ist ja nicht irgendwie ablesbar oder äußerlich wahrnehmbar. Es ist notwendig, daß wir dem anderen in *seine* Erlebniswelt folgen, daß wir uns in sie einfühlen. «Umgangstechniken» oder floskelhafte Äußerungen wie «Ich verstehe schon, was Sie meinen, aber…» können das Spüren der Erlebniswelt eines anderen nicht ersetzen.

Eine günstige Voraussetzung für dieses Wahrnehmen ist, daß wir es dem anderen ermöglichen, über sich zu sprechen, damit wir einen Zugang zu seinem Erleben finden. Dabei fragen wir uns etwa: Was fühlt der andere? In welchen Bedeutungen erlebt er seine Umwelt, Personen und Ereignisse? Wie sieht er sich selbst? Welche Bedeutung haben für ihn die Erfahrungen, die er macht?– «Für mich ist es eigentlich so: Wenn jemand kommt und sich öffnet, dann rücke ich ihm gefühlsmäßig immer näher. Und dann plötzlich habe ich das Gefühl, als wär ich in seine Haut geschlüpft, in seine Gefühlswelt. Ich spüre in dem Moment auch seine Gefühle, aber ich lasse mich nicht von ihnen so überwältigen wie er.»

Ingo, Packer in einem Betrieb: «Ich bin zum Beispiel in der Lage, daß ich auch mal die Situation eines anderen Menschen genauso zu erleben versuche, als ob *ich* es wäre. Und was er

fühlt, nicht? Wie man ihm vielleicht helfen könnte. Wo man überhaupt helfen kann. Ich glaube, ich kann das manchmal. Zuhören
allein ist es nicht. Was ich meine: daß man sich richtig in die Lage
eines anderen Menschen hineinversetzen kann, daß ich denke:
Jetzt bin ich der und der, und was würde ich jetzt machen mit
seinen Problemen.» [60]

Ist die Einfühlung zwischen zwei Menschen sensibel und tief,
so kommen sie sich einander sehr nahe. Manche erleben dies als
«Berührung der Seelen»: «Es schwingt das in mir mit, was in dem
anderen geschieht: ein Stück Schmerz, Trauer oder Freude.»

## Dem anderen mitteilen, was wir von seinem Erleben verstanden haben

Es ist sehr hilfreich, wenn wir ihm mitteilen, was wir von seiner
Erlebniswelt verstanden haben, wie weit wir ihm folgen konnten.
Manchmal werden wir unsicher sein, ob wir ihn in seinem Erleben
richtig verstanden haben. Dann ist es gut, ihm auch das mitzuteilen, indem wir ihn etwa fragen: «Habe ich dich so richtig verstanden?» So geben wir ihm die Möglichkeit, unsere Wahrnehmung
von ihm richtigzustellen: «Wenn ich das zu fassen bekomme, was
der andere fühlt, dann spreche ich es aus. Oder es ist für mich nicht
klar, und dann geb ich das ein Stück zurück mit dem Zweifel in
einer Frage, und dann entsteht im Gespräch mehr und mehr Klarheit.»

Im folgenden Gesprächsausschnitt sucht eine Mutter ihre
Tochter zu verstehen. Das, was sie verstanden hat, teilt sie ihr mit,
ohne zu bewerten.

Tochter: «Wenn ich mich unruhig und innerlich zerrissen
fühle, dann schreibe ich das in mein Tagebuch – und auch, daß ich
mich dann schon ein Stück wohler fühle.»

Mutter: «Das hilft dir, wenn du unmittelbar deine Gefühle –
Unruhe und Disharmonie – aufschreibst.»

Tochter: «Ja, die schreib ich auf, und dann sind sie auch schon weg, oder sie sind so ganz viel kleiner geworden, so daß sie mir nicht mehr so gewichtig sind. Aber wenn ich sie nicht aufschreibe, dann wirken sie in mir und können wachsen.»

Mutter: «Sie würgen dich sonst?»

Tochter: «Ja, ja, dagegen wenn ich sie aufschreib, werden sie kleiner.»

Mutter: «Du bist sie dann so ein Stück los, hast sie abgegeben.»

Tochter: «Sie sind dann nicht mehr so stark, ich meine, sie bedrücken mich dann nicht mehr so.»

## Die Erlebniswelt des anderen nicht bewerten

Wenn wir die seelische Erlebniswelt des anderen wirklich zu verstehen suchen und nur das Verstandene äußern, so ist damit ausgeschlossen, daß wir ihn belehren, dirigieren, ermahnen oder interpretieren, ihm Ratschläge geben oder ihn in seinen Sorgen beschwichtigen. Carl Rogers sagt in einem Fernsehinterview: «Ich habe eine sehr empfindsame Art des Zuhörens, ohne Urteile zu bilden. Ich möchte nur hören, wie es in dem anderen aussieht.» [38]

In der Tat: Wenn wir einem anderen zuhören, neigen wir häufig dazu, seine Äußerungen und damit ihn selbst zu bewerten. Wir denken: ‹Du solltest es lieber nicht so machen!› oder ‹Wie kannst du das nur tun!› oder ‹Mach weiter so!› Drücken wir solche Gedanken unserem Gesprächspartner gegenüber aus, so fühlt er sich meist bewertet. Und wir behindern ihn, sich mit sich selbst frei und offen auseinanderzusetzen. Er wird sich uns eher verschließen, sich von uns zurückziehen. Doch selbst wenn wir unsere Bewertungen nicht aussprechen, so hindern sie *uns* daran, die Erlebniswelt des anderen tiefer zu verstehen und ihm in dem näherzukommen, was er wahrnimmt und fühlt.

Sollen wir unser eigenes Fühlen und Denken, unsere eigene Welt verleugnen? Nein. Aber wenn wir sie äußern, so ist es wichtig, daß wir unser Fühlen und unsere Meinung als unsere persönliche Wirklichkeit ansehen. Mit anderen Worten: Wir äußern das, was wir spüren, in dem Bewußtsein, daß es ein Teil *unserer* seelischen Wirklichkeit ist, ohne den anderen zu bedrängen, es zu übernehmen oder als besser anzusehen. Berücksichtigen wir dies, so können wir ehrlich und offen in unseren Gesprächen sein und vermeiden es zugleich, andere zu bewerten und zu dirigieren, besonders wenn sie andere Auffassungen vertreten.

Der folgende Ausschnitt aus einem Gespräch mit einem homosexuellen Mann zeigt, daß ein wertungsfreies Eingehen auf eine seelische Welt möglich ist, die sich von der eigenen unterscheidet:

Daniel: «Ich war mehrmals fest befreundet mit einem männlichen Partner. Ich bin 21, und ich finde, es ist auch eine Sache des Alters, daß ich mich dann noch nicht so gern festlegen will, also nur von *einem* Partner Sexualität zu haben. Dazu bin ich noch viel zu unruhig. Es ziehen mich noch viel zu viele Leute an, mit denen ich körperlichen, also sexuellen Kontakt haben möchte.»

Anne-Marie: «Du möchtest dich nicht festlegen auf einen.»

Daniel: «Nein, noch nicht. Ich verspüre in mir den Wunsch, mit vielen Leuten Sexualität zu haben. Und das ist für mich etwas anderes als so eine gefühlsmäßige Beziehung. Wenn ich mich so schön geborgen fühle, dann hab ich gar keine Lust, sexuell aktiv zu werden.»

Anne-Marie: «So daß das Gefühlsmäßige bei dir das Sexuelle eigentlich ausschließt?»

Daniel: «Ich hab das bis jetzt wenigstens noch nicht vereinbaren können.»

Anne-Marie: «Und du hast die Erfahrung gemacht, bei den

Freunden, wo du keine geistig-seelische Bindung hast, da kannst
du sexuell eher erregt werden?»

Daniel: «Ja, genau!»

*Wir werden bereichert, wenn wir die innere Welt*
*anderer ohne Wertungen verstehen*

«Für mich erleb ich das als sehr bereichernd. Ich erfahre mehr
von Menschen – wie in einem Film: Ich geh in eine andere Welt
hinein, fühle mich dort wohl und bin offen für Neues. Es ist fast
so eine kleine Abenteuerreise. Du erfährst plötzlich: Es gibt
noch etwas ganz anderes.»

«Wenn ich einem Klienten wirklich zuhöre», sagt Carl Rogers
in einem Interview, «dann ist das so intensiv, fast als ob ich in
einen veränderten Bewußtseinszustand eintrete. Und ich bin
dann völlig fasziniert von seiner Welt oder seiner Art, Dinge auf-
zufassen und zu fühlen, daß ich ihm in seiner innersten Gefühlswelt so etwas wie ein Gefährte werde.» [38]

Die andersartige Welt nicht als Bedrohung zu empfinden,
wird dadurch möglich, daß wir uns unseres eigenen Fühlens und
Erlebens bewußt sind, daß wir in uns selbst ruhen. Dies ermöglicht es auch, selbst in Konflikten den anderen zu verstehen: «Je
mehr ich spüre, was für mich richtig und wichtig ist, je sicherer
ich mich in meiner Gefühlswelt fühle, desto tiefer kann ich mich
in die Welt des anderen hineinbegeben. Ich denke, daß ich Menschen dann nicht mehr als Bedrohung erlebe. Das liegt sicherlich
daran, daß ich mich ausgeglichener fühle.» Eine ähnliche Erfahrung spricht Carl Rogers in einem Interview an: «Auch wenn es
zu Ärger, Feindseligkeit oder Kritik kommt, können wir zu
einer Art Beziehung zusammenkommen – vielleicht zu keiner
harmonischen, aber zu einer wahren Beziehung, wenn ich die
Feindseligkeit wirklich verstehen kann. In diesem Sinne ist es
also auch eine Herausforderung. Angriffe auf mich reizen mich

nur selten zur Verteidigung. Ich versuche, denjenigen zu verstehen, bin aber nicht verängstigt und habe nicht das Gefühl, mich verteidigen zu müssen.» [38]

Viele befürchten, sich selbst bei einem einfühlsamen Verstehen in der seelischen Welt des anderen zu verlieren, so wie es uns eine junge Frau schilderte: «Ich hab Schwierigkeiten, da ich mir immer die Probleme anderer zu meinen eigenen mache. Das rutscht dann so tief runter, und ich nehme es so tief in mich auf. Das nimmt mich dann so sehr mit, und ich fühle mich unheimlich schlapp.»

Beim Eintauchen in die seelische Welt des anderen ist es wichtig, den Kontakt zur eigenen Person nicht aufzugeben: «Es ist immer so ein Faden da, an dem ich mich zu mir zurückkoppeln kann. Das ist so, als würde ich an einer Leine hängen und so in die Haut des anderen einsteigen – als ob ich in einen Schacht hinuntersteige, aber die Verbindung nach oben, zu mir, die habe ich noch.»

## Ein einfühlsames Gespräch

Im folgenden geben wir Ausschnitte aus einem Telefongespräch wieder. Sie vermitteln eine Vorstellung davon, wie sich jemand in einem Gespräch bemüht, die Erlebniswelt eines anderen zu verstehen und ihm das Verstandene mitzuteilen, ohne zu werten, zu dirigieren oder zu erklären.

Heinrich ist 92 Jahre alt und lebt nach dem plötzlichen Tod seiner zweiten Lebenspartnerin seit einem halben Jahr in einem Altersheim. Anne-Marie kennt ihn durch Begegnungen in früheren Jahren. Vielleicht hilft es dem Leser, wenn er sich bei den Äußerungen von Anne-Marie vorstellt, was er in dieser Situation jeweils selbst sagen würde.

Anne-Marie: «Wie geht es dir denn?»

Heinrich: «Man wird älter. Das ist das einzige, was ich dir sagen kann.»

Anne-Marie: «Es geht dir nicht gut, nicht wahr?»

Heinrich: «Nein. Ich bin kaputt, ich bin absolut kaputt. Ich bin fertig. Ich habe keine Energie mehr, und es ist alles in mir weg. Ich raff mich auf, brech aber immer wieder zusammen.»

Anne-Marie: «Du schaffst es nicht aus dir heraus.»

Heinrich: «Ich kann nicht, kann nicht. Es fällt mir zu schwer.»

Anne-Marie: «Hast du keine Kraft mehr?»

Heinrich: «Nein. Bis jetzt habe ich immer gekämpft, aber jetzt... ich kann nicht mehr. Jetzt ist es aus. Jetzt dös ich vor mich hin.»

Anne-Marie: «Hast du dich selber aufgegeben?»

Heinrich: «Das nicht. Ich werde mich nicht aufgeben. Aber ich will auch nicht vorwärts. Ich kann nicht mehr weiter.»

Anne-Marie: «Du willst dein Leben nicht mehr verlängern.»

Heinrich: «Ich will stehenbleiben. Ich bin froh, wenn ich stehenbleibe und nicht ganz in diesen Wahnsinn hier verfalle.»

Anne-Marie: «Das kostet dich schon Kraft genug.»

Heinrich: «O ja, genug. Sehr viel.»

Anne-Marie: «Es kostet dich viel Kraft, du selbst zu bleiben und dich nicht aufzugeben, dich nicht diesem Wahnsinn, wie du es nennst, dort in dem Heim anzuschließen.»

Heinrich: «Es ist ein einziges Verrückten-Heim. Es ist kein Altersheim, es ist ein Siechenheim. Und die nicht siech sind, die haben alle einen kleinen Koller. Manche sind ein ganz großes Stück verrückt.»

Anne-Marie: «Und du sagst für dich: Ich will noch nicht verrückt werden. Darin investiere ich meine ganze Kraft.»

Heinrich: «Ja, eben. Es ist furchtbar – alles sehr nette Pflegerinnen und auch die Leitung, alle sind sehr nett. Aber der eine Mensch, der ist nicht da.»

Anne-Marie: «Du meinst Else?»

Heinrich: «Hunderte können den einen Menschen nicht ersetzen.»

Anne-Marie: «Du vermißt sie so sehr.»

Heinrich: «Furchtbar. Sie war doch mein ganzes Leben. Und ich habe keinen Menschen so geliebt wie sie. Es ist alles so anders.»

Anne-Marie: «Du hast dir dein Lebensende anders vorgestellt.»

Heinrich: «Ja, es ist wahnsinnig schwer. Es geht mir nicht gut, weil ich zu alt bin, weil ich fast blind bin, weil ich allein bin. Sie sind alle furchtbar nett. Aber ich will nicht mehr. Ich hab nur einen Wunsch: Schluß! Einmal wird es sicher sein, aber hoffentlich dauert es nicht zu lange. Ich werde so gepflegt und gehegt. Das verzögert alles.»

Anne-Marie: «Du hast das Gefühl: Wenn du nicht so gut versorgt werden würdest…»

Heinrich: «Ja, dann würd es schneller gehen. Ich weiß nicht – ich werde hier gepäppelt und gemästet.»

Anne-Marie: «Du hast nur noch einen Wunsch: zu sterben.»

Heinrich: «Ja.»

Anne-Marie: «Darüber kannst du gar nicht sprechen wahrscheinlich.»

Heinrich: «Nein.»

Anne-Marie: «Aber ich bin froh, daß du es mir sagst. Ich kann es sehr, sehr gut für dich verstehen.»

Heinrich: «Kannst du es?»

Anne-Marie: «Ja, das kann ich sehr gut verstehen. Du bist ja sehr einsam.»

Heinrich: «Nie bin ich so einsam gewesen wie jetzt hier unter so vielen Menschen, von denen ich soviel Reizendes und soviel Liebes erfahren habe. Das ist ein Widerspruch.»

Anne-Marie: «So daß du dir manchmal undankbar vorkommst.»

Heinrich: «Ja, ja, sehr sogar. Einen so undankbaren Menschen wie mich kann man im Grunde genommen gar nicht wiederfinden. Das gibt es gar nicht.»

Anne-Marie: «Du fühlst dich schlecht, so wie du bist?»

Heinrich: «Ja. Ich bin undankbar, weil die Menschen so rührend für mich sorgen. Alle sind außerordentlich lieb und nett.»

Anne-Marie: «Aber innerlich bist du todeinsam. Das bereitet dir so viele Höllenqualen.»

Heinrich: «Ja, genau.»

Anne-Marie: «Und du hast auch Angst, darüber zu sprechen, weil du Angst hast, es versteht dich keiner. Und das macht dich noch einsamer.»

Heinrich: «Ja, genau. Was ich da innen fühle, das ist für mich und nicht für Fremde.»

Anne-Marie: «Darüber kannst du mit niemandem sprechen. Das tut auch weh.»

Heinrich: «Ja, weil ich da absolut erfahren habe: Sie haben es nach zwei Minuten vergessen, was ich ihnen gesagt habe. Und so bin ich noch mehr mit mir allein.»

Anne-Marie: «Du bist todeinsam, trotz der Menschen.»

Heinrich: «Todeinsam, ja. Gerade die Menschen machen mich einsam. Wenn ich allein lebte und hätte Natur um mich herum, ich wäre weniger einsam.»

Anne-Marie: «Du erlebst die anderen im Heim so, daß sie dir das Leben noch schwerer machen. Und du bist ja auch auf die Menschen angewiesen.»

Heinrich: «Ganz und gar. Sie sind ja nett zu mir. Alle. Das kann ich sagen. Aber *ich* kann nicht nett sein. Ich stoße manchen vor den Kopf.»

Anne-Marie: «Hast du das Gefühl, daß du manche so zurückweist?»

Heinrich: «Doch, ja!»

Anne-Marie: «Das spürst du?»

Heinrich: «Ja.»

Anne-Marie: «Du möchtest es aber gar nicht?»

Heinrich: «Nein.»

Anne-Marie: «Aber irgendwie ist etwas in dir, was dich dann so etwas garstig sein läßt?»

Heinrich: «Die Nerven, die kann ich nicht beherrschen. Ich hab immer um meinen Verstand Angst, daß er verlorengeht.»

Anne-Marie: «Das ist jetzt noch eine weitere Angst in dir.»

Heinrich: «Ja, das ist meine Angst. Wenn man immer allein mit seinen Gedanken ist, dann kriegt man einen Koller.»

Anne-Marie: «Du hast Angst, daß du verrückt wirst.»

Heinrich: «Ja.»

Anne-Marie: «Und daß auch die Situation so unerträglich ist. Und daß du so viel allein bist.»

Heinrich: «Ja, genau!»

Anne-Marie: «Aber in unserem Gespräch hier bist du ganz klar in deinen Gedanken.»

Heinrich: «Noch bin ich klar. Ja – noch. Aber wie lange?»

Anne-Marie: «Da hast du Angst.»

Heinrich: «Man ißt, man schläft. Ach, das ist nichts.»

Anne-Marie: «Du hast das Gefühl, daß du eigentlich nur wie so ein Tier existierst.»

Heinrich: «Ja, genau. Mein Leben ist vollkommen sinnlos. Ich hab den Sinn des Lebens verloren.»

Anne-Marie: «Es ist schwer zu leben damit.»

Heinrich: «Sehr schwer... Ich dank dir für deinen Anruf, es war sehr schön, dich zu hören.»

Anne-Marie: «Es hat mich auch sehr gefreut, dich zu hören – und ich hab dich lieb.»

Heinrich: «Ach danke. Das ist ein sehr liebes Wort. Das hört man nicht oft, das kommt aus der Seele.»

Anne-Marie: «Das kommt aus meiner Seele und es geht zu deiner Seele, zu deinem Herzen.»

Heinrich: «Dafür bin ich dir sehr, sehr dankbar, ich hab dich immer sehr gern gehabt. Also noch alles Liebe und Gute.»

Anne-Marie: «Danke – gute Nacht.»

Heinrich: «Gute Nacht.»

So kann das einfühlende Hören auch und gerade für Menschen hilfreich sein, die sich in einer isolierten, verzweifelten, fast unveränderbar scheinenden Situation befinden. Zwischen Menschen, die ein solches Gespräch führen, entsteht ein Gefühl des Verbundenseins, eine tiefe, vertrauensvolle Beziehung. Der Sprechende fühlt sich nicht allein gelassen, er fühlt sich angenommen und kommt in einen engeren, angstfreien Kontakt zu seinem Erleben.

## Wege des Lernens, andere tiefer zu verstehen

Es ist nicht einfach, ohne Bewertung, Vorwurf oder Erklärungen im Erleben des anderen zentriert zu sein. Meist ist ein jahrelanges, bewußtes Bemühen notwendig, um zu lernen, die leisen «Klopfzeichen» der Menschen zu hören, die sich nur selten zu ihrer Erlebniswelt äußern.

Auch wenn wir die Fähigkeit, uns in andere einzufühlen, bis zu einem gewissen Grade gelernt haben, wird es noch oft Situationen geben, in denen wir den anderen nicht hören können oder ihn mißverstehen, in denen wir uns überfordert fühlen, in denen vielleicht eigene Interessen und Wünsche uns die Zentrierung im seelischen Erleben anderer unmöglich machen. Dies sollte uns aber auf unserem Weg, Mitmenschen einfühlsamer zu begegnen, nicht entmutigen, weitere kleine Schritte zu gehen. «Ich bemühe mich seit einigen Jahren, mehr auf das Innere der anderen zu achten und wegzukommen von dem Achten auf Fakten, auf Äußeres oder darauf, welchen Eindruck ich auf Menschen mache.»

Am ehesten mag es uns gelingen, uns in einen anderen einzufühlen und sein Erleben in unseren Handlungen zu berücksichtigen, wenn er uns vertraut ist oder wenn er sich uns häufig anvertraut. Weitaus schwieriger ist es, im Gespräch die Erlebniswelt von weniger vertrauten Menschen feinfühlig und genau zu spüren und ihnen gegenüber das, was wir verstehen, zum Ausdruck zu bringen.

Im folgenden haben wir zusammengestellt, was Menschen auf diesem Weg für sich als bedeutsam empfanden:

o Erleben wir, wie Menschen einfühlsam miteinander umgehen, so werden wir selber auch feinfühliger für die Erlebniswelt unserer Mitmenschen. «Ich wünsche mir Menschen, die ich sehen und spüren kann, die da schon weiter sind auf diesem Weg als ich.» Die meisten von uns haben jedoch von anderen Menschen einfühlsames, nichtwertendes Verstehen selten erfahren.

Wir haben gelernt, mit dem Intellekt Probleme zu lösen, durch Erklärungen, Bewertungen, aber oft ohne eine Beziehung zu unserem Erleben und dem anderer zu haben. «Bisher sah ich immer das Äußere, auch bei Menschen. Aber ich möchte wirklich das Innere von Menschen sehen können.»

Die Teilnahme an einfühlsamen Gruppengesprächen mit qualifizierten psychologischen Helfern ist eine sehr gute Möglichkeit, feinfühliger für die seelische Welt anderer zu werden. Die Teilnehmer erleben, wie sich die Helfer und die anderen Gruppenmitglieder bemühen, die Erlebniswelt anderer zu verstehen. In der Gruppe können Menschen auch die Erfahrung machen, was es für sie bedeutet, in der Tiefe ihres Erlebens gehört zu werden. Bernd, 34: «Das Gefühl, wirklich verstanden zu werden, hatte ich zum erstenmal in der Gruppe. Und da wußte ich irgendwie: Das ist es, das ist der Weg, wie Menschen besser miteinander leben können.» – «Was ich aus der Gruppe mitbekommen habe», sagt Rudolf, «ist ein besseres Zuhören und Eingehen auf andere Menschen.»

o Die Ähnlichkeit der eigenen Erfahrungen mit denen des Gesprächspartners kann das Verständnis erleichtern. Eine Krebspatientin aus einer Selbsthilfegruppe: «Jemand, der nicht betroffen ist, kann sich nicht so einfühlen, auch ein Angehöriger nicht. Die Betroffenen sind die Experten im Verstehen.» So sind «Betroffene» – Krebskranke, seelisch Beeinträchtigte, alleinstehende Mütter und Väter, Alkoholabhängige – in Selbsthilfegruppen füreinander Menschen, die häufig mehr Verständnis und Einfühlung aufbringen als «Nichtbetroffene». Sie verstehen einander mehr von innen heraus.

Der Kontakt mit «Betroffenen» kann anderen Menschen helfen, aufgeschlossener für deren Erlebniswelt zu werden. Ärzte berichteten, daß sie ein ganz anderes Verständnis für ihre Krebspatienten gewonnen hätten, nachdem sie selbst an Krebs erkrankt waren. Wenn Ärzte als Patienten bei einem anderen Arzt ein oder zwei Stunden warten müßten, würden sie sicher mehr Verständnis für die seelische Situation ihrer eigenen Patienten bekommen, zum Beispiel durch Vormerklisten und telefonische Kontakte für eine Verringerung der Wartezeit sorgen. Nicht auszudenken ist, was geschehen würde, wenn Architekten und verantwortliche Verwaltungsbeamte mindestens ein Jahr lang in den Wohnsilos leben müßten, die sie geplant und genehmigt haben.

o Bücher können dem Leser helfen, sich mit dieser einfühlsamen und sanften Art des Zusammenlebens vertraut zu machen. [39, 40, 42, 54] Einen guten Einblick geben auch Videoaufnahmen und Filme von Einzel- und Gruppengesprächen. [55–61]*

o Wir erforschen uns, ob wir den anderen hinreichend verstanden haben. Nach einem Gespräch fragen wir uns: Habe ich den anderen wirklich gehört? Bin ich ihm ohne Vorurteile begegnet? Bin ich ihm wirklich in seine Gefühlswelt gefolgt? – Wir machen uns selbst dabei nichts vor. Wir werden dabei oft feststellen, daß wir dem anderen nicht intensiv genug zugehört haben. Wir sind sensibel dafür, ob wir verständnisvoll oder verständnislos waren.

Carl Rogers, der Begründer der personzentrierten Psychotherapie, schreibt: «Was ich an mir wirklich nicht mag, ist Unfähig-

---

* Für öffentlich-rechtliche Institutionen sind Filme und Videocassetten mit personzentrierten Gruppengesprächen beim Institut für den wissenschaftlichen Film in Göttingen entleihbar, ebenfalls bei der Gesellschaft für wissenschaftliche Gesprächspsychotherapie, Köln.

keit, den anderen Menschen zu hören, weil ich von vornherein genau zu wissen glaube, was er sagen wird, so daß ich nicht zuhöre. Erst nachher wird mir klar, daß ich genau das gehört habe, was ich von ihm erwartete. Noch schlimmer ist es, wenn ich mich bei dem Versuch ertappe, seine Botschaft so zu verdrehen, daß sie das aussagt, was ich hören möchte, und wenn ich dann tatsächlich nur das höre. Allein indem ich seine Worte ein bißchen verdrehe und ihre Bedeutung um eine Kleinigkeit entstelle, kann ich den Anschein erwecken, daß er nicht nur die Dinge sagt, die ich hören möchte, sondern daß er der Mensch ist, den ich mir wünsche.» [37]

Eine Hilfe bei dieser Selbstklärung ist, wenn wir im Anschluß an ein Gespräch oder einige Zeit danach unseren Gesprächspartner fragen, inwieweit er sich von uns verstanden oder nicht verstanden fühlte. Dabei kann uns der andere gleichsam helfen zu sehen, wo unsere Versäumnisse waren und wo Änderungen von uns notwendig sind. Die Erkenntnis, daß wir nicht einfühlsam genug auf den anderen eingegangen sind, war und ist für uns selbst eine wichtige Quelle unseres Lernens.

○ Der Weg zum anderen führt auch über uns selbst. Meist können sich Menschen nur dann der Erlebniswelt anderer voll zuwenden, wenn sie seelisch ausgeglichen sind. Wenn sie mit sich selbst gut leben, sich selbst gut verstehen können, sind sie gleichsam frei für andere und können ohne Angst die oft fremde und widerspruchsvolle seelische Welt von anderen betreten. «Ich fühle mich nervös und unsicher und voller Unruhe», sagt eine Psychologiestudentin, «und es fällt mir sehr schwer, mich in andere zu versenken. Ich bin zu sehr mit mir selbst beschäftigt.» Gerd: «Wenn ich nicht diesen furchtbar schweren Sack mit Problemen hinter mir herschleppen würde, dann könnte ich auch die Probleme der anderen besser verstehen.» Ein Jahr später sagt er: «Ich habe das Gefühl, daß ich sensibler auf andere zugehen kann. Früher habe ich nicht zuhören können, weil ich zu sehr mit meinen eigenen Problemen beschäftigt war. Jetzt bin ich nicht mehr so in meinen Ängsten verstrickt, so daß ich mehr vom anderen aufnehmen kann.»

Einige Untersuchungen bestätigen, daß tiefes einfühlendes Zuhören mit der Art unseres Selbstwertgefühls zusammenhängt. Psychotherapeuten, die sich mit sich selbst auseinandersetzten, die ihre innere Welt, insbesondere ihr Fühlen, verstanden und eine günstige Einstellung zu sich hatten, waren eher fähig, die seelische Wirklichkeit anderer zu verstehen. [54]

Der Weg zum anderen über uns selbst ist ein langes Lernen in kleinen Schritten. Anstatt «Was muß ich dem anderen sagen?» beginnen wir uns zu fragen: «Wie kann ich ein Mensch sein oder werden, der den anderen hört?» Dieser Wandel ist kein «Machen», sondern betrifft die Art unseres Seins.

o Wir bemühen uns, das Erleben anderer zu verstehen, ohne ihre Schwierigkeiten für sie lösen zu wollen. Manche fühlen sich in einem einfühlsamen Gespräch gedrängt, dem anderen mit Ratschlägen zu helfen. «Ich habe immer so das Gefühl, daß ich die Probleme anderer zu meinen eigenen mache und daß ich die Schwierigkeiten der anderen lösen müßte. Und da steckt eigentlich jetzt meine ganze Arbeit drin, daß ich höre, daß ich Anteil an dem anderen nehme, daß ich das mitfühle, aber daß es nicht mein eigenes Problem wird. Ich möchte also lernen mitzufühlen.» – «Ich neigte dazu», sagt ein 50jähriger, «bei Problemen anderer einen Lösungsvorschlag zu machen, der für mich denkbar wäre. Doch ich habe gelernt, daß das den anderen nicht hilft; ich berücksichtige nicht ihre Empfindungen und ihre Möglichkeiten.»

Es ist hilfreich, wenn wir uns bewußt machen, daß wir durch unser nichtwertendes Hören den anderen befähigen, sich selbst mehr zu verstehen und seine seelische Erlebniswelt zu ändern. Es nützt zumeist nichts, wenn wir uns seine Schwierigkeiten zu eigen machen und uns verantwortlich für ihn fühlen. Es ist wichtig, daß wir akzeptieren, daß *er* der Mittelpunkt seines Erlebens

ist und daß nur er allein sein Erleben klären und ändern kann:
«Ich schaffe es jetzt schon ab und an, den anderen in seiner Traurigkeit zu belassen und ihn nicht durch meinen Wunsch, ihn
glücklich zu sehen, anders haben zu wollen.»

o Wir beziehen die Gefühle des anderen nicht auf uns. In einem
Gespräch, in dem sich ein anderer uns öffnet und in dem wir ihn
durch unsere Einfühlung unterstützen, kann es dazu kommen,
daß der andere Gefühle und Einstellungen äußert, durch die wir
uns verletzt oder angegriffen fühlen. Solche Gefühle beeinträchtigen unsere Fähigkeit, im anderen zentriert zu sein. Je mehr es
uns jedoch gelingt, das Fühlen des anderen als *sein* Fühlen anzusehen, als *seine* Wirklichkeit, die nicht mit unserer seelischen
Wirklichkeit oder unseren Auffassungen übereinstimmt und die
wir deshalb auch nicht auf uns zu beziehen brauchen, um so eher
sind wir fähig, ohne Vorbehalte und Abwehr auf ihn einzugehen.

## Auswirkungen des einfühlsamen Verstehens

o «Ich empfinde es als bewegendes, schönes Gefühl, wenn ich
merke: Da ist ein Mensch, der mich versteht, der mich hört, dem
ich vertrauen kann.» Diese Erfahrung gibt Menschen eine tiefe
Befriedigung; sie fühlen sich nicht allein gelassen, verkannt oder
vergessen, sie erleben Anteilnahme und Zuwendung. «Endlich
hört mir jemand zu und belehrt mich nicht.» – «Ich fühle mich
wie erlöst aus meiner Einsamkeit.» Sie erfahren, daß ihre innere
Welt, ihr Fühlen von einem anderen geachtet und als bedeutsam
angesehen wird. Carl Rogers schreibt: «Fast immer, wenn jemand erkennt, daß er in der Tiefe gehört wurde, füllen sich seine
Augen mit Tränen. Ich glaube, daß es in einem ganz realen Sinn
Tränen der Freude sind. Es ist, als sage er: ‹Gott sei Dank, je-

mand hat mich gehört. Jemand weiß, was es bedeutet, ich zu sein.» [37]

o Menschen werden vertrauensvoller und öffnen sich mehr. Wenn wir im Gespräch die innere Welt des anderen hören und ihm das Verstandene mitteilen, so wird er immer weniger über äußere Fakten und in oberflächlichen Redewendungen sprechen. Er faßt langsam Vertrauen zu uns und wagt zunehmend, darüber zu sprechen, wie er sich fühlt, was ihn bewegt, was ihn belastet und was er empfindet. Mit zunehmendem Vertrauen offenbaren Menschen auch ungünstige Aspekte ihrer Person, ihre Schwächen und Fehler – und das erleben viele als sehr befreiend:

«Es tut mir gut, gehört zu werden», schreibt Carl Rogers. «Es hat eine Zeit gegeben, da ich von Gefühlen der Wertlosigkeit und Verzweiflung überwältigt wurde. Ich hatte das Glück, Menschen zu finden, die fähig waren, mich zu hören und mich dadurch aus dem Chaos meiner Gefühle zu befreien.» [37]

«Zu manchen Menschen kann ich sagen, was mich wirklich bedrückt. Ich möchte es auch sagen, um mich zu entkrampfen. Ich kann auch meine Schwächen dabei eingestehen. Aber dann gibt es andere Menschen, die dicht um mich herum sind und von denen ich genau weiß, daß sie mich nicht verstehen können. Und ich kann ihnen nichts sagen.» Eindrucksvoll beschreibt Ingrid die Erfahrung, sich vertrauensvoll fallenlassen zu können, wenn sie Einfühlung von anderen spürt: «Ja, das ist wie Auf-Watte-Fallen – wo alles weich und rund ist, wo ich gut gebettet aufgenommen werde, egal, mit was oder worin.»

o Menschen können sich mehr mit sich selbst auseinandersetzen, sich selbst besser sehen und verstehen. Indem wir dem anderen mitteilen, was wir von seiner seelischen Welt verstanden haben, setzt er sich weiter mit seinen Erfahrungen auseinander. Er wendet sich furchtloser seinem inneren Erleben zu. Er kommt in engeren Kontakt zu seinem Fühlen. Er horcht mehr in sich hinein und äußert sich darüber. Er lernt seine «Realität», seine Erlebniswelt näher kennen: «Wenn da jemand ist, der mich so einfühlend versteht, dann laufe ich nicht mehr vor meinen Gefühlen weg. Es nimmt mir erst mal die Angst vor den Dingen. Ich kann dann an sie rangehen.»

Der andere wird also durch unser einfühlendes Verstehen motiviert, sich zu erforschen, zu klären: Wer bin ich? Was will ich? Er kann sich selbst eher verstehen lernen. «Die Gruppe hat mir geholfen; ich hab das Gefühl, daß ich mir selbst begegnet bin und daß mir neue Bereiche klargeworden sind. Ich hab ganz stark gefühlt, daß eure Feinfühligkeit wichtig war, durch die ich in mir wirklich alles so lassen konnte, wie es war, und mir dadurch eine Chance gab, an Bereiche heranzukommen, die mir sonst viel Angst machen.» Dieser Zusammenhang zwischen Erfahrung, verstanden zu werden, und der fortschreitenden Auseinandersetzung mit sich selbst und einem vermehrten Sich-Annehmen ist in vielen Untersuchungen nachgewiesen worden. [54, 65]

*Die beiden folgenden Gesprächsausschnitte verdeutlichen diesen Prozeß der Selbstklärung.*

Frau Körner: «Und nachdem ich mich von meinen Eltern gelöst hatte und eben versucht hatte, die Realität zu sehen – daß sie mich eben niemals wirklich lieben würden –, seitdem bemühe ich mich auch nicht mehr so sehr um die Anerkennung meiner Mitmenschen. Eigentlich wollte ich gar nicht *ihre* Anerkennung, sondern ständig die Anerkennung meiner Eltern.»

Reinhard: «Irgend etwas ist in Ihnen, was sich damit nicht abfindet?»

Frau Körner: «Ja, ich hatte das Gefühl, wenn ich merkte, daß andere mich anerkannten, dann war ich sehr traurig, daß es nur fremde Menschen waren.»

Reinhard: «So daß Ihnen Anerkennung von anderen den Verlust der Anerkennung von Ihren Eltern eigentlich nur schmerzlicher werden läßt?»

Frau Körner: «Ja. Was ich zu Hause eben auch sehr belastend fand, war, daß meine Mutter ständig davon sprach, daß sie es nur gut meinte und alle so sehr liebt. Und ich hatte immer das Gefühl, daß man recht wenig davon spürt und daß man eben nur geliebt wurde, wenn man sich so verhielt, wie sie es erwarteten.»

Reinhard: «Sie sprach zwar von Liebe, aber Sie spürten nicht wirklich, daß Sie sie bekamen.»

Frau Körner: «…und vor allen Dingen wäre ich sehr froh, wenn der Gedanke an sie mich einfach nicht mehr belasten würde. Wenn ich mit ihnen zusammensein könnte wie mit anderen Menschen.»

Reinhard: «…daß es vielleicht nicht Liebe und Anerkennung ist, aber daß es keine Belastung ist.»

Frau Körner: «Ja. Denn wenn ich so an sie denke oder weiß, daß sie schreiben, oder ich erwarte einen Brief, dann ist es immer das ungute Gefühl: Was schreiben sie mir? Welche Anklagen haben sie in dem Brief? Immer dieses Gefühl, daß sie da noch etwas im Hintergrund haben und irgendwann über einen herfallen werden damit.»

Reinhard: «Diese Furcht: Was wird jetzt wieder von ihnen kommen? Wo wird es mich jetzt wieder treffen oder verwunden?»

Frau Körner: «Ja, und ich möchte eben dahin kommen, daß – ganz gleich, wie sie sich verhalten – es nicht mehr so trifft.»

Reinhard: «Ja, Sie möchten unempfindlicher werden, daß es mehr an Ihnen herabgleitet?»

Frau Körner: «Ja… Ich erwarte an sich nicht, daß sie ihre Meinung ändern – nur daß irgend etwas mit mir geschieht. Daß ich nicht mehr so anfällig ihnen gegenüber bin.»

Frau Schmidt, 70 Jahre alt, kann seit einem Jahr ihre Ein-Zimmer-Wohnung wegen Krankheit nicht mehr verlassen. Der folgende Ausschnitt stammt aus einem Telefongespräch mit ihr:

Frau Schmidt: «Ich weiß selbst nicht mehr, was ich mit mir

anfange. Ich versuche auf alle mögliche Art und Weise, von meinen trüben Gedanken abzukommen. Aber es ist so: Es kommt unwillkürlich wieder.»

Anne-Marie: «So daß Sie eigentlich unzufrieden mit sich sind. Sie fühlen: Ich möchte da irgendwie rauskommen, aber wenn es mir so richtig dreckig geht, werde ich dauernd an mich erinnert.»

Frau Schmidt: «Ja, eben, nicht? Also es nützt dann auch nichts, daß man sich vornimmt oder daß man sich, wie ich Ihnen schon sagte, so mit anderen Dingen beschäftigt oder so. Also, ich schaffe es im Augenblick nicht, diese Tage nicht.»

Anne-Marie: «Ja. Ihre Erfahrung mit sich ist: In diesen Tagen ist es dir nicht so gelungen.»

Frau Schmidt: «Es ist irgendwie – irgendwie ist bei mir der Nullpunkt da, nicht? Ich weiß nicht, wie ich mich da rausholen soll. Die Gedanken werden ja immer trüber, wenn man… Und dann ist es natürlich… dann grübelt und grübelt man ja immer mehr. Ich hatte mich schon ganz schön zusammengerafft wieder. Aber im Augenblick ist es so, daß immer noch dieser Gedanke sich aufdrängt: Warum eigentlich? Mach Schluß! Aber es ist wahnsinnig. Ich würde es nicht tun. Ich meine…»

Später, am Ende des Gesprächs, sagt Frau Schmidt: «Ganz so aussichtslos ist es ja für mich gar nicht mal.»

Anne-Marie: «Ja, Frau Schmidt, ist es so, daß Sie das als eine Art Beruhigung empfinden, wenn Sie darin irgendwo doch wieder rangehen an das Leben mit: ‹So trostlos ist es doch eigentlich gar nicht›?»

Frau Schmidt: «Ja, eben. Ich bin darüber dann eigentlich ganz froh. Also muß ja doch noch ein bißchen Kraft in mir sein, ein bißchen Energie. Daß ich mir dann sage: ‹Nein, Schluß, das machst du nicht!› Daß ich so ganz und gar schwarz sehe, nein, das tue ich nicht mehr.»

Anne-Marie: «Im Laufe des Gesprächs empfinden Sie: Es

muß doch noch irgend etwas Positives in mir sein, so eine Art von Energie, die diese Flamme immer wieder neu entfacht.»

Frau Schmidt: «Ja, aber das ist nur eben tatsächlich durch diese Gespräche, die wir so miteinander führen. Ich muß sagen, das hat mir eigentlich irgendwo doch so ein bißchen mehr Mut gemacht.»

Anne-Marie: «Ja, etwas mehr Mut, mit sich selbst wieder weiterzuleben!» [54]

o Mit zunehmender, durch einfühlsames Verstehen geförderter Auseinandersetzung mit sich selbst lernen Menschen sich selbst besser kennen und finden mehr Ruhe in sich: «Ihr nehmt einen an. Ich spüre, ich kann im Gespräch mit euch mich selber verwirklichen, wachsen und werde nicht kritisiert. Ich kann einfach ich sein. Und ich spüre, ihr versteht mich. Es ist so, daß ich mich selbst häufig kritisiere, unter Druck setze, besser sein möchte, als ich bin. Und wenn ich mit euch zusammen bin, dann denke ich immer nur: Ja, da *bin* ich einfach nur. Das ist das Bereichernde.» Die Ruhe und innere Zuversicht, die der Helfer dem Hilfesuchenden im Gespräch ermöglicht, fördern dessen Selbstfindung.

### Auswirkungen auf den Verstehenden

Dies ist ein wichtiger Gesichtspunkt. Derjenige, der die seelische Wirklichkeit des anderen versteht und wahrnimmt, wird dadurch selbst beeinflußt. Nicht nur, daß er dadurch bereichert wird, sondern sein Bewußtsein wird erweitert. Vor allem die Kenntnis der seelischen Welt des anderen hilft ihm entscheidend, für den anderen angemessener zu handeln. Wir werden den anderen durch unser Verhalten und unsere Handlungen weniger verletzen, weniger beeinträchtigen. Wir können angemessener auf ihn Rücksicht nehmen und ihn mehr fördern. Die Kenntnis von seinem Erleben ist gleichsam die Grundlage, die Orientierung für unsere Handlungen ihm gegenüber.

Sind wir im Alltag im Erleben des anderen zentriert, so werden uns viele einfühlsame Aktivitäten für ihn einfallen: Ihm einen Gefallen tun, ihm helfen. Einfühlsames Handeln erleichtert sehr das Zusammenleben von Menschen in vielen Bereichen. Zwei Beispiele:

o Die Fähigkeit, sich in der Partnerschaft in die sexuellen Wünsche des anderen einzufühlen und sie zu berücksichtigen, ist sehr förderlich für die Beziehung: «Wenn wir jetzt sexuell beisammen sind, da hat sich etwas geändert. Früher hat mein Mann sehr wenig auf mich geachtet. Und ich habe es mit mir geschehen lassen. Mein Mann versucht jetzt beim Sexuellen, mich etwas mehr zu erspüren. Er nimmt sich Zeit, er versucht mehr wahrzunehmen, was ich ihm signalisieren möchte.»

o Professoren und Lehrer, die sich im Unterricht in das Erleben und in die Schwierigkeiten ihrer Schüler oder Studenten einfühlen – etwa bei Schulaufgaben oder beim Lesen komplizierter wissenschaftlicher Texte –, werden dies in ihren Handlungen berücksichtigen: Sie reden verständlicher, drücken sich weniger kompliziert aus, stellen etwa Informationsblätter her, die den Schülern und Studenten bei den Aufgaben helfen. Sie stehen ihnen für Fragen und Hilfen zur Verfügung. Untersuchungen ergaben: Lehrer, die sich bemühten, in der seelischen Wirklichkeit ihrer Schüler zentriert zu sein, hatten Schüler mit besseren fachlichen Leistungen und einer günstigeren persönlichen Entwicklung. [1, 35, 53]

So ist einfühlendes Verstehen eine wesentliche Grundlage für das, was Inhalt des folgenden Kapitels ist: Für andere angemessen zu sorgen.

# Andere achten und für sie sorgen

## Die Notwendigkeit

In Familien, Partnerschaften oder Betrieben gehen Menschen bisweilen geringschätzig und rücksichtslos miteinander um. Sie machen sich über den anderen lustig, machen ihn lächerlich, kommandieren ihn herum, übervorteilen ihn, engen seine Freiheit ein. Manche können andere nicht ausstehen oder hassen sie sogar. Gelegentlich kommt es zu Handgreiflichkeiten.

In der Partnerschaft leben manche jahrelang gleichgültig nebeneinander her, die Bedürfnisse und Wünsche des Partners werden mißachtet. «Also ich kam mir mit der Zeit irgendwie überflüssig vor und dann ausgenutzt», sagt die 24jährige Maria. «Er kam nach Hause, schlafen, essen, umziehen, und weg war er wieder. Und ich habe mich dann gefragt: Wozu bist du denn überhaupt noch da? Um die Wäsche zu waschen, einkaufen zu gehen, Essen zu kochen? Wenn ich in der Anfangszeit noch gefragt habe: Wo gehst du denn hin?, dann hat es geheißen: Das geht dich nichts an. Mittlerweile habe ich dann überhaupt nicht mehr gefragt. Nicht nur, daß er keine Rücksicht auf meine Bedürfnisse genommen hat – er hat nicht einmal den Versuch gemacht! Das ärgert mich!» [58] Marie fühlt sich von ihrem Mann ausgenutzt, nicht in sein Leben einbezogen.

In manchen Beziehungen kommt es Tag für Tag zu Machtkämpfen. Einer versucht den anderen zu übertrumpfen und zu beherrschen: «Irgendwie waren wir beide so gegeneinander», berichtet Egon. «Jeder versagte dem anderen die Anerkennung. Wir waren eigentlich dauernd in einem Machtkampf. Dabei geht es natürlich keinem gut.» Katrin berichtet von ähnlichen Erfahrungen in ihrer Ehe: «Wenn er eine Schwäche hatte, dann habe ich voll reingehackt. Das war ein ewiges Austeilen und Einfangen. Ich habe nicht aufgehört, bis ich eine Blöße entdeckt hatte und ihn am Boden hatte.»

Viele menschliche Kontakte sind durchsetzt von Beleidigungen, Demütigungen, Herabwürdigungen und Befehlen. Erwachsene sagen einander grobe Worte. Sie beschimpfen und dirigieren Kinder in Familien, Kindergärten und Schulklassen. Kinder bekriegen sich auch untereinander, Jugendliche provozieren Erwachsene. Lehrer: «Machst du jetzt endlich zu, du Dummkopf!» – «Die Klasse ist eine richtige Meute; die Schüler sind total verschlampt.» – «Stell dich nicht so dumm an.» – «Du hast ein Vierer-Gesicht, mehr ist für dich nicht drin.» – «Der kriegt mal einen Hang zum Klauen.» – Jugendliche: «Die blöden Alten, völlig verkalkt.» – «Der ist nicht ganz dicht.»

Mißachtung und Lieblosigkeit drücken sich oft auch in Gestik, Mimik und Handlungen der Menschen aus: Sie grinsen schadenfroh, lachen andere aus, hänseln sie, schauen sie mißbilligend an, zucken voller Verachtung mit den Achseln, sie übersehen andere demonstrativ, fahren sie mit lauter Stimme an.

Häufig richten sich Mißachtung und Spott gegen Menschen, die von der «Norm» abweichen, die irgendwelche Auffälligkeiten zeigen. Sie werden als «Menschen zweiter Klasse» behandelt. Bernd: «Ich hatte früher Rachitis. Und ich weiß, wie verletzend es ist, das Gefühl zu haben: Du bist anders, du bist nicht normal. Du bekommst das zu spüren, manchmal sehr, sehr hart. Das tut weh.» Vorwurfsvoll und fast hämisch reagiert eine Arzthelferin, als eine etwa 80 Jahre alte Frau beim Heruntersteigen von der Bestrahlungsliege hinfällt: «Na, wenn Sie da so dumm herunterkrabbeln! Sie hätten sich ja umdrehen können!»

Menschen gehen auch mißachtend mit anderen um, indem sie

sie als «Fall», als Objekt, als «Leistungsproduzenten» ansehen und behandeln. Sie sehen nicht in ihnen den Menschen, sondern geben ihnen zu verstehen, daß sie nur von Wert sind, wenn sie gut funktionieren und Leistungen erbringen: «Unsere Lehrer haben uns oft von oben herab behandelt. Sie sahen in uns kaum selbständige und wertvolle Persönlichkeiten. Sie schienen in uns eher Befehlsempfänger und Lernmaschinen zu sehen.»

Kinder werden des öfteren von ihren Eltern abgelehnt, wenn sie keine guten Schulleistungen erbringen: «Es war beinahe eine Katastrophe, wenn ich mal einen Dreier heimgebracht habe.» – «Ich werde es nie vergessen, als ich einmal eine Vier im Rechnen im Zeugnis hatte. Wie schlimm das war, mit dem Zeugnis nach Hause zu kommen! Da hab ich wirklich Angst gehabt.» – Ein Student: «Die Dozenten hier: menschenverachtend, sehr ‹zu›, vor allem uneinfühlsam. Ich sehe es schon an ihren Gesichtern – keine Ratgeber, keine Helfer auf dem Lebensweg.»

Viele wünschen sich, daß ihnen ihre Fehler nicht laufend vorgehalten werden, sondern daß sie als Menschen akzeptiert werden. Ina, 60 Jahre alt, über ihre Beziehung zu ihrem erwachsenen Sohn: «Udo muß mir das auch zugestehen, daß ich früher mal Fehler gemacht habe in seiner Erziehung. Er gräbt die Dinge von früher immer wieder aus. So sitzt man ewig auf der Anklagebank. Ich möchte auch verstanden werden.»

Manchen macht es Spaß, anderen weh zu tun und ihre intellektuelle oder körperliche Überlegenheit auszuspielen: «Was mich stört: seine Freude darüber, mich vor anderen Leuten in die Pfanne zu hauen.» – Die 37jährige Anne wird von ihrem Mann mißachtet und gequält. «Ich habe manchmal das Gefühl, daß es meinem Mann innerlich wohltut, wenn ich leide. Das äußert sich auch im sexuellen Bereich, im Schlagen – und zwar wirklich ganz doll schlagen, mir wirklich ganz bös weh tun. ‹Es soll nicht weh tun›, sagt er noch dazu. Aber sein Gefühl ist ganz stark: Schlagen. Das heißt, mir eigentlich so weh tun, daß es mich trifft. Dann fühlt er sich wohl.»

Das folgende Gespräch einer Familie zeigt, wie Menschen sich gegenseitig nicht annehmen können, sich dirigieren, einengen, sich ausgenutzt fühlen und aneinander vorbeileben: [55]

Mutter: «Wir können zu Hause nicht diskutieren. Da wird zum Schluß immer geschrien, dann ist man halt fertig. Ja, und ich komm mir zu Hause manchmal wirklich wie ein Dienstmädchen vor, das tut mir sehr weh. Und mein Mann steht immer wie ein Lehrer da: Das darf man doch nicht! So darfst du dich nicht geben! Das macht man nicht! Was werden die anderen dazu sagen! Wir – der Vater und ich – akzeptieren uns da gegenseitig nicht, wie jeder ist und sein möchte. Ich fühle mich einfach verlassen von ihm. Ich fühle mich einfach von ihm abgelehnt. Deshalb kann ich ihm auch nicht so zärtlich entgegenkommen, wie er es möchte.»

Vater: «Wir können einfach viel zuwenig miteinander reden. Ich würde schon sagen, daß ich manchmal penibel und ein bißchen kleinlich bin. Aber das ist meist bloß der auslösende Faktor für eine Explosion. Wenn ich über manche Punkte zu meiner Tochter spreche, dann ist gleich der Ofen schon zwischen uns aus. Und zwischen meinem Sohn und mir ist es so, daß wir praktisch schon wochenlang überhaupt nicht mehr miteinander gesprochen haben, weil wir nichts zu reden haben, weil wir keine Offenheit haben. Ich sehe einfach keine echte Verbindung mehr. Ich denke auch, daß wir unsere Probleme in der Ehe auf unsere Kinder verlagern.»

Tochter, 16: «Ich empfinde es als einfach wahnsinnig einengend und deprimierend, wenn ich immer wieder sehe, wie meine Eltern versuchen, mich in gewisser Weise so hinzubiegen, daß ich eine bestimmte Form erreiche.»

Sohn, 20: «Mich stört es ganz gewaltig, daß der Vater nicht irgendwie stark ist. Es fehlt jemand, der die Richtung ein bißchen angibt. Ich finde, daß wir als Familie irgendwie ein unsicherer Haufen sind.»

*Die Auswirkungen von Mißachtung, Lieblosigkeit und diri-*

gierendem Verhalten: Sie beeinträchtigen in Partnerschaft, Familie, Kindergarten, Schule und Betrieben entscheidend die seelische Lebensqualität.

o Menschen fühlen sich entmutigt, haben weniger Selbstvertrauen und lehnen sich ab. Werden sie lange Zeit, besonders in ihrer Kindheit und Partnerschaft, gedemütigt, kalt und lieblos behandelt, so entsteht in ihnen häufig ein Gefühl der Minderwertigkeit: «Ich habe das Gefühl: Im Grunde zähle ich für andere gar nicht. Ich trau mir gar nichts mehr zu!»

o Menschen fühlen sich dem anderen ausgeliefert, sind verzweifelt und haben mehr Ängste. Manche fürchten, lächerlich gemacht zu werden: «Bei der Arbeit bin ich immer mit Menschen zusammen. Und da habe ich große Schwierigkeiten: Ich weiß nichts zu sagen. Wenn ich nichts sage, ist das noch das sicherste. Dann können sie mich nicht darauf festlegen oder auslachen.»

o Menschen neigen eher zu seelischen Störungen und werden anfälliger für körperliche Erkrankungen. Jahrelang erfahrene Herabsetzung, Demütigungen und Gängeleien – etwa in der Partnerschaft – führen bei Menschen meist zu erheblichen Beeinträchtigungen ihrer Lebendigkeit und Lebensfreude. Sie sind in der freien Entfaltung ihrer seelischen Möglichkeiten stark eingeschränkt, geraten zum Beispiel leichter in depressive Verstimmungen und sind anfälliger für psychosomatische Leiden, für vegetative Störungen.

o Menschen, die andere mißachten, schädigen sich selbst. «Ich bin dahintergekommen, daß ich mich mit meinem Haß und meiner Wut gegenüber meinem Mann selber kaputtmache. Wenn ich gemein zu jemandem bin – das hängt mir ja selbst noch lange hinterher an.»

## *Warum mißachten Menschen einander?*

Viele wurden selbst rücksichtslos behandelt und haben dieses Verhalten übernommen. Erfahren Kinder und Jugendliche in Familie, Kindergarten und Schule häufig Mißachtung, Lieblosigkeit und starke Lenkung oder erleben sie dies bei anderen mit, neigen sie eher dazu, ähnlich zu handeln: «Wenn ich mir meine ganze Jugend anschaue, dann wundere ich mich nicht, daß ich häufig so bin. Ich habe eigentlich wenig Fürsorge, Wärme und Liebe erfahren. Mein Vormund kam nur, wenn mal eine Tracht Prügel fällig war. Genau das hat mich hart gemacht. Jetzt teile ich die Härte aus, obwohl ich es gar nicht will. Ich würde manchmal viel lieber etwas anderes sagen, um den anderen nicht so zu treffen.»

Manche sind in ihrem Vertrauen zu anderen enttäuscht worden. Auf Grund dessen und aus Angst vor möglicher Verletzung greifen sie andere an. In einem Gruppengespräch wendet sich ein 30jähriger Mann heftig gegen eine 18jährige Schülerin, die sich kurz zuvor mit ihrem Selbstmordversuch auseinandergesetzt hatte: «Also es widert mich regelrecht langsam an. Du hast vorhin dein Problem der Sinnlosigkeit des Lebens besprochen... Du taugst doch nichts! Du stinkst doch, du siehst ekelhaft aus jetzt. Das ist doch niederträchtig, so etwas!» Einige Zeit später sagt er von sich: «Also ich könnte keinem vertrauen... dadurch, daß Gutmütigkeit grundsätzlich mißbraucht wird. So hab ich's bisher erlebt... Ich glaube, daß ich täglich enttäuscht werde in meinem Vertrauen... so daß ich ein richtiges Waffenlager habe.» [61]

o Die Angst, vereinnahmt zu werden, ist ein weiterer Grund für ein distanziertes und eher abweisendes Verhalten: «Ich möchte Beziehungen zu anderen Menschen haben können, ohne Angst, daß der andere mich schluckt.» Manche fühlen sich durch die Nähe eines anderen bedroht: «Ich habe Angst vor anderen, die mich gefühlsmäßig berühren könnten.» – «Ich habe eine große

Sehnsucht nach körperlicher Berührung. Aber ich habe Angst, dann mißverstanden zu werden.» Andere sehen ihre Gefühle und ihre Neigung zu Zärtlichkeiten als Schwäche bei sich an. Sie befürchten, sich lächerlich zu machen, wenn sie für andere Zuneigung empfinden und sie ihnen zeigen.

Einige sind so stark von ihrem Streben nach den Zielen beansprucht, daß ihnen keine Zeit bleibt, sich den Bedürfnissen, Sorgen und Nöten anderer zuzuwenden. Oft fühlen sie sich auch durch persönliche Beziehungen in ihrem zielstrebigen Handeln behindert: «Ich war auf der Karriereleiter und habe mühselig Etappe für Etappe genommen. Etliche Jahre habe ich draußen wie aus dem Koffer gelebt, auch unter Aufgabe des Familienlebens. Aber ich hatte mir zum Ziel gesetzt: Das will ich erreichen. Und ich habe es erreicht. Ja, das hat mich bestimmt hart gemacht, auch mir selbst gegenüber. Und so ist es leider bei uns so, daß die anderen Familienmitglieder keine freien Entfaltungsmöglichkeiten haben, weil ich überall meine Stempel aufdrücke. Und die Kinder wissen genau, wenn sie die Marke überschreiten, dann gibt's ein Donnerwetter.» [56]

Manche sehen andere als Personen von geringerem Wert an. Dieses Empfinden der Ungleichwertigkeit läßt sie andere in einer Art behandeln, wie sie selbst nicht behandelt werden möchten: abwertend, demütigend, dirigierend und bevormundend: «Mein aggressives Handeln gegenüber meiner Partnerin», sagt ein 26jähriger ehrlich, «bringt mir oft ein Gefühl des Triumphes, läßt mich erleben, daß sie unterlegen ist. In diesen Momenten empfinde ich mich als wertvoll.»

## Achtungsvoller Umgang miteinander

Menschen wünschen sich, respektiert, umsorgt und geliebt zu werden. Sie möchten gern, daß andere ihnen vertrauen und daß sie in ihrer Selbstbestimmung nicht eingeengt werden. Sie möchten in ihrer Einzigartigkeit angenommen werden. Wenn uns dies gegenseitig gelingt, schaffen wir uns eine wichtige Umweltbedingung für unser seelisches und körperliches Wohlbefinden. Wie können wir einander dieses Wohlbefinden ermöglichen? Wie können wir anderen das geben, was wir auch für uns selber wünschen?

*Wir akzeptieren andere in ihrer Andersartigkeit*

Das Annehmen des anderen fällt uns besonders schwer, wenn dieser ganz anders denkt, fühlt und handelt als wir. Es macht uns Schwierigkeiten, in ihm einen eigenständigen Menschen mit eigenen Ideen, Zielen und Werten zu sehen. Häufig bedroht und verunsichert uns das. Der amerikanische Psychologe Carl Rogers: «Ich denke an einen meiner Mitarbeiter, der glänzende Züge aufwies, aber sichtlich andere Wertvorstellungen hatte als ich und sich ganz anders verhielt, als ich es getan hätte. Es war ein wirkliches Ringen, bei dem es mir, wie ich glaube, teilweise gelungen ist, ihn die Person sein zu lassen, die er war und ihm zu gestatten, sich völlig losgelöst von mir und meinen Ideen und Werten als Person zu entfalten.» [37]

Eine solche Haltung wirkt sich auf den anderen positiv aus: «Was ich an meiner Partnerschaft besonders schätze, ist, daß ich so kommen kann – so elend, so traurig oder verquer, wie ich gerade bin – und daß ich mich ganz aufgehoben fühlen kann.» – «Ich bin einfach überglücklich darüber, daß ich geliebt, geschätzt und wichtig bin, daß ich angenommen werde, wie ich bin – und daß es endlich einmal auf gleicher Ebene ist, wo ich kein Kind, keine Schülerin oder Patientin bin.»

Wenn wir einen Menschen als wertvoll ansehen, achten wir ihn. Wir erkennen die andersartige Erlebniswelt des anderen an. Wir nehmen andere in ihren Gefühlen, Meinungen, Vorlieben und Eigenarten an. Wir beurteilen nicht. Dies ist für den anderen eine wichtige Erfahrung. Eine junge Frau, Patientin in einer psychiatrischen Klinik: «Sie verstehen mich wirklich, sie kennen meine Schmerzen und mein seelisches Leid. sie geben meinem Leben Hoffnung und Licht, weil sie mich als Mensch sehen und nicht, wie die meisten hier, als geistig nicht normal.»

Auch in der Kind-Eltern-Beziehung ist es häufig nicht einfach, einander zu achten. «Früher habe ich meine Eltern abgelehnt und teilweise auch gehaßt. Ich bin jetzt an dem Punkt, daß ich sie so annehmen kann, wie sie sind. Ich bin jetzt auch ganz zufrieden mit der Beziehung», sagt der 34jährige Bernd. Eine junge Frau: «Ich fühle mich von meinen Eltern akzeptiert, ohne daß ich dafür bestimmte Bedingungen erfüllen muß. Ich kann aus mir herausgehen und sehen, was ich wirklich bin.» Ingrid, Mutter eines 12jährigen: «Mit der Aggressivität und Wut meines Jungen konnte ich schlecht umgehen. Heute ist es so: Das bedroht mich nicht mehr. Das macht mir nicht mehr angst. Ich kann ganz dicht bei ihm sein und erfahre diese Wut und diesen Ärger. Es ist eine Seite, die ich immer mehr bei ihm akzeptieren kann. Es ist mir sogar schon passiert, daß ich hinterher gedacht habe: So ähnlich ist es dir eigentlich auch schon mal ergangen.»

Wenn wir mit einem anderen in einen Konflikt verwickelt sind, fällt es uns besonders schwer, ihn anzunehmen. Wir fühlen uns in solchen Situationen leicht angegriffen und bedroht. Wir schaffen es dann häufig nicht, die Gefühle des anderen als gegeben anzunehmen und ihm bei der Selbstklärung beizustehen. Eindrucksvoll schildert Bettina, wie sie solche Konfliktsituationen in ihrer Partnerschaft bewältigt. «Bei Konflikten, die mit mir zusammenhingen, war es früher für mich sehr schwer, mit seiner Aggression fertig zu werden. Da ging mein Ego hoch. Aber dann habe ich gedacht: Nein, das ist der falsche Weg. Es ist ja nicht gegen dich, sondern es ist *seine* Auseinandersetzung. Ich habe ihn ganz liebevoll betrachtet, wie ein Juwel, das eigentlich strahlt, aber von selbstfabriziertem Dreck verhüllt ist. Ich habe mir gesagt: *Er* muß durch alles durch, er muß seinen ganzen Dreck wegpolieren. Das kannst du nicht. Er muß nur Ruhe ha-

ben, und ich muß ihn lassen. Diese positive Einstellung führte
dann auch dazu, daß sich der Konflikt fast immer von allein auf-
löste.»

Was können wir in solchen Konfliktsituationen tun? *Wie* können wir uns äußern, wenn sich die Welt des anderen kraß von
unserer eigenen unterscheidet?

Hilfreich ist es, wenn wir unsere Gefühle in dieser Situation
spüren und äußern können, ohne den anderen zu bewerten: «Ich
fühle mich verletzt.» – «Ich ärgere mich.» – «Es fällt mir sehr
schwer zu verstehen, daß es keine anderen Möglichkeiten gibt.»
– «Ich erlebe es anders.» – Eine Folge ist: «Wenn ich frühzeitig
*meine* Gefühle ausdrücke, bin ich mehr bei mir, und der andere
hat die Chance, mich zu verstehen.»

Den anderen anzunehmen, bedeutet nicht, daß wir sein Verhalten und seine Auffassungen billigen oder sie für uns als richtig
ansehen. Es heißt vielmehr, daß wir das Verhalten und die Auffassungen des anderen als *seine* im Moment gegebene Realität
anerkennen. Es steht uns frei, *unser* Fühlen dem anderen gegenüber zu äußern, ohne ihn zu bewerten. Es steht uns auch frei, für
uns Konsequenzen zu ziehen.

Es ist fast unmöglich, jeden zu achten. Aber wir können uns
bemühen, erst einmal den Menschen Achtung entgegenzubrin-
gen, die in unserem unmittelbaren Umkreis leben: in der Familie, im Freundeskreis, Nachbarn und Kollegen.

Wie schaffen wir es, den anderen so anzunehmen, wie er ist?
«Eines der befriedigendsten Gefühle, die ich kenne, habe ich,
wenn ich einen anderen auf dieselbe Weise genieße wie zum Beispiel einen Sonnenuntergang», schreibt Carl Rogers. «Menschen
sind genauso wundervoll wie ein Sonnenuntergang, wenn ich sie
*sein* lassen kann. Ja, vielleicht bewundern wir einen Sonnenuntergang gerade deshalb, weil wir ihn nicht verändern können.
Wenn ich einen Sonnenuntergang betrachte, wie ich es vor ein
paar Tagen tat, höre ich mich nicht sagen: ‹Bitte das Orange

etwas gedämpfter in der rechten Ecke und etwas mehr Violett am Horizont und ein bißchen mehr Rosa in den Wolken.› Ich versuche nicht, einem Sonnenuntergang meinen Willen aufzuzwingen. Ich betrachte ihn mit Ehrfurcht.» [37]

Den anderen wie eine Blume oder einen Sonnenuntergang in seiner Art des Seins und Erlebens wahrzunehmen und als Realität zu respektieren, bedeutet nicht, daß wir uns nicht um ihn kümmern, daß wir ihm nicht zu helfen suchen oder daß wir auf eigene Bedürfnisse verzichten. Im Gegenteil: Wenn wir den anderen in seiner Art des Seins annehmen, so ist dies häufig ein wichtiger Schritt bei unserem Bemühen, ihm gegenüber angemessener zu handeln.

## Wir lassen anderen ihre innere Freiheit

Die meisten Menschen möchten über sich selbst bestimmen und möglichst wenig Zwang und Bevormundung erfahren. Achten wir ihren Wunsch nach Selbstbestimmung, oder erwarten wir von ihnen, so zu leben, wie wir es für richtig halten?

In vielen Partnerschaften und Familien klammern sich Menschen aneinander, versuchen Besitz voneinander zu ergreifen. Es fällt ihnen schwer, dem anderen Eigenständigkeit zuzugestehen. Dies kann damit zusammenhängen, daß sie selbst wenig eigenständig sind. Die folgenden Äußerungen zeigen, wie sich Menschen in diesem Bereich ändern. Gabriele über ihre Ehe: «Wenn ich nachmittags nach Hause komme, dann klönen wir, oder wir machen etwas gemeinsam. Aber Peter akzeptiert jetzt eher, wenn ich sage, ich muß heute nachmittag das Wohnzimmer machen. Er akzeptiert jetzt mehr, daß ich nicht ständig nur bei ihm hocken kann, daß wir da ein Stück gegenseitiger Freiheit irgendwo haben. Und wenn er mit seinem Freund weggeht, dann sage ich sogar: ‹Ich freue mich.› Ich freue mich, weil ich sehe, ihm tut das gut. Im Gegensatz zu früher ist heute die ganze häusliche Atmosphäre viel entspannter.» Ulrich, 40: «Ich hatte früher immer das Gefühl, daß sich meine Mutter an mich klammert. Sie wollte und konnte nichts ohne mich machen. Jetzt ist sie selbständiger geworden, unabhängiger. Sie konnte auch mal wieder etwas ohne mich genießen. Sie hat dadurch jetzt für sich ein Stück mehr Freiheit, und ich habe dadurch auch mehr Freiheit.»

Manchen macht es angst, eigenständig zu sein oder die Eigenständigkeit des Partners zu fördern. Sie fürchten, die Wege könnten sie voneinander wegführen, die seelische Brücke zwischen ihnen könnte zerbrechen. Eine solche Entfremdung muß aber nicht eintreten: «Wir haben ein Gefühl der Gemeinsamkeit entwickelt, das nicht davon abhängig ist, daß wir immer gemeinsam Händchen halten. Wenn er zu seinem Freund geht, dann handarbeite ich dort, oder ich lese ein Buch, und er bastelt mit seinem Freund im Garten. Jeder weiß, wo der andere zu finden ist und daß der andere jederzeit für ihn da ist. Jeder kann selbständig für sich etwas tun, und trotzdem ist so ein Gefühl der Gemeinsamkeit da.»

Eltern, Lehrern und Kindergärtnerinnen fällt es vielfach schwer, ihren Kindern einen eigenen Lebensraum zuzugestehen, so daß sie sich zu eigenständigen Menschen entwickeln können. Der Dichter und Philosoph Kahlil Gibran schreibt [18]:

«Eure Kinder sind nicht *eure* Kinder.

Es sind die Söhne und Töchter von des Lebens Verlangen nach sich selber.

Sie kommen durch euch, doch nicht *von* euch.

Und sind sie auch bei euch, so gehören sie euch doch nicht.

Ihr dürft ihnen eure Liebe geben,

doch nicht eure Gedanken,

denn sie haben eigene Gedanken.

Ihr dürft ihren Leib behausen, doch nicht ihre Seele.

Denn ihre Seele wohnt im Hause von morgen,

das ihr nicht zu betreten vermöget,

selbst nicht in euren Träumen.
Ihr dürft euch bestreben, ihnen gleich zu werden,
doch suchet nicht, sie euch gleich zu machen.»

Erst wenige wissen, wie wichtig es für Sterbende sein kann, daß sie von ihren Angehörigen und Freunden die Freiheit, die «Erlaubnis» erhalten, sterben zu dürfen, daß ihre Angehörigen sie gleichsam in Frieden loslassen können. In eindrucksvoller Weise teilt dies der amerikanische Psychologe Carl Rogers, fast 80jährig, Anne-Marie einige Zeit vor ihrem Tode in einem Brief mit: «Ich habe gehört, daß Deine Gesundheit nicht gut ist. Ich bin traurig darüber. Ich möchte Dich wissen lassen, wir sehr ich Dich und Deinen Mut bewundere, dem Leben ins Auge zu blicken und auch der Möglichkeit des Todes. Deine Liebe hat mich über Zeit und Raum hinweg begleitet. Für die Zukunft wünsche ich Dir, was immer Du für Dich selbst wünscht. Wenn du wünschst, daß es Dir besser geht, wünsche ich Dir das von ganzem Herzen. Wenn das Leben zu sehr eine Bürde für Dich wird und du wünscht, Du möchtest davon erlöst werden, dann will ich das für Dich wünschen – traurig, aber mit einem tiefen Verständnis.»

## Zärtliche Zuneigung

Wie bedeutsam es für den anderen sein kann, wenn wir auf ihn zugehen und ihm unser Vertrauen und unsere Zuneigung zeigen, geht aus folgender Äußerung hervor. Ein Mann, 48: «Mein Vater zeigte mir, daß er glaubte, daß ich meinen Weg allein gehen kann. Ich fand das sehr hilfreich, daß er mir das zutraute.»

Wohl alle Menschen brauchen Nähe und liebevolle Zuwendung. Sie haben sie oft jahrelang entbehrt. «Ich habe als Kind und auch später diese Zärtlichkeiten wahnsinnig vermißt. Ich habe oft als Kind davon geträumt, daß meine Mutter mich in den

Armen hält. Denn sie tat es niemals. Und so habe ich eben ein großes Nachholbedürfnis nach Zärtlichkeit und Nähe.» Nur wenigen gelingt es, ihr Bedürfnis nach Zuneigung auszudrükken. Die 7jährige Natalie ruft ihren Vater an seinem Arbeitsplatz an: «Ich mußte dich anrufen, ich hatte Sehnsucht nach dir.» Eine 18jährige in einer Gesprächsgruppe: Warum hören wir nicht auf, uns gegenseitig zu beschimpfen, und gestehen uns ein, daß wir einander brauchen? Ich dachte, was muß ich machen, um euch sagen zu können: ‹Ich brauche euch! Ich brauche Liebe, und ich brauche Menschen, und ich brauche jemanden, der manchmal meine Hand hält…›» [43]

Zuneigung und Zärtlichkeit können in vielfältiger Weise gegeben werden. Eine Tochter zu ihrer kranken Mutter: «Auch wenn du dich manchmal körperlich als Schwächling fühlst, bist du doch ein seelischer Stärkling. Ich danke dir, daß es dich gibt, daß du mir ein so guter Wegbegleiter bist.» Ein Mann über seine Partnerschaft: «Wir geben uns jetzt einfach mehr kleine Zärtlichkeiten, zum Beispiel, daß wir uns mal über das Haar streichen oder uns einen Kuß wünschen und geben.»

Viele müssen es erst in tastenden Schritten lernen, Zärtlichkeiten als natürlichen Ausdruck von Nähe zu verstehen, sie anderen spontan zu geben oder von ihnen anzunehmen: «Ich kann meine inneren Gefühle ausdrücken, indem ich andere Menschen spontan in den Arm nehme», sagt eine junge Frau. «Ich kann Zärtlichkeiten geben und finde diese Momente sehr schön. Allerdings kommen mir im nachhinein immer Bedenken, weil der Austausch von Zärtlichkeiten auch mißverstanden werden kann. Aber ich lasse mich dadurch nicht entmutigen.

## Wir kümmern uns um andere

Wenn wir in einer engen Beziehung zu uns selbst leben und auf unsere spontanen Regungen reagieren, werden wir oft aus unserem Empfinden heraus anderen helfen und ihnen fürsorgliche Angebote machen. Wir sorgen auf eine nichtdirigierende, einfühlsame Weise für den anderen, indem wir ihm die Möglichkeit geben, unsere Angebote anzunehmen, ohne enttäuscht zu sein, wenn er sie zurückweist.

Ein alleinstehender Mann: «Da rief doch neulich ein Kollege an, den ich gar nicht so gut kenne. ‹Georg›, sagt er, ‹willst du morgen mitkommen zum Angeln?› Das fand ich ganz toll.»

«Mein Mann geht jetzt mehr auf mich ein», sagt eine 40jährige Arbeiterin; «ich weiß nicht – er zeigt eher Gefühle. Er ist jetzt unheimlich nett, er macht auch mal, was *ich* gern möchte: Er schaltet mal den Fernseher ab und legt eine Platte auf. Da sagte er doch neulich: ‹Du brauchst bestimmt frische Luft, wollen wir eine Runde drehen?› Das hat er, solange wir zusammen wohnen, zwölf Jahre lang, niemals mit mir gemacht.»

Eine schwer erkrankte Frau berichtet: «Obwohl ich zu Hause war und etwas hätte tun können, haben die Nachbarn einfach gesagt: Sie gehen spazieren und machen das und das. Für das Kochen sorgen wir. Da haben fünf Familien wochenlang Essen für uns gekocht. Mittags stand ein Korb vor der Tür. Sie klingelten nicht. Ich wußte nie, bei wem ich mich bedanken sollte. Ich hab das nachher erst richtig gehört: Das hatte die eine Nachbarin in die Hand genommen. Zu diesen Menschen habe ich heute noch einen ganz starken Kontakt.» [51]

Durch vielfältige Aktivitäten können Menschen einander helfen. Sie können sich für andere einsetzen, Sprachrohr ihrer Nöte sein – Menschen ermutigende Erfahrungen ermöglichen – für andere Zeit haben – Mitschülern bei den Schularbeiten helfen – für eine ältere Nachbarin einkaufen oder ihr die Hecke schneiden – einem Kranken den Zugang zu einem guten Facharzt oder

zu einer Selbsthilfegruppe erleichtern – als Lehrer leicht verständliche Informationspapiere erstellen – im Altersheim einen
Mitbewohner mit auf den Spaziergang nehmen oder für ihn
einen Brief schreiben – einem anderen Menschen durch Fürspra-
che eine Arbeitsstelle vermitteln – einem neuen Kollegen am Arbeitsplatz helfen – jemanden zur Behörde begleiten...

Mit unseren helfenden Aktivitäten nehmen wir dem anderen
nicht seine Eigenständigkeit. Er bleibt für sein Wohlergehen und
seine Entscheidungen verantwortlich. Es ist wichtig, daß wir als
Helfende auch auf uns und unsere Bedürfnisse hören: «Ich habe
auch gelernt, auf mich zu hören, wie weit meine Kräfte reichen
und wann ich stoppen muß, um genug Zeit für mich, meinen
Mann und die Kinder zu haben. Und so fühle ich mich deutlich
ausgeglichen und ruhig», sagt Sybille, Mutter von drei Kindern,
die in ihrer Freizeit alte Menschen betreut; «ich bekomme von
den alten Menschen viel Kraft. Und diese Kraft kann ich wiederum sinnvoll für andere einsetzen.»

Indem wir anderen helfen, geben wir nicht nur, sondern bekommen auch viel. Der andere braucht uns nicht zu danken – es
ist ein gegenseitiges Nehmen und Geben. «Ich möchte kein Gefühl der Dankbarkeit in meinen Patienten auslösen, wenn ich
ihnen etwas Gutes tue, sondern eher ein Gefühl der Ruhe, der
Gelassenheit und Geborgenheit», sagt eine Krankenschwester,
die ihren Beruf seit zwanzig Jahren ausübt.

Wir kümmern uns auch um andere, indem wir sie vor schädi-
genden Erfahrungen bewahren. Wir schildern ihnen unsere eigenen ungünstigen Erfahrungen. Wir empfehlen ihnen nur etwas,
was wir auch für uns selbst als hilfreich ansehen. Und wir sind
darauf bedacht, ihr Selbstbewußtsein nicht zu schädigen.

Eine weitere Möglichkeit, andere zu unterstützen, ist, ihnen
konstruktive Angebote zu machen, die ihre körperliche, geistige
und seelische Entwicklung fördern. Wir können sie zu einem
Volkshochschulkurs oder zum Sport mitnehmen – ihnen ein an-
regendes Buch leihen – mit ihnen gemeinsam einen Film sehen

und darüber sprechen – ihnen helfen, ein Hobby zu entwickeln oder kleine Aufgaben zu übernehmen... Eine Untersuchung zeigte, wie wichtig es zum Beispiel für alte Menschen ist, für etwas zu sorgen: Ältere Patienten in einem Pflegeheim erhielten nach einem Vortrag, der ihre Verantwortlichkeit für sich selbst herausstellte, kleine Pflanzen. Sie wurden gebeten, verantwortlich für sie zu sorgen. Einer anderen Gruppe wurden Pflanzen ins Zimmer gestellt, die durch die Heimleitung betreut wurden. Die Menschen, die die Pflanzen selber versorgten, wurden im Vergleich zu den anderen fähiger zu lebendigen Kontakten mit Pflegepersonen und Freunden, und ihr allgemeiner Gesundheitszustand besserte sich. [34]

## Der Weg, andere mehr zu achten

Ein von Achtung und liebevoller Zuwendung geprägter Umgang mit dem anderen ist nicht durch ein äußeres «Machen», durch überstürzte Aktivitäten zu erreichen. Vielmehr liegt dem meist ein tiefes positives Empfinden für andere Menschen, eine bejahende Einstellung zu ihnen zugrunde. Dies ist gleichsam die Quelle unseres Tuns. Wir lassen den anderen fühlen: Ich werde geachtet.

Um mehr auf andere zugehen zu können und ihnen mehr Freiheit, Nähe, Wärme und Vertrauen zu geben, ist es oft notwendig, daß wir uns ändern: «Was ich wirklich noch mehr lernen muß: den anderen so zu nehmen, so zu lieben, wie er ist. Hinterher wird es mir oft klar, dann denke ich: Du zerrst schon wieder an ihm herum. Aber meine eigenen Veränderungen, die brauchen Zeit, ehe ich wirklich den anderen so belassen kann.» Carl Rogers: «Weil ich mich weniger davor fürchte, positive Gefühle zu geben oder zu empfangen, bin ich fähig geworden, Menschen mehr zu schätzen.» [37]

Wie sehen solche persönlichen Wandlungen im einzelnen aus?

o Wir lernen, uns selbst mehr zu achten und zu lieben: «Ich glaube, erst wenn man sich selber richtig annehmen und lieben kann, kann man einen anderen wirklich lieben und annehmen.» Ein tiefes Selbstwertgefühl ermöglicht es uns zum Beispiel, uns durch Vorwürfe eines anderen nicht angegriffen zu fühlen, sondern ihn in seiner seelischen Wirklichkeit anzunehmen. Eine Frau, 44: «Früher war es immer so, daß ich mich sofort angegriffen fühlte und überhaupt keinen Wert in mir verspürte. Ich kann's jetzt ertragen, daß alles so furchtbar bei meinem Mann herauskommt, daß er sagt, daß er unter mir oft schrecklich leidet. Es rasselt nicht mehr sofort eine Jalousie bei mir herunter. Ich weiß, daß ich trotzdem einen Wert habe, daß ich ‹ich› bleiben kann. Ich sehe es jetzt mehr, daß es *seine* Schwierigkeiten sind; daß es keine Angriffe sind, um mich zu verletzen. Ich glaube schon, daß es ihm hilft, wenn er es sagen kann.»

o Ehrliche Auseinandersetzung mit uns selbst verhindert, daß wir überwiegend an uns denken, andere vernachlässigen und ignorieren, die Augen schließen vor den Bedürfnissen anderer. Wir fragen uns: Was tue ich für andere? Kümmere ich mich genug um Menschen, die Hilfe brauchen? Dies hilft uns auch, nicht *über andere* zu reden oder sie zu bewerten, sondern *über unser Fühlen in der Beziehung zu einem anderen* zu sprechen.

Wenn wir uns mit uns selbst auseinandersetzen, werden wir fähiger, bessere Partner und Helfer für andere zu sein. Ein Arzt: «Erst im Verlauf meiner ärztlichen Tätigkeit wurde mir deutlich, daß das Ausweichen vor bestimmten Fragen der Patienten mit meinen eigenen Schwierigkeiten, über meinen Tod zu reflektieren, zusammenhing. Erst nach persönlichen Erfahrungen, dem Tod meiner Eltern, war es mir möglich, mich intensiver mit meinem eigenen Tod zu beschäftigen. Danach gelang es mir, mit schwerkranken Patienten ein offenes Gespräch zu führen.»

o Wir fühlen uns mehr in andere ein. Wir behandeln andere eher so, wie wir selbst behandelt werden möchten. «Für mich ist es sehr wichtig», sagt Reinhold, ein Lehrer, «den anderen als gleichwertig anzusehen. Denn ich bin mir bewußt: Was kann ich dafür, daß ich so bin? Und was kann der andere dafür, daß er so ist? Wenn ich dem zustimme, dann billige ich dem anderen grundsätzlich das zu, was ich für mich selbst wünsche, was für mein Leben notwendig und wichtig ist.»

o  Wenn wir unsere Erwartungen gegenüber anderen und unsere Wunschbilder mehr loslassen, können wir besser annehmen: «Früher konnte ich die Andersartigkeit bei meinem Freund ganz schlecht akzeptieren. Ich habe da immer ein bestimmtes Bild von ihm gehabt und gedacht, so und so müßte er jetzt sein. Ich kann ihn jetzt wesentlich besser annehmen, weil ich mir immer wieder sage: Das ist seine Art, und das ist für ihn eine angemessene Reaktion.» Häufig fällt es Eltern schwer, ihre Kinder anzunehmen, weil sie bestimmte Erwartungen an sie haben, die mit den Vorstellungen der Kinder nicht übereinstimmen: «Mein Mann und ich haben gegen den Motorradclub von Thomas, unserem 17jährigen, angekämpft. Wir hatten ihm echt Schwierigkeiten gemacht. Aber ich weiß, er wäre eher ausgezogen, wenn wir ihm das abgefordert hätten. Ich erwarte jetzt überhaupt nicht mehr, daß er vom Motorradclub wegkommt. Ich sage, das ist *seine* Sache. Es bedrückt mich heute nicht mehr, wenn etwas nicht so ist, wie man es einfach erwarten sollte. Ich habe ganz einfach mein Wunschdenken abgeschafft. Es war auch ein Entwicklungsprozeß bei mir, der ganz langsam vor sich gegangen ist. Und ich denke, wenn *wir* unser Leben bewältigt haben – so viel Vertrauen setze ich in die Jugend, daß *sie* es auch schaffen.» [55]

o  Äußere Bedingungen können das gegenseitige Akzeptieren erleichtern: Wir schaffen eine neue Wohnsituation, durch die Reibungspunkte vermieden und Freiräume geschaffen werden, etwa einem Hobby nachzugehen oder häufiger Freunde einzula-

den. Oder wir helfen dem anderen, eine angemessene Tätigkeit
zu finden. «Irgendwie waren wir beide so gegeneinander», berichtet Erwin; «jeder versagte dem anderen die Anerkennung.
Das Ganze hat sich jetzt verändert, seit Beate arbeitet. Sie hat jetzt
mehr Aufgaben, wo sie sich mehr verwirklichen kann, wo sie zur
eigenen Zufriedenheit kommt. Vorher hat sie die Zufriedenheit
nur durch mich bekommen.» Eine weitere förderliche Bedingung
können sich Partner bei anhaltenden Schwierigkeiten dadurch
schaffen, daß sie auseinanderziehen. Die räumliche Veränderung
kann es ihnen ermöglichen, sich selbst zu klären und wieder positiv auf den anderen zuzugehen: «Ich kann Renate jetzt besser
akzeptieren, wahrscheinlich auch gerade wegen der räumlichen
Trennung. Ich habe nicht mehr so starke Forderungen an sie, wie
sie sein müßte, um ein befriedigender Partner zu sein.»

## Auswirkungen unseres Sorgens für andere

Achtung und liebevolle Zuwendung helfen Menschen, sich wohler zu fühlen und sich weiterzuentwickeln. «Der Mensch, der auf
eine nichtbesitzergreifende Weise geschätzt und geliebt wird,
blüht auf und entwickelt ein einzigartiges Selbst.» [37]

Wie wirkt es sich aus, wenn Menschen beständig – nicht nur
gelegentlich – angenommen, geliebt und geachtet werden?

o Menschen erhalten seelische Kraft. Dies ist besonders bedeutsam, wenn sie sich in einem Tief befinden: «Briefe, Blumen, Besu-
che und Anrufe haben eine Batterie in mir aufgeladen, die sich
jetzt weiterhin selber auflädt.» – «Als Du am Telefon zu mir
sagtest, daß Du mich magst, hat mir das geholfen, weil ich mich in
meiner ganzen Situation zu Hause so unsicher fühlte.» – «Ich
fühlte mich sehr allein, durcheinander, und es ging mir dreckig.
Als ich auf dem Höhepunkt war, wo ich nicht mehr weiter wußte,
klingelte es und Regine stand vor der Tür. Sie nahm mich in den

Arm, sprach mit mir, und wir gingen spazieren. Das hat mir so gutgetan und half mir, aus diesem Tief herauszukommen.»

o Menschen entwickeln mehr Selbstvertrauen und Selbstachtung. In Untersuchungen zeigte sich: Kindergartenkinder und Jugendliche hatten mehr Selbstvertrauen, wenn ihre Eltern ihnen deutliche Zuwendung und Unterstützung gaben. [53] Oder: Erfahren Menschen von ihren Eltern, ihrem Partner oder Vorgesetzten Achtung und Wärme, so fühlen sie sich mit sich selbst und anderen zufriedener. [53, 11]

Die Bedeutung einer zwar nur kurzen, aber von Achtung und Zuwendung geprägten Begegnung zeigt der folgende Brief, den eine Frau an Carl Rogers nach ihrer Teilnahme an einer Gesprächsgruppe schrieb. Sie bezeichnete sich selbst als eine laute, «kratzbürstige», überaktive Person, deren Ehe in die Brüche gegangen war und die das Gefühl hatte, daß das Leben nicht lebenswert sei: «Ich hatte viele Gefühle, von denen ich fürchtete, daß die Leute darüber lachen oder sie zertrampeln würden. Ich hatte sie unter einer Betonschicht begraben, was natürlich das Leben für meine Familie und mich zur Hölle machte. Der Wendepunkt für mich war eine Geste Ihrerseits, als Sie Ihren Arm um meine Schulter legten. Ihre Anteilnahme an dem Tag, als ich zusammenbrach, erschien mir so echt, daß ich ganz überwältigt war. Ich empfand diese Geste als ein Gefühl des Angenommenseins, eines der ersten, die ich je erlebt habe – ich, so dumm wie ich nun einmal bin mit meiner Kratzbürstigkeit und allem. Sie können sich vorstellen, welche Woge der Dankbarkeit, Demut, ja der Erlösung mich erfaßte. Mit unerhörter Freude schrieb ich: ‹Ich habe tatsächlich Liebe gespürt.›» [37]

o Die Ängste von Menschen werden geringer, sie werden freier im Umgang mit anderen: «Ich habe die Angst vor anderen Menschen verloren. Ich habe mehr Mut, auf andere zuzugehen.» – «Für mich war das Gefühl entscheidend, von einem Mädchen

akzeptiert zu werden, dem ich von meinen sexuellen Schwierigkeiten erzählt hatte. Und dadurch ging auch die Angst vor
anderen Mädchen zurück.» Erfahren Menschen von anderen
Achtung und Zuwendung, dann ziehen sie sich nicht in ihr
Schneckenhaus zurück, sondern gehen eher auf andere zu.

o Kinder und Jugendliche werden lern- und leistungsfähiger,
reagieren weniger aggressiv. Eine Grundschullehrerin: «Ich
habe einen Geheimtip: die Kinder in den Arm nehmen. Die
brauchen das. Überhaupt körperlichen Kontakt mit den Schülern. Diese Nähe hilft ihnen. Diese Sprache verstehen sie, sie ist
unmittelbar. Seitdem hab ich keine verhaltensgestörten Kinder
mehr.» Auch hierüber liegen Forschungsergebnisse vor: Erfuhren kleine Kinder von ihren Müttern oder anderen Pflegepersonen Zuwendung und Wärme, so förderte dies ihre Intelligenz,
ihr Lerninteresse und ihre soziale Entwicklung. Ferner: Schüler
lernten persönlich und fachlich im Unterricht mehr, beschädigten weniger Schuleigentum, kamen regelmäßiger zur Schule und
hatten eine günstigere Beziehung zu sich selbst und ihrem Körper, wenn ihre Lehrer ihnen Achtung und Wärme entgegenbrachten und zugleich einfühlsam und echt waren. [53]

o Menschen fühlen sich körperlich besser. Von vielen Befunden
möchten wir nur den folgenden erwähnen: Erhielten Schwerkranke auf der Intensivstation liebevolle Zuwendung in Form
von Handauflegen, so zeigten sich bei ihnen meßbare Verbesserungen, zum Beispiel von Pulsschlag und Atmung. [27]

o Liebevolle Zuwendung vermehrt die Zuversicht und seelische
Kraft des anderen. Ein 19jähriger in einem Gruppengespräch:
«Meine Mutter war für mich da; aber mein Vater – er zeigte nie
das kleinste bißchen Zuneigung zu mir. Ich denke, die Zuneigung meiner Mutter hat mir sehr geholfen, mit dem Leben fertig
zu werden. Mein Vater hat mich nie in den Arm genommen, hat

nie mit mir geweint. Wenn nur ein Mensch da ist, wenn auch nur ein Augenblick lang Zuneigung zwischen dir und dem anderen war, so ist das ein großer Unterschied. Es bleibt dir sehr lange im Gedächtnis. Als mein Vater eines Tages meine Hand schüttelte, bedeutete das mehr als all das Anschreien und Brüllen. Er zeigte, daß er stolz auf mich war, weil ich die Führerscheinprüfung gleich beim erstenmal bestanden hatte, wo er doch einmal durchgefallen war. Er hat mir die Hand geschüttelt. Er ließ mich fühlen, daß er stolz auf mich war. Ich möchte mein Leben lang geliebt werden, nicht immer nur angebrüllt werden. Dann werde ich mit der Welt besser fertig.» [43]

o Wenn wir andere achten und liebevoll für sie sorgen, wirkt sich dies auch positiv auf uns selbst aus. Jakob: «Ich habe meine Kinder und meine Frau in keiner Weise eingeengt oder ihnen etwas versagt. Ich habe ihnen von mir aus keine Schranken gesetzt. Dadurch habe ich immer etwas bekommen. Das heißt, wenn ich jeden sich in meiner Nähe entfalten lasse, kriege ich selbst viel.» – «Meine Partnerschaft ist warm, gibt mir Sicherheit und Wohlbefinden. Was ich besonders positiv finde: wenn sich meine Partnerin um mich sorgt, mich umsorgt, teilnimmt an meinen Schwierigkeiten und Problemen; wenn ich sie umsorgen kann, sie sich hilfesuchend an mich wendet; wenn sie lustig und fröhlich ist, wenn ich sie an die Hand nehmen kann, wenn ich sie in die Arme nehmen kann, wenn wir miteinander schlafen.»

o Manchen hilft eine Gesprächsgruppe, sich anderen mehr zuzuwenden: «Seitdem ich in einer Gruppe angefangen habe, mich selbst zu entwickeln und meinen Körper, meine Seele und meinen Geist in einen größeren Einklang zu bringen, bin ich jetzt immer mehr in der Lage, anderen Menschen zu helfen.»

«Ich glaubte immer, ich suche Geborgenheit und Zärtlichkeit und bin immer mehr so der Nehmende. In der Gruppe habe ich erfahren: Anscheinend kann ich das auch jemand anderem vermitteln. Da hab ich gedacht: Wie schön, du kannst vielleicht sogar das, was du dir selber wünschst, anderen geben. Ich bin ganz erstaunt, daß so eine Fähigkeit in mir drin steckt.» Nach der Teilnahme an einfühlsamen Gesprächsgruppen verbesserten sich bei den meisten die zwischenmenschlichen Beziehungen zum Partner, zu ihren Kindern, zu Freunden, Eltern und Kollegen. Dies ergaben Untersuchungen bei mehr als 1000 Personen. [40, 54, 65]

○ Manche Menschen werden in ihren Wegen zu anderen durch religiöse, spirituelle oder humanistische Auffassungen bestärkt. «Ich suche mir bewußt zu bleiben, daß jeder eine einzigartige, wertvolle Schöpfung Gottes ist. Und indem ich den anderen so behandle, spüre ich, daß ich auch ein Geschöpf Gottes bin.»

# Wege im
# politischen Zusammenleben

Ist meine persönliche «individuelle» Entwicklung über meinen Partner, meine Familie und Freunde hinaus auch für andere von Bedeutung? Wirkt sie sich auch auf das politische Zusammenleben aus? «Hat es einen Sinn für das politische Zusammenleben», fragt der 26jährige Gerhard, «wenn ich mich persönlich entwickle? Ist das Persönliche nicht etwas Individuelles, etwas anderes als das Politische?»

Wir möchten in diesem Kapitel zeigen: Wege, die zu uns selbst und zu unseren Mitmenschen führen, sind auch im politischen Zusammenleben von großer Bedeutung.

Unter Politik verstehen wir dabei: Alle Handlungen und Tätigkeiten von Personen zur Regelung des menschlichen Zusammenlebens. Politik ist die Art, wie wir aufeinander Einfluß nehmen zur Regelung unseres Zusammenlebens, unserer Rechte, Möglichkeiten und Verpflichtungen.

Zur Zeit besteht Politik noch viel aus einem «Machen von oben». Deswegen wenden wir uns den Politikern – oder besser den politischen «Helfern» – vordringlich zu. Aber wir wissen, daß auf die Dauer eine humane, befriedigende Politik nur möglich ist, wenn die Millionen Bürger in ihrem persönlichen Umfeld angemessen und verantwortungsvoll handeln.

# Beeinträchtigende Fassadenhaftigkeit und Unpersönlichkeit

*«Ich zeige doch nicht meine wahren Gedanken und Gefühle, wo käme ich da hin!»* Viele Politiker bemühen sich, in ihren Reden und ihrer Mimik etwas anderes auszudrücken als das, was sie wirklich denken und fühlen. Sie bemühen sich etwa, stark und sicher zu erscheinen, wenn sie sich unsicher fühlen. Sie lächeln, wenn sie im Fernsehen nach einer verlorenen Wahl interviewt werden. «Als unsere Partei aus dem Parlament herausgeflogen ist», sagt ein Landtagsabgeordneter, «war in meinem Kopf nur noch: Du mußt jetzt so sympathisch auftreten, wie es nur geht, daß der Bürger nicht noch sagt: Du hast auch nichts anderes verdient. Man weiß ganz genau, man hat es doch gelernt, was Wirkung heißt: wie man wirkt, wodurch man wirkt, wie man ankommt. Und man setzt es auch ein.» – «Bei den meisten Wählern dürfte ich niemals zugeben», sagt ein Abgeordneter, «daß ich von einer Sache keine Ahnung habe.»*

Etliche Politiker sind sich auch bewußt, daß sie eine Rolle spielen. Der Spitzenkandidat einer Landespartei: «Eigentlich ist es ja ein Stückchen Schauspielerei, etwa wenn man vor der Fernsehkamera steht. Ich bemühe mich in öffentlichen Veranstaltungen, nicht immer so grimmig zu gucken. Man muß wohl einen Teil dieses Schauspiels mit akzeptieren.»

Manche Politiker verbergen ihre wahren Gefühle und Gedanken und stellen der Öffentlichkeit andere zur Schau. Bei Hitler war dies stark ausgeprägt: «So treffend er Gefühle darstellen konnte, so peinlich vermied er es, sie zu zeigen», schreibt Joachim Fest. «Er unterdrückte jede Spontaneität... Er beobach-

---

* Alle Äußerungen von Politikern geben wir wieder, ohne ihre Namen und ihre Partei- und Staatsangehörigkeit zu nennen. Äußerungen ohne Quellenangabe stammen aus Interviews, die wir selbst oder Regina Weingartz [64] mit Politikern führten.

tete sich ständig und sprach buchstäblich nie ein unbedachtes
Wort. Er war diszipliniert bis zur Verkrampfung... Aus den
gleichen Gründen quälte ihn auch die Angst vor der Aufdeckung
seines Privatlebens. Bezeichnenderweise existiert nicht ein einzi-
ger persönlicher Brief von ihm.» [9]

Auch untereinander äußern Politiker häufig nicht offen, was
sie denken und wünschen. So stimmen Abgeordnete der Opposition im Parlament oder in Gemeindesitzungen mit «nein», obgleich sie innerlich «ja» sagen und dies auch öffentlich täten,
wenn *ihre* Partei regieren würde.

Politiker und Vertreter von Interessengruppen gehen mit Po-
kergesichtern in Verhandlungen: Sie fordern zunächst viel mehr
als das, was sie wirklich erwarten, was ihnen realistisch und
möglich erscheint.

Manche Bürger durchschauen, daß die Äußerungen von Politikern oft dazu dienen, die eigene Partei oder die eigene Person
besser darzustellen, den «Gegner» anzugreifen und zu schwächen; sie erkennen die Unaufrichtigkeit dieses Verhaltens: «Die
lächeln immer, und wenn sie mal böse werden, dann habe ich das
Gefühl, das ist auch immer noch Taktik. Die schauspielern dir da
einen runter.» – «Ich merke es, wenn da jemand Betroffenheit
und Gefühle nur als rhetorischen Trick zeigt. Ich werde dann oft
mißtrauisch, wenn das zu flott kommt. Sie erzählen irgendwelche Anekdoten, um Nähe herzustellen, um dem anderen ein bißchen menschlich zu kommen. Aber diese Art von Menschlichem
ist meist eine Fassade. Sie setzen etwas Persönliches ein, um eine
Wirkung zu erzielen, um bei bestimmten Leuten anzukommen.
In Wirklichkeit sagen sie aber nicht, was sie persönlich fühlen.»

*«Persönliches und Gefühle haben in der Politik nichts zu su-
chen.»* Diese Auffassung vieler Politiker hängt zusammen mit
ihrem Wunsch, ihre Gefühle und Gedanken zu verbergen. Persönliches und Gefühle werten sie als «subjektiv» ab; Politik dagegen sei etwas «Objektives», Unpersönliches, «Sachliches».

Und so verdrängen sie ihr persönliches Erleben und Sein aus ihrer politischen Tätigkeit: «Ich versuche, wenn ich in der Bevölkerung arbeite, meine Stimmungen zu verheimlichen, weil ich mich sonst selber behindern würde in dem, was ich mir vorgenommen habe», sagt eine Abgeordnete eines Landesparlaments. Ähnliches ergab sich auch in einer Untersuchung: Die Reden deutscher Politiker sind häufig sehr unpersönlich; Politiker äußern selten ihr persönliches Fühlen und Denken. [50]

Es ist deshalb nicht verwunderlich, daß es vielen Politikern schwerfällt, mit den Gefühlen anderer umzugehen. Sie begegnen zum Beispiel der Angst, die von den in der Friedensbewegung Engagierten geäußert wird, mit Ablehnung. Vermutlich fürchten sie sich vor diesen Gefühlen der Bürger. Sie setzen das Zulassen und Aussprechen von Angst leicht mit «unvernünftigem Handeln» gleich. «Viele von uns hat überrascht, mit welch leidenschaftlicher Heftigkeit sich in den Friedensbewegungen Angst ausdrückt und ausbreitet und wie oft dabei die Vernunft in Gefahr gerät», sagt ein Mitglied der Bundesregierung; «wer seiner Angst nachgibt, obgleich er öffentliche Verantwortung trägt, der läuft allerdings große Gefahr, unmoralisch zu handeln.» [15]

Wir können diese Auffassung nicht teilen: Hätten Politiker in den vergangenen Zeiten mehr Angst empfunden und zugegeben, so hätten sie weniger Kriege geführt und sich mehr um Frieden bemüht. Dies gilt auch für die heutige Zeit: Wie selten sprechen Politiker, die Aufrüstung betreiben, offen aus, daß sie große Angst vor dem Gegner, vor Einschränkungen ihrer Freiheit, ihres Lebensstandards haben!

Andererseits versuchen sie häufig, beim Bürger Angst zu erzeugen, um politische Vorstellungen besser durchsetzen zu können: «Der so oft zu hörende Ruf nach Sachlichkeit richtet sich gegen unsere Gefühle. Aber andererseits versuchen viele Politiker, durch Panikmache und Erzeugung von Angst uns zu einem bestimmten Wohlverhalten in ihrem Sinne zu drängen.»

Viele Bürger sind enttäuscht über das unpersönliche fassadenhafte Verhalten von Politikern: «Ich finde in ihren Reden und in
ihren Gesichtern so gar nichts von dem Menschen selbst. Bei
vielen Politikern habe ich nie auch nur einige Sätze gehört, wie
sie innerlich fühlen.» – «Ich vermute, daß Politiker völlig verhär-
tete Kopf-Menschen sind. Betroffenheit oder ein Gefühl der
wirklichen Freude kommen selten vor.»

Eine Frau, die sich einige Jahre in der Politik betätigte, sagt:
«Ich möchte den Menschen sehen – und nicht, daß er als Minister gut gekleidet ist. Ich möchte erfahren: Was ist das für ein
Mensch? Aber das ist meistens unvorstellbar. Sie denken nur ans
Repräsentieren, an ihre Rolle.» – «Politik ist doch mitmenschli-
cher Umgang. Aber irgendwo auf der Politikerkarriere scheint
jedes Gefühl zerstört zu werden. Danach muß dann Politik
nüchtern, rational, kühl praktiziert werden. Aber gerade dies
führt oft ins Gegenteil, ins Irrationale.»

Nur im engsten privaten Kreis wagen manche Politiker, ihre
Gedanken und Gefühle auszusprechen. Ein Minister antwortet
auf die Frage eines Interviewers, ob er mit seiner Tochter kritisch
diskutieren würde: «Wir diskutieren sehr offen.» Interviewer:
«Worüber? Ist sie vielleicht auch gegen Kernkraftwerke?» Bundesminister: «Das gehört zur Intimsphäre.» Interviewer: «Was
sagen Sie Ihrer Tochter denn über die Zukunft dieses Landes und
dieser Gesellschaft?» Bundesminister: «Das, was ich darüber
denke. Aber ich sage das meiner Tochter persönlich und möchte
es nicht öffentlich tun.» [30]

Aber auch Bürger bringen ihre Gefühle und persönlichen Gedanken häufig nicht zum Ausdruck: «Meist wagt keiner von uns,
in der Versammlung offen zu sagen, was er fühlt und denkt. Wir
haben Angst, abgelehnt oder lächerlich gemacht zu werden; wir
zweifeln daran, daß unsere persönlichen Gedanken und Gefühle
wirklich wertvoll sind. Das ist eine Erfahrung, die mich so
wahnsinnig fertig macht. Das verbittert mich; denn wenn ich
meinen Mund aufmache, dann werde ich allein gelassen.»

*«Politik ist eine Sache rationalen Denkens, logischen Handelns und der objektiven Sachverhalte.»* Diese Äußerung eines Abgeordneten ist kennzeichnend für die Einstellung vieler Politiker und auch Bürger. Politiker versuchen oft den Eindruck zu erwecken, daß es sich bei den von ihnen geäußerten Ansichten um allgemein gültige Wahrheiten handle, um «objektive Tatbestände». Sie sagen nicht – und sind sich häufig dessen auch nicht bewußt –, daß es eigentlich *ihre persönlichen* Urteile und Auffassungen sind. So schreibt ein Stadtdirektor einigen Bürgern, die eine Eingabe zum Bebauungsplan gemacht hatten: «Es mußte eine objektive Entscheidung gefunden werden. Für die von Ihnen angeregte Ortsbesichtigung ergab sich kein Bedürfnis.» Mit keinem Wort erwähnt der Stadtdirektor, daß *er* (oder sein Referent) diese Entscheidung getroffen hat, daß *er* kein Bedürfnis zu einer Ortsbesichtigung hatte, daß es sich also um Entscheidungen handelt, die andere Personen möglicherweise anders getroffen hätten. Die persönliche Entscheidung wird als ein sachlicher, objektiver Tatbestand dargestellt.

Ein Parteimitglied über seinen Landesvorsitzenden und Minister: «Er ist wirklich schon schwer berufsgeschädigt. Früher war er noch recht dicht an unserem Puls. Heute versteckt er sich hinter Paragraphen, Vorschriften, Regeln, Wenn und Aber. Kaum ein persönliches Wort, kaum eine persönliche Entscheidung, sondern: *es* geht nicht, man kann nicht. Herrgott, wenn er doch sagen würde: Wissen Sie, *ich* gebe dafür kein Geld. Das wäre nicht schön für uns, aber es wäre ehrlich.» – «Persönliche Auffassungen und persönliche Wünsche der Politiker, zum Beispiel die Macht zu erhalten oder das eigene Programm durchzusetzen, werden bemäntelt und zu Sachzwängen, zu objektiven Tatbeständen gemacht», sagt ein junger Abgeordneter.

Bürger, die diese vorgespielte Sachlichkeit nicht erkennen, übernehmen oft den Standpunkt, daß Politik etwas rein Sachliches sei. Die Nachrichtensendungen im Fernsehen und Rundfunk und Berichte und Kommentare in Zeitungen stützen diese

Auffassung. Die meisten Beiträge sind Informationen über Verordnungen, Gesetze, Verträge, juristische Verhandlungen und Abmachungen zwischen Parteien, Ländern und Staaten. Es ist viel von Rechtsstaat die Rede. Wenn Politiker interviewt werden, so äußern sie sich fast immer in «sachlichen» Formulierungen.

Dies wirkt sich sehr auf den Nachwuchs aus. Möchte jemand politisch aktiv werden, so bemüht er sich stark um abstraktes Denken. Ein ehemals politisch organisierter Student berichtet: «Und was haben wir für Referate geschrieben! Revolutionäre Referate, in denen kein Wort von uns vorkam. Wir selbst, wir hatten unsere Personen ausgeknipst wie Nachttischlampen. Warum? Es ging um die Objektivität. Und wo es um die Objektivität ging, haben Menschen nichts zu suchen... Alles spielte sich in Zitaten ab, die jederzeit abrufbar aus den Mündern fielen und aufs Papier. Und geht man diese Papiere heute durch, möchte man am liebsten Suchanzeigen nach eigenen Gedanken aufgeben.» [5]

Manche Bürger sind beeindruckt von der «Sachlichkeit» der Politiker, von deren «messerscharfen», «geschliffenen» Äußerungen. Viele denken, es handle sich hierbei um «Erkenntnisse», «wissenschaftliche Geschichtsauffassungen», die «objektiv» seien. «Ich hab das so oft in meiner eigenen Familie gesehen», sagt Harald, «an meinem Onkel, der Hafenarbeiter ist, und meiner Oma, die Putzfrau war. Irgendwo macht mich das richtig traurig, wie sehr diese Leute den Politikern glauben, was sie sagen. Es tut mir weh, wie diese Menschen verschaukelt werden. ‹Der hat ja was los, der kann argumentieren›, hat mein Onkel oft gesagt. Weil sich da so ein Funktionär hinstellt und sich wichtig aufbläht, was von Kompetenz raushängen läßt; das beeindruckt so viele Menschen. Dabei ist es eine ganz gewaltige Fassade, die die zeigen.»

*«Wir lebten untereinander nicht das, was wir in unseren Parolen versprachen.»* Politiker und politisch engagierte Bürger vertreten in ihren Reden und Programmen häufig hohe Ideale – zum Beispiel Solidarität, Menschlichkeit, Gerechtigkeit, Freiheit. Sie reden davon. Aber ihre Äußerungen stimmen oft nicht mit ihrem eigenen alltäglichen Verhalten überein. Darin sind sie gleichsam gespaltene, wenig echte Personen. «In meiner Partei fiel mir auf, daß die Parteimenschen sich offenbar selbst von den Veränderungen ausnahmen, die sie erhofften. Sie versuchten nicht das, was sie als menschenwürdig erkannten, nun auch im Umgang mit anderen in Ausschüssen und Arbeitsgruppen zu leben.»

Manche Politiker treten für ein humanes Leben ein. Aber sie selbst sind intolerant, lassen wenig Selbstbestimmung zu, unterdrücken, ja wenden Gewalt an. Andere fordern Konsumverzicht, Sparen und Kostensenkungen; aber sie sind häufig nicht bereit, ihren eigenen Lebensstandard einzuschränken. Auch scheinen manche zu glauben, daß die aktive Mitgliedschaft bei einer Partei mit einem sozialen, demokratischen oder christlichen Etikett gleichsam automatisch ihr eigenes Verhalten demokratisch oder christlich werden läßt.

Die meisten Behörden und Institutionen wurden geschaffen, um dem Bürger zu dienen. Aber manche, die dort beschäftigt sind, nutzen ihre Position aus und handeln gegen die Interessen der Bürger. So wurde eine große gemeinnützige gewerkschaftliche Wohnungsbaugesellschaft, die Menschen zu preisgünstigen Wohnungen verhelfen sollte, durch Bereicherung und unsachgemäße Arbeit von Vorstandsmitgliedern und Sachbearbeitern an den finanziellen Abgrund gebracht. Ein anderes Beispiel: Die staatliche Versicherungsanstalt bewilligte bei 2,6 Prozent der 13 Millionen bei ihr Versicherten einen Kuraufenthalt, während im gleichen Zeitraum 15 Prozent ihrer Angestellten eine Kur in Anspruch nahmen. [49] Ein solches Verhalten läßt Bürger an der Aufrichtigkeit der Funktionäre und Mitarbeiter von staatlichen und halbstaatlichen Institutionen zweifeln.

## Geringe Selbstklärung von Politikern und Bürgern

*«Ich wollte einfach die Wahrheit nicht wissen, ich wollte der Wahrheit ausweichen!»* Viele Politiker setzen sich wenig mit sich selbst, ihren Auffassungen, Entscheidungen und Handlungen ehrlich auseinander. Sie ignorieren die Fehler, die sie gemacht haben, sie nehmen Sachverhalte nicht zur Kenntnis, die ihren Wünschen und Auffassungen widersprechen. Sie setzen sich nicht mit den Nachteilen ihrer Maßnahmen oder mit ihren Unterlassungen auseinander.

Dies ist sehr ungünstig für die betroffenen Bürger und kann eine große Gefahr für die Bevölkerung werden. Diese Politiker sind ohne inneren «Kompaß», ohne eigenes, verantwortliches Handlungszentrum. «Ich wollte einfach die Wahrheit nicht wissen, ich wollte der Wahrheit ausweichen», antwortet ein ehemaliger nationalsozialistischer Minister in einem Fernsehinterview auf die Frage, ob er etwas von der Vernichtung der Juden gewußt habe; «ich selbst habe es nicht richtig gewußt; aber ich hatte so viele Hinweise darauf, daß etwas Furchtbares geschieht, daß ich bei einem Weiterfragen wahrscheinlich sehr schnell hinter das Geheimnis gekommen wäre.» [29]

Die Bedeutung geringer Selbstklärung für das politische Handeln zeigt die folgende Aussage eines Bezirkspolitikers, 35, über seine frühere Tätigkeit: «Ich war wie in einem politischen Rausch. Das verstellte den Blick für die Wirklichkeiten. Irgendwo war es wie mit Scheuklappen, so engstirnig... Ich habe damals gewaltig taktiert, und zwar hart. Ich habe von mir aus nicht die Bereitschaft gehabt, irgend etwas anderes zu sehen. Ich hatte die Einstellung: Wenn da ein Antrag kommt und wenn der gegen meinen Antrag redet, dann muß ich auch gegen den wieder etwas sagen. Ich habe überhaupt nicht gesehen: Wo gibt es da noch irgendeine Gemeinsamkeit? Und etwas war auch dabei: daß ich mich gegen Autoritäten beweisen wollte. Manchmal habe ich mich da höllisch und lange darüber gefreut.» – Eine

Landtagsabgeordnete: «Wenn die herrschenden Politiker einmal zu Ende denken und die Konsequenzen ziehen würden, dann könnten sie diese Politik nicht machen.» Und über die Gründe, warum sie dies nicht tun, sagt sie: «Sie meinen, das verkaufen zu müssen, was sie machen und was eigentlich hinten und vorn nicht reicht. Sie meinen, trotzdem dazu stehen zu müssen.»

Die Selbstklärung der Politiker ist auch deswegen bedeutsam, weil sich heute die Richtigkeit und die Auswirkungen von Maßnahmen schnell ändern können. Die Erweiterung eines Flughafens, der Bau neuer Autobahnen und Straßen, die Forcierung wirtschaftlichen Wachstums, die Neugründung von Behörden – Pläne und Entscheidungen, die vor wenigen Jahren noch als günstig angesehen wurden, können heute die Lebensqualität der Bevölkerung gefährden.

*Auch die Selbstklärung der Bürger* ist eine wichtige Voraussetzung für ein befriedigendes politisches Zusammenleben. Noch vor wenigen Jahrzehnten übernahmen die meisten Menschen die Wertauffassungen für ihr Leben von den Eltern, der Kirche, vom Staat, von einer politischen Partei. Sie übernahmen, was gut oder wertvoll war, welche politischen Maßnahmen richtig oder schlecht waren. Sie lernten selten, die von Generation zu Generation weitergegebenen traditionellen Wertauffassungen in Zweifel zu ziehen, ihre eigenen Gedanken und Gefühle zu beachten. In dieser Hinsicht ist ein tiefgreifender Wandel eingetreten: Menschen haben erheblich mehr Freiheit, nach eigenen Werten und Auffassungen zu leben. Und zugleich haben sich die Möglichkeiten und Bedeutungen ihrer Tätigkeiten im politischen Zusammenleben vermehrt und erweitert.

Aber welchen Werten sollen sie folgen? Welche der vielfältigen Auffassungen und Aufforderungen sind sinnvoll, sind «richtig»? Bei welchen überwiegen die Nachteile? Die Auseinandersetzung jedes einzelnen mit sich selbst ist hier wesentlich.

Diese Selbstklärung wird allerdings von vielen Politikern erschwert: «Den Leuten wird von den Parteien so viel eingeredet, was richtig ist, daß sie sich selbst gar nicht mehr hören können. So wissen sie gar nicht, was sie selbst eigentlich denken und fühlen», sagt eine junge Frau, die beginnt, sich politisch zu betätigen. Andere Politiker wünschen den aufgeklärten, mündigen Bürger – aber nur dann, wenn er in *ihrem* Sinne «aufgeklärt» ist, wenn er ihren Auffassungen folgt. Sie sehen mögliche Änderungen in der Gesellschaft, die nicht «entlang ihrer Parteilinie» erfolgen und von ihnen kontrolliert werden, als gefährlich an. Vor allem in totalitären Staatsformen ist die eigenständige Auseinandersetzung der Bürger und Parteimitglieder unerwünscht: «Jede Abweichung von unserer revolutionären Lehre hat tödliche Folgen», erklärte ein Funktionär einer diktatorischen Partei öffentlich.

## Geringe Ausrichtung der Politik auf den Bürger

*«Die Politik, die die betreiben, ist nicht ausgerichtet auf die Bürger. Die geht wirklich an ihnen vorbei»*, sagt Harald, ein junger Kommunalpolitiker; «sie setzen sich einfach über die Interessen der Bürger hinweg.» – «Ich habe das Gefühl», sagt eine Spitzenkandidatin einer Partei, «daß die Politiker im Parlament über die Menschen hinweg Politik machen.»

Viele Politiker und Beamte sind nicht in den Bedürfnissen und der Erlebniswelt der Bürger zentriert. Statt dessen richten sie ihr Handeln an Theorien, Programmen, Ideologien aus. Sie sehen dort den Kompaß ihres Handelns. Für sie besteht Politik häufig darin, das Programm ihrer Partei, die politische Theorie, der sie sich verpflichtet fühlen, «zu verwirklichen»: «Das Ziel der Politik ist für mich: Regieren», sagt ein Landtagsabgeordneter, «und Regieren heißt gestalten. Regieren ist die Umsetzung von bestimmten Erkenntnissen und Grundmustern.» – «Für mich ist Politik nicht Dem-Bürger-aufs-Maul-Schauen, sondern selber gestalterisch tätig zu werden», sagt ein Bundestagsabgeordneter.

– «Wenn ich zu stark die persönlichen Motive und den guten Willen der anderen sehe, dann lenkt mich das im Grunde genommen ab. Es erschwert mir auch, politische Auseinandersetzungen mit aller Konsequenz und Härte zu führen. Ich denke, daß man nicht darum herumkommt, eine sehr rationale und sachliche Politik zu machen.»

Politiker, die Parteiprogramme verwirklichen wollen, sind überwiegend mit der «Durchsetzung» ihrer Auffassungen beschäftigt. Dadurch neigen sie zur Mißachtung der Interessen der Bürger, neigen zur Härte und werden unflexibel. Oft führt diese Haltung sogar zu einer Umkehrung des eigentlichen Sinnes eines «politischen Helfers». Bei Wahlen etwa wird die Bevölkerung häufig aufgefordert, die Ziele und Programme der Politiker zu verstehen, also politiker-zentriert oder partei-zentriert zu denken. So fühlen sich viele Bürger von Politikern nicht verstanden. Sie erfahren, daß die Interessen und Handlungen der Politiker nicht ihren Lebensbedürfnissen entsprechen. Darum wenden sich viele von der Politik ab: «Die Politiker machen abgehobene Politik und sind gar nicht mehr in der Bevölkerung. Sie haben sich so von ihr entfernt, daß ein Gespräch nicht mehr möglich ist.»

Politiker und Regierungen, die sich über die Bedürfnisse ihrer Bürger hinwegsetzen, sind gegenüber neuen Möglichkeiten wenig flexibel und offen. Wie viele Jahre oder Jahrzehnte sind zum Beispiel nötig, um die von vielen gewünschten neuen Regelungen der Arbeitszeit und -organisation im öffentlichen Dienst, Teilzeitarbeit oder Jobsharing durchzusetzen und damit neue Arbeitsplätze zu schaffen? Wie lange wird es dauern, bis Angestellte und Beamte des öffentlichen Dienstes nach dem sechzigsten Lebensjahr halb- oder dritteltägig arbeiten können, aber auch noch nach dem fünfundsechzigsten Lebensjahr eine Chance zur teilweisen Weiterarbeit bekommen? «Das Beamtenrahmengesetz sieht das nicht vor» ist eine Antwort der Verwaltungsleute. Und da es nicht im Parteiprogramm steht, daß auch

Menschen über 65 Jahre ein gewisses Recht auf Arbeit haben, fühlen sich viele Politiker nicht angesprochen, an dieser Regelung etwas zu ändern.

### Geringes Sorgen und geringe Achtung

*«Für diese Strategen, Macher und Technokraten ist die Politik nur ein Umherschieben von Geldern und Verteilen von Ämtern.»* Die Handlungen vieler Politiker sind auf Machterhaltung und Machterweiterung ausgerichtet. Macht gibt ihnen die Möglichkeit zu regieren, und das heißt, ihre Programme durchzusetzen: «Um es ganz ehrlich zu beantworten: Es gab eine Zeit, wo das Prestigebedürfnis, der Machtgewinn und Machterhalt meine wesentliche Antriebskraft in der Politik waren», sagte der Spitzenkandidat einer Partei. – «Politik ohne Ausübung von Macht verdient den Namen Politik nicht», sagt ein Bundestagsabgeordneter, «infolgedessen muß man, wenn man Politik richtig versteht und richtig leben will, selbstverständlich an der Ausübung und Gewinnung von Macht interessiert sein.»

Politiker werden von der Bevölkerung gewählt, sie unterliegen der Kontrolle des Parlaments und der Parteien. Grobe Willkür ist erheblich erschwert. Aber viele Politiker sehen ihre Aufgabe darin, Menschen zu dirigieren und notfalls Zwang auszuüben. Manche Politiker sind sogar der Auffassung, die ungünstigen Verhältnisse in der Gesellschaft seien darauf zurückzuführen, daß die Politiker zu wenig Macht hätten: «Meiner Meinung leidet die Bundesrepublik noch an zu wenig Machtausübung. Eine Ursache für die Jugendaufstände zum Beispiel ist, daß in diesem Land nicht richtig regiert werden kann», sagt der Fraktionsvorsitzende in einem Landesparlament. Oft sehen sie die Institutionen des Staates als Instrumente an, über Menschen zu herrschen.

*«Die Art des Miteinanderumgehens der professionellen Politiker halte ich für verwildert und katastrophal»*, schreibt der Bundesgeschäftsführer einer Partei. [19] Viele Politiker und politisch tätige Bürger empfinden im politischen Zusammenleben wenig Achtung und Respekt vor anderen Personen. Des öfteren ist das Verhalten von Politikern im politischen Zusammenleben von deutlicher Mißachtung geprägt. Sie sehen in Andersdenkenden oder in den Mitgliedern anderer Parteien ihre «Gegner», die sie «bekämpfen», abwerten, lächerlich machen, beschimpfen, herabsetzen und verleumden. Das geschieht öffentlich, aber auch in vertraulichen Gesprächen.

Diese Mißachtung zeigt sich auch deutlich in dem mangelnden Bemühen von Politikern, Andersdenkende zu verstehen und mit ihnen gemeinsam Lösungen zu erarbeiten: «Das einzige, woran sie dann denken und was sie tun, ist, Gegenargumente zu dem zu sagen, was du vorschlägst. Sie hören gar nicht hin», schreibt uns ein Politiker über seine Erfahrungen in Ortsausschüssen; «die meisten Politiker sind wie eine Walze, die rollen über die anderen weg, immer wieder. Weißt du, das ist so einseitig, so eine Einbahnstraße. Hauptsache, sie können mit *ihrem* Auto durch. Wer von der anderen Seite kommt, hat keine Möglichkeit!» Der junge Politiker Harald: «Von unserem Fraktionsvorsitzenden wird direkt nach Möglichkeiten *gesucht*, der Gegenpartei einen reinzuhauen, und umgekehrt sucht uns die Gegenpartei eins reinzuhauen oder einen von uns lächerlich zu machen – etwa um Punkte zu machen für den Wahlkampf oder um im Protokoll oder in der Zeitung gut auszusehen.»

Von gegenseitiger Mißachtung, von Konkurrenzgefühlen und Mißtrauen ist häufig auch der Umgang mit Menschen *innerhalb* einer politischen Organisation geprägt: Ein Politiker: «Wir haben eine sehr negative zwischenmenschliche Beziehung. Bildlich gesprochen: Einer haut dem anderen mit dem Knüppel über den Kopf.» – «Wir haben in unserer Partei ein paar dominante Typen, die alles niederargumentieren.»

Das intolerante und aggressive Verhalten mancher Politiker und Parteimitglieder beeinträchtigt das soziale Klima und das Zusammenleben der Mitglieder einer politischen Gruppe. Ein ehemaliger Student sagt über seine politische Tätigkeit während und nach der Studentenbewegung: «Wir wollten die Revolution zur Befreiung aller. Aber wir bekriegten uns nur selbst.» [5] «Es ist der totale Gegensatz zu Freundschaft oder Partnerschaft. Politik läuft unheimlich stark über Reglementierung. Es ist wenig Bemühen da für den anderen, kein Verständnis und keine Gleichberechtigung. Das ist ein einziges Gesäge und Gegeneinanderarbeiten. Sie versuchen sich gegenseitig auszutricksen; da ist so wenig Menschliches. Ja, es ist oft das Gegenteil von menschlich.»

## Warum verhalten sich Politiker und Bürger wenig förderlich?

Fassadenhaftigkeit, geringe Selbstklärung sowie geringe Einfühlung und Achtung gegenüber anderen im politischen Zusammenleben haben häufig folgende Gründe:

o Politiker und Bürger haben in Familien und Schulen als Kinder und Jugendliche wenig erfahren und gelernt, daß Menschen die Erlebniswelt anderer einfühlsam hörten, achteten und anderen offen begegneten. Viele können diese förderlichen Haltungen kaum in der Familie leben. «Wenn sie auch in ihrem sonstigen Leben häufig hinter einer Maske leben und wenig sensitiv sind für ihren Partner und für ihre Kinder, wie sollen sie dann in der Politik echt und persönlich sein?»

o Der Antrieb zur politischen Aktivität ist bei manchen eine geringe Selbstachtung. Sie möchten diesen Mangel durch die politische Karriere ausgleichen. Dieser Antrieb ist fast gegensätzlich zu dem Motiv, ein kreativer, dienender Helfer für die Bürger zu sein: «Ich vermute, daß Menschen, die sich zum großen Teil minderwertig fühlen, das durch Macht zu kompensieren suchen. Und im politischen Bereich kannst du natürlich Macht erlangen. Ich weiß es von mir. Ich hab mich früher, als ich politisch sehr aktiv war, wenig akzeptieren können. Ich habe mir früher durch meine Tätigkeit Anerkennung und Beifall geholt.» Viele Politiker wagen darum nicht, in ihrer Partei ihre eigenen Gedanken und Gefühle auszusprechen. Sie fürchten, die Anerkennung der anderen zu verlieren, bei Wahlen nicht mehr als Kandidaten aufgestellt zu werden.

o Politiker möchten «ankommen», sie möchten bei Bürgern und Politikern ihrer Partei Zustimmung finden, sie möchten gewählt werden, sie möchten sich und ihre Ideen «durchsetzen». Eine Bundestagsabgeordnete: «Als Politiker muß man sich darstellen, seine Ideen an die Leute verkaufen. So suchen Politiker möglichst das an Gedanken, Gefühlen und Persönlichem wegzulassen, was für dieses ‹Verkaufen› hinderlich sein könnte. Sie halten den Menschen eine Fassade hin.» – «Die meisten Politiker denken, sie müßten sich wie ein Waschmittel verkaufen», sagt ein Bundestagsabgeordneter. «Man macht Politik aus einer gewissen Eitelkeit heraus, aus einer gewissen Selbstdarstellungslust – daß man wie ein Schauspieler Anerkennung bekommt – und hat eine gewisse Lust, Einfluß zu haben.»

o Die Tatsache, daß die Handlungen der Regierungspolitiker sich auf Millionen von Menschen auswirken, macht es teilweise verständlich, warum Politiker ihr Handeln nicht als ihr persönliches Handeln darstellen. Durch ein «rein objektives», formales Vorgehen scheint es so, als ob die Regierenden nicht als Personen handelten, sondern als ob sie nur den «Willen des Gesetzes» vollzögen, als ob «Sachzwänge» ihre Entscheidungen herbeiführten – und nicht sie selbst: «Wenn ich mich sachlich ausdrücke, so daß meine Person gar nicht darin ist, und ich irre mich, dann sieht das so aus, als ob nicht ich mich geirrt hätte.»

o Manche Politiker haben sich innerlich von den Menschen entfernt, denen sie eigentlich dienen sollten: «Ich hab das Gefühl, daß die Unterschiede zwischen den Betroffenen und denen, die die Macht haben, unheimlich groß geworden sind», sagt Harald; «wenn die einige Zeit oben sind, dann denken sie nicht mehr an uns.» Politiker, Funktionäre und leitende Beamte entfernen sich von ihrer Ausgangsbasis. Auch äußerlich sind sie durch «ausgebuchte Terminkalender», durch Sicherheitsmaßnahmen, durch Berater, Sekretäre, Assistenten von der Bevölkerung isoliert. Sie leben in einer Art Getto, häufig umgeben von Bürokraten und Personen, die mit Theorien, formalen Sachverhalten, Verwaltungsregeln oder mit Kämpfen um die Erhaltung der Macht beschäftigt sind. Ihre persönlichen Haltungen werden durch diese Art des Umgangs langsam deformiert. Der Fraktionsvorsitzende einer Partei: «Ich habe mich zum Beispiel insofern verändert, als ich nicht mehr zuhören kann. Das ist leider bei vielen Politikern der Fall. Sie legen immer dieselben Platten auf. Wenn man nicht mehr für anderes aufnahmefähig ist, dann wird man irgendwo stereotyp. Das sind für mich die ersten ganz schlimmen Veränderungen.»
o Schwächen, Fehler und menschliche Unzulänglichkeiten zu zeigen, wird von vielen Politikern als ungünstig angesehen. «Solange Ehrlichkeit und Offenheit im Geruch der Schwäche stehen, ist Besserung nicht in Sicht», schreibt ein Politiker. [19] Ein anderer Politiker sagt in einem Interview: «Ich bin verletzlich, wenn ich persönlich spreche – dann kann man mich persönlich angreifen, und dann bin ich hilflos. Wenn ich distanziert bin, erspare ich mir die Verletzung.» In den Medien werden «Schwächen», die Politiker äußerten, häufig mit Schadenfreude angeprangert, anstatt sie als Zeichen seelischer Stärke anzusehen.

o Etliche Politiker halten Bürger für unfähig, über sich selbst zu bestimmen: «Oft wird nur aus dem Grund etwas vorgelogen, weil man den Bürger für ziemlich unmündig hält», sagt ein Spitzenpolitiker einer Landespartei, «weil man glaubt, ihm die Wahrheit nicht zumuten zu können.»

o Politiker denken – und erleben es auch teilweise –, daß die Bürger von ihnen ein bestimmtes Verhalten erwarten: «Die Bevölkerung hat sich im Laufe der letzten Jahrzehnte ein Bild von einem Politiker aufgebaut, der alles weiß und der alles kann und der eben keine Schwächen haben darf», sagt der Landesvorsitzende einer Partei. Und ein Abgeordneter: «Ich glaube, daß viele in der Bevölkerung erwarten, daß Politiker unanfechtbar oder als Übermenschen auftreten. Manche Leute erwarten, daß man als Politiker eigentlich kein Mensch mehr sein darf.» Diese Erwartungen der Bürger werden häufig von den Politikern gefördert.
o Manche Politiker fürchten, daß sie sich wandeln könnten, wenn sie sich auf die Erlebniswelt und die Bedürfnisse der Bürger intensiv einlassen. Sie haben Angst davor, zu neuen Einsichten mit Konsequenzen für ihre politischen Ziele und ihr Verhalten zu kommen. «Ich vermeide Veränderungen in meinen politischen Auffassungen aus Angst, etwas Sicheres aufzugeben und mich in Unsicherheit zu bringen.»

## Die Auswirkungen des beeinträchtigenden Verhaltens

Die Folgen von Fassadenhaftigkeit, geringer Selbstklärung, geringer Einfühlung und Achtung im Umgang mit anderen sind weitreichend:
o Viele Politiker sind hierdurch in ihren seelisch-geistigen Möglichkeiten erheblich eingeschränkt. Durch ihre Fassadenhaftig-

keit und die Unterdrückung ihres Fühlens sind sie von wichtigen
Erlebnisbereichen abgeschnitten. Sie müssen ferner erhebliche
Energien aufwenden, um nach außen hin «etwas darzustellen».
Hinzu kommt, daß die Art ihres Arbeitens und ihr Umgang mit
anderen Politikern sie in ihrer persönlichen Entwicklung hindert. «Die Gefahr des Politikers besteht darin, total zu verhär-
ten. Weil man oft einen drauf bekommt, und um dabei nicht
kaputtzugehen, schafft man sich einen Panzer. Je höher die Position eines Politikers, desto größer ist die Gefahr der Verhär-
tung.» Dieser Fraktionsvorsitzende einer Landespartei sagt
weiter von sich selbst: «Ich mache zwischen 75 und 90 Stunden
Politik in der Woche. Ich habe fast gar kein Familienleben.» Ein
führendes Mitglied einer politischen Jugendorganisation: «Viele
Politiker haben ihre ganze Individualität aufgegeben. Sie leben
nur noch für die Partei. Dadurch können sie sich wenig als Personen entfalten, sie funktionieren oft nur als Rad in einer Ma-
schinerie.»
  Dies führt dazu, daß viele Politiker einen großen Teil ihrer
Kräfte nicht darauf verwenden können, den Bedürfnissen der
Bürger zu dienen. «Ich habe oft den Eindruck: Die, die dazu da
sind, den Bürgern zu helfen, die Parteien oder auch die höheren
Verwaltungen, brauchen einen großen Teil ihrer Zeit und Kräfte
dazu, um mit ihren eigenen Querelen fertig zu werden. So ist
sehr wenig Nachdenken und Einsatz dafür da: Welche konkreten Möglichkeiten haben wir, um Arbeitslosen Arbeit zu verschaffen, um den alten Mitbürgern mehr zu helfen?»

o Bürger fühlen sich von Politikern, die im Parteiprogramm
zentriert sind, weniger verstanden und haben weniger Vertrauen
zu ihnen. Sie haben das Gefühl, daß ihre Wünsche und ihre Erlebniswelt nicht berücksichtigt werden. Sie gewinnen den Eindruck, daß diese Politiker mehr herrschen als dienen und helfen.
Der Kommunalpolitiker Harald: «Die Leute haben kein Vertrauen mehr, wenn wir uns da hinstellen und im Wahlkampf mit

ihnen reden. Und mir geht's auch so, daß ich kein Vertrauen mehr habe in das, was gesagt wird – weil ich das selbst erlebt habe und weil das erschütternd ist, was die den Leuten im Wahlkampf versprochen haben und was sie dann alles nicht gemacht haben. Wie können die behaupten, für den Bürger zu sprechen und daß ihre Meinung eine ‹breite Bürgermeinung› ist?!»

o  Viele Bürger fühlen sich durch das Fassaden- und Imponier-verhalten der Politiker minderwertig und ungeeignet für die Politik. Sie glauben, Politik werde von Experten gemacht und sie selbst seien mit ihren geringen Kenntnissen Laien auf diesem Gebiet. Sie resignieren und ziehen sich zurück. Sie empfinden Politik als etwas, was über ihre Köpfe hinweg geschieht: «Bei diesen aalglatten Formulierungen, den unpersönlichen, ‹sachlichen› Argumenten, den verschleierten Sachverhalten, die der Tarnung, der Verteidigung oder der Manipulation dienen, wird das Mitdenken der Bürger unheimlich erschwert.»

Viele Bürger wagen es auch nicht, auf politischen Veranstaltungen eigene Auffassungen zu äußern. Angesichts der «sachlichen», «objektiven», glatt und unangreifbar formulierten Aussagen der Politiker haben sie Angst, sich mit ihren Gedanken und Gefühlen lächerlich zu machen oder lächerlich gemacht zu werden. Viele Menschen beherrschen diese sprachliche Akrobatik, das Schattenboxen und die geschauspielerten Argumente nicht. So fühlen sie sich von der politischen Diskussion ausgeschlossen, ziehen sich zurück. Sie behalten ihre Meinung für sich und denken: Die anderen sind klüger, sachkundiger, erfahrener – meine Auffassungen sind wohl falsch. Auf Grund dieses Schweigens wissen Politiker wenig darüber, was die Mehrheit der Bevölkerung wünscht, wodurch sie sich beeinträchtigt fühlt. Viele deuten fälschlicherweise das Schweigen als Zustimmung.

o  Die Art des Umgangs der Politiker und in politischen Gruppen hält viele davon ab, sich dort zu betätigen. Claudia: «Ich habe das nur kurze Zeit gemacht. Dieser ständige Kampf um Macht – und dabei den anderen herunterziehen – das war nicht das, was ich in der politischen Bewegung gesucht habe.» – «Ziel meiner Vorstellungen war immer eine Gesellschaft, die humanere, gleichberechtigte zwischenmenschliche Beziehungen ermöglicht. Unser Zusammenleben in den politischen Gruppen war aber gekennzeichnet durch völlig nach außen gerichtetes, von unseren eigenen Personen und Beziehungen abstrahiertes Interesse. Das ließ mich an dem Sinn politischer Betätigung zweifeln. Es galt die Forderung: Eigene Gefühle und Bedürfnisse sind gegenüber dem hohen angestrebten Ideal zurückzustecken. Das führte bei mir oft zur Frustration und zur Frage nach dem Sinn des Ganzen. Ich will nicht eine humane Gesellschaft in ferner Zukunft. Sondern ich will heute schon mein Leben in positiver Weise verändern.»

o Fassadenhaftigkeit der Politiker, ihr Hinweis auf «objektive» Argumente, ihre Ignorierung des Fühlens und ihr Mangel an Selbstklärung begünstigen inhumane, diktatorische Staatsformen. So wurden zum Beispiel von vielen Deutschen die Hetzparolen der NSDAP hingenommen, etwa Behauptungen, daß die «jüdische Rasse» minderwertig sei, obwohl viele von ihnen jüdische Bekannte hatten. Aber wie sollten sie es wagen, mit ihren persönlichen Erfahrungen gegen «objektive Sachverhalte», gegen «wissenschaftliche Erkenntnisse» einer sogenannten Rassentheorie anzugehen? Und diejenigen, die die Vernichtung von Millionen Juden betrieben, hatten gelernt, ihr eigenes Empfinden vollkommen zum Schweigen zu bringen. Sie handelten als «Träger» einer politischen Ideologie. So konnten sie «kaltblütig» andere Menschen drangsalieren und töten.

«Der ‹Hitler in uns› – das sind für mich Haß und Machtgelüste», sagt der ehemals politisch aktive Student Wilhelm; «und die kommen dann zustande, wenn ich nicht offen mir selbst gegenüber bin, wenn ich blind vor mir selber bin und keinen Kontakt zu mir und meinem Fühlen habe.» Ein Mann, 35: «Wenn ich innerlich taub bin, wenn ich innerlich nicht mitempfinden, dann bin ich ein Stück Holz, ein Neutrum im menschlichen Zusammenleben; ich kann jederzeit zum Mitläufer einer Diktatur werden. Und so kann es geschehen, daß ich andere quälen und töten werde, weil die es von oben befehlen.»

# Förderliches Verhalten von Politikern und Bürgern

## Aufrichtigkeit – Echtheit

*«Das Persönliche ist sehr politisch.»* Gegenstand der Politik ist: wie jeder von uns lebt und leben möchte, daß er eine befriedigende Arbeit hat, daß er in Frieden leben kann. Also sehr persönliche, sehr wichtige Belange. «Politik hat mit dem Menschen zu tun; infolgedessen sollte der Mensch im Mittelpunkt der Politik stehen und sie für ihn da sein, statt umgekehrt.»

Viele sind der Auffassung, Politik befasse sich mit «Sachregelungen», zum Beispiel der Ansiedelung von Industrie, dem Umweltschutz, der Sicherung der Arbeitsplätze oder des Straßenverkehrs. Doch auch bei diesen «Sachregelungen» geht es um das Persönliche, das körperliche und seelische Wohlergehen der Bürger. Jede politische Handlung sollte zum Ziel haben, die Lebensqualität der Bürger zu schützen und zu fördern.

Es gibt noch einen weiteren Grund dafür, daß das Politische persönlich und das Persönliche politisch ist: Alle diese Regelungen, Gesetze und politischen Maßnahmen werden von *Personen* getroffen – nicht von einem anonymen Staat, nicht von Behörden, der Regierung, nicht von Schulen. Es sind *Personen*, die als Politiker, Minister, Verwaltungsbeamte, Lehrer tätig sind. Sie handeln als Menschen für andere Menschen. Es gibt auch keine

Bürokratie; es gibt nur bürokratische Menschen. Alle Handlungen der Politiker und Verwaltungsbeamten werden in hohem Maße von ihrer Person, von ihren persönlichen Einstellungen beeinflußt.

Politik ist die Art und Weise des Umgangs von Menschen mit anderen.

«Politik ist nicht ‹Verwirklichen› des Parteiprogramms», schreibt uns ein Politiker, «sondern die Art, wie wir auf andere Menschen Einfluß nehmen. Und ich selbst bin es, ich als Person, die dafür wichtig ist, wie ich mit anderen und mir selbst umgehe. Ich orientiere mich nicht an abstrakten, allgemeinen Ideologien und Vorstellungen. Es ist persönliche Politik, wie ich gegenüber anderen lebe und was ich für andere tue.» – «Ich kann doch nicht glaubhaft für etwas eintreten, wenn ich mich nicht wenigstens bemühe, diese Vorstellungen auch selbst zu leben. Eine persönliche Politik bedeutet für mich, daß Politik nicht zu trennen ist in einen individuellen und in einen politisch-öffentlichen Bereich. Persönliche Politik heißt auch, das, was ich mir für eine demokratische Gesellschaft wünsche, in meiner Familie zu leben.» – Eine junge Politikerin: «Die Art, wie Menschen mit sich selbst und anderen umgehen – das ist politisch, und das nenne ich die jetzige Revolution.»

Politiker, die sich nicht hinter Fassaden und Masken verbergen, werden mit ihrer Persönlichkeit dem Bürger durchsichtiger. Die Bürger erfahren so, mit welcher Person sie es zu tun haben. Sie können Politikern, die ihre Person nicht verbergen, eher vertrauen und prüfen, ob die Worte mit der Person übereinstimmen.

*«Enttäuschungen und andere Gefühle werden bei mir nach außen hin sichtbar.»* Einige Politiker haben den Mut zu zeigen, wie *sie* gedanklich und gefühlsmäßig zu politischen «Sachfragen» stehen.

«Warum, zum Teufel, soll ich lächeln, wenn mir nicht danach zumute ist? Ich versuche nicht, die Leute zu täuschen, sondern versuche sicherzustellen, daß man sich auf das, was ich sage, auch verlassen kann. Ich bemühe mich, auch unbequeme Dinge nicht zu verschweigen», sagt ein Abgeordneter.

Diese Politiker äußern ihre Zweifel, Unsicherheiten, Widersprüche. Bei Entscheidungen erwägen sie offen die verschiedenen Möglichkeiten, die sie sehen, mit ihren Vor- und Nachteilen. Sie sind bereit, auch Auffassungen zu äußern, mit denen sie sich bei einzelnen Bevölkerungsgruppen unbeliebt machen. Sie können ihre Meinung ändern und geben es zu, wenn sie sich geirrt haben: «Das ist ein überkommenes Verständnis von Politik, daß man immer den starken Mann markieren sollte. Ich meine, daß es viel richtiger ist, daß ich durchaus auch meine Niederlagen und meine Schwächen und meine persönlichen Ängste öffentlich darstelle und zugebe.» – «Ich meine, daß ich mir durchaus nichts vergebe, wenn ich sage: Tut mir leid, aber über dieses Sachgebiet kann ich selbst keine Auskunft geben. Wir haben da eine Arbeitsgruppe, die könnte das.» – «Ich finde, daß es eigentlich eine Stärke ist, wenn ich meine Fehler und Schwächen offen zugebe.»

Indem Politiker sich mit ihrer Person öffnen, geben sie dem Bürger die Chance, bewußter zu entscheiden: Wen wähle ich? Wem kann ich vertrauen? Wem übertrage ich einen Teil meiner Verantwortung?

Politiker, die freier von Fassaden werden, brauchen nicht *über andere* zu reden, sie zu bewerten, zu beschimpfen, abzulehnen, sondern sie sagen und diskutieren das, was *sie* denken, was *sie* fühlen, was *sie* tun möchten.

*Worüber sollen Bürger in öffentlichen Versammlungen sprechen?* Was sollen sie äußern? Manche sehen es als wirksam an, Maßnahmen und Handlungen von Politikern und Verwaltungsbeamten zu kritisieren. Andere halten das Vorbringen von vernunftgemäßen, sachlichen Argumenten für die geeignetste Form, ihre Meinung zum Ausdruck zu bringen. Andere wiederum lassen ihren «Frustrationen», ihrem Zorn und Ärger freien Lauf.

«Ich denke: Nur wenn ich etwas ganz Persönliches von mir sage – wo es mich drückt und wie ich mich fühle –, kann ich den Politikern wirklich zeigen, wie es mir ergeht. Denn im Argumentieren lassen dir die Politiker keine Chance.» Nach unseren Erfahrungen sind Äußerungen über das, was der einzelne als wichtig für sich empfindet, sehr förderlich. Das ist meist das eigene Fühlen: «Ich habe Angst vor Atomenergie, vor einem Reaktorunfall.» – «Ich habe Angst, daß Politiker nicht fähig sind, einen Krieg zu verhindern.» – «Ich fühle mich vom Kommunismus bedroht, weil er meine persönliche Freiheit einschränken könnte.» Sie äußern, wie sehr sie sich durch den Lärm einer Stadtautobahn gestört fühlen, wie sehr sie das Grün in ihrem Stadtviertel vermissen, wie sehr sie unter Arbeitslosigkeit leiden, daß sie zu Einsparungen und Opfern bereit sind.

Menschen, die auf diese Weise ihr Fühlen in einer öffentlichen Versammlung zum Ausdruck bringen, erleben häufig, daß auch andere beginnen, von *ihren* Ängsten und Zweifeln zu sprechen und daß diese den eigenen gleichen: «Ich war neulich in der Vollversammlung, es waren so etwa dreihundert da», berichtet eine Studentin; «und vorn waren ein paar Macher, die haben das Ganze manipuliert. Das hatten die alles abgesprochen. Und ich war so enttäuscht und ärgerlich und wütend. Aber niemand wagte, irgend etwas zu sagen. Die kauten das alle in sich hinein. Aber dann stand ich auf und sagte: ‹Ich habe jetzt große Angst, meine Hände und auch meine Stimme zittern. Aber ich muß es euch sagen: Ihr laßt hier eure Reden über uns ab und denkt überhaupt nicht an uns. Und ich finde das Ganze hier so wenig menschlich, so gemacht, so voller Angst und Haß.› Mir sind dann die Tränen gekommen. Aber hinterher war ich doch froh, daß ich es gesagt hatte. Und danach wagten auch die anderen, sich zu äußern. Sie kamen endlich mit dem heraus, was sie wirklich darüber dachten.»

Wenn Bürger häufig ihr Fühlen äußern, so wird die seelische Wirklichkeit vieler einzelner zwangsläufig Gegenstand der Politik. Die Politiker, die so mit der Erlebniswelt der Bürger konfrontiert werden, können sich eher von ihren Parteidogmen lösen. Äußerungen des eigenen Fühlens drücken aus, was die einzelnen an einer politischen Maßnahme unmittelbar selbst beeinträchtigt. Dieses Fühlen ist eine Wirklichkeit, die nicht einfach wegzuleugnen ist, die die Politiker nicht einfach mit Gegenargumenten vom Tisch wischen können. Der einzelne kann sich beim Ausdruck seines Empfindens nicht irren, wenn er ehrlich zu sich selbst ist.

Dieser Ausdruck des persönlichen Fühlens, von Ängsten und Wünschen wäre auch für die internationale Politik sehr bedeutsam. Wenn etwa Politiker einer anderen Nation mitteilen würden: «Die meisten von uns haben Angst vor euren Raketen. Wir haben Angst, daß ihr uns überfallt und uns unsere persönliche Freiheit und unsere Lebensqualität nehmt. Wir haben Angst vor einem Krieg!», so würden sie mehr bewirken als durch die Zur-Schau-Stellung von Macht, als durch Drohungen und Beschimpfungen. Wahrscheinlich fürchten sich auch die Politiker des anderen Landes davor, überfallen zu werden. Könnten sie ebenfalls ihre Ängste aussprechen, dann würden beide Seiten gemeinsam feststellen: sie haben ähnliche Ängste voreinander.

*«Jeden Anspruch, den ich an die Gesellschaft stelle, muß ich erst einmal selber vorleben.»* [48] Sich selbst gegenüber aufrichtige Politiker werden in ihren Äußerungen und politischen Auffassungen mehr mit ihrem persönlichen Leben übereinstimmen, also echter sein. Leben Politiker ihre Ideen selber, so ist ihr Leben ihre Botschaft. Ihr Leben wird von vielen anderen Menschen wahrgenommen und beeinflußt diese. Ein Abgeordneter: «Glaubwürdig ist doch nur *der* Mensch, bei dem man gewiß ist, daß sein Fühlen, Handeln und Auftreten in Übereinstimmung ist mit seinem wirklichen Ich, mit seiner Person, mit seiner Persönlichkeit.»

Ebenso ist es wichtig, daß der *Bürger* seine politischen Ziele und Überzeugungen lebt. Der *Weg* zu einem Ziel – zu Menschlichkeit, zu Gewaltfreiheit – ist bereits ein Teil des Ziels.

Wenn wir gegen Atomkraftwerke sind – was tun wir selbst, um Energie einzusparen? Begrenzen wir selbst unsere Geschwindigkeit, wenn wir auf der Autobahn fahren? Fahren wir selbst mehr mit öffentlichen Verkehrsmitteln oder dem Fahrrad und lassen das Auto stehen? Wenn wir für den Frieden sind – leben wir selbst den Frieden in unserer Familie und in unserer beruflichen Umwelt? Wenn wir für eine humanere Welt sind – vermeiden wir selbst Gewalt und Beschimpfungen in alltäglichen Situationen? Wenn wir für Umweltschutz sind – wie sorgfältig gehen wir selbst mit der Natur um, mit uns selbst und anderen? Schränken wir unseren eigenen Konsum ein? Oder fordern wir all dies nur von anderen?

Das Entscheidende also ist: Sind wir glaubwürdig?! Stimmt das, was wir sagen, wünschen und fordern, mit unserem Leben und unseren Handlungen überein? Wenn wir etwas fordern: Sind wir bereit zu sagen, was wir geben wollen, welche Opfer wir bringen wollen? Ist die Äußerung «Man kann da nichts tun» wirklich ehrlich uns selbst gegenüber? Meinen wir nicht: «*Ich* kann nichts tun?» oder «Ich möchte nichts tun, mir fällt es zu schwer»?

«Fang bei dir selbst an mit deiner Politik» – das ist nicht einfach zu leben, aber ein sicherer Weg zu einer humaneren Welt.

## Selbstklärung

*«Wenn ich meine innere Welt erforsche, dann bin ich in meiner Politik verantwortlicher und mehr den Gefühlen der Bürger gerecht.»* Wir sind davon überzeugt, daß Selbstklärung eine wichtige Voraussetzung für ein besseres politisches Zusammenleben ist. Bürger und Politiker, die sich ehrlich mit sich selbst auseinandersetzen, handeln verantwortlicher für sich und andere, bil-

den sich eigene Werturteile und nutzen ihre persönliche Freiheit angemessener, ohne andere zu beeinträchtigen. Sie stellen sich Fragen und suchen sich zu klären: Wie will ich mit Menschen zusammenleben? Bin ich bereit, auch anderen das zuzugestehen und ihnen dazu zu verhelfen, was ich selber für mich fordere? Was trage ich dazu bei, daß es für andere Wirklichkeit wird? Es ist eine Prüfung unserer Handlungen und Einstellungen im politischen Zusammenleben unter dem Maßstab der sozialen Umkehrbarkeit: *Bin ich bereit, von anderen so behandelt zu werden, wie ich selbst ihnen gegenüber handle?* Bürger und Politiker sind bemüht, sich zu klären: Weswegen mache ich das? Wohin führen meine Handlungen? Welche Vorteile werden meine Reformideen bringen? Für welche Menschen? Und welche Nachteile werden sie haben? – Handle ich in meinem Alltag so, wie es meinen politischen Idealen und meinen Forderungen an andere entspricht? Was gebe *ich* der Gemeinschaft? Gebe ich ihr das wieder, was sie in meine Ausbildung investiert hat?

Auch die Auseinandersetzung mit den eigenen Fehlern und Schwächen ist bedeutsam. Sie findet zwar oft erst im nachhinein statt. Aber wenn Menschen sich durch sie ändern und wenn sie dies anderen mitteilen, tragen sie dazu bei, das politische Zusammenleben menschlicher zu gestalten. Ein 32jähriger Mann schreibt uns über die vergangenen neun Jahre seiner Arbeit in einer Partei: «Früher bedeutete politisches Handeln für mich, Ziele für andere allgemein verbindlich festzusetzen und Strategien und Taktiken zu ihrer Durchsetzung zu erarbeiten. Strategie und Taktik – das waren die Mittel, meine politischen Absichten zu verwirklichen, auch in Reden und in Diskussionen in der Partei und vor Bürgern. Zum Beispiel verstellte ich mich, sprach mich für eine Sache aus, die mir gleichgültig war. Oder ich versuchte Menschen, die eine andere Meinung hatten als ich, lächerlich zu machen. Heute verspüre ich: Wenn Menschen in der ‹Politik› so mit mir umgehen, wie ich es mit ihnen getan habe, so fühle ich mich unzufrieden. Ich bin betroffen darüber, daß ich

Menschen mißachtet, gedemütigt und auch verspottet habe, um bestimmte Ziele durchzusetzen. Mich stören heute ‹Politiker›, die andere Menschen mit Geringschätzung behandeln. Ich habe begonnen, auch in der Politik echt und aufrichtig zu sprechen, meine Wünsche und meine Bedeutungen, die ich zu einer ‹Sache› habe, als meine ‹subjektive› Meinung zu äußern. Ich denke darüber nach und frage andere, ob ich ihre Meinung und ihre Wünsche richtig verstehe. Ich bin in der Politik ‹persönlicher› geworden.»

Auch die folgende Äußerung eines Abgeordneten zeigt die Bedeutung der Selbstklärung für das politische Handeln: «Geld spielt eine wichtige Rolle, und Prestige spielt eine enorme Rolle. So kann Politik zum Besitzstandsdenken verkommen, und dann ist man bereit, unglaubliche Verbiegungen zu machen. Ich habe das auch eine Zeitlang gemacht. Aber glücklicherweise habe ich es gemerkt. Ich habe mich zurückgezogen und nicht nur noch auf die gehört, die einem das Gefühl vermitteln, man sei ungeheuer bedeutend und hätte Einfluß. Es ist das schlimme, daß es ein unmerklicher Prozeß ist bis dahin, daß man nicht mehr weiß, was man da eigentlich redet und tut und wessen Text man redet. – Für mich haben Freunde eine wichtige Rolle gespielt und meine eigenen Kinder. Ich hatte immer ein gutes Verhältnis zu ihnen, und Kinder fragen einfach anders als Erwachsene und bewerten Dinge anders, viel direkter und spontaner und viel nervender. Und einmal konnte ich meiner Tochter einfach nicht mehr erklären, was ich da mache. Und dann hab ich langsam versucht zu überlegen, ob vielleicht mein ganzer Ansatz nicht stimmt.»

*«Offenheit gegenüber neuen Ideen – das ist es, was uns davor schützen kann, uns in irgend etwas zu verrennen.»* Für eine menschlich sinnvolle Politik ist es wichtig, daß Bürger und Politiker nach alternativen Möglichkeiten Ausschau halten. So kann die Begegnung mit anderen politischen «Systemen» und Gesell-

schaften sehr hilfreich sein, die eigenen politischen Vorstellungen und Pläne zu überdenken und zu Alternativen zu kommen. Wilhelm beschreibt, wie er sich mit seinen Erfahrungen andersartiger politischer Systeme auseinandersetzte und wie ihn das beeinflußte: «Ich hatte zu der Zeit, als ich im Studentenparlament war, sehr guten Kontakt zur politischen Studentenorganisation in der DDR. Das hat aber nicht dazu geführt, daß sie mich überzeugt haben, ganz im Gegenteil: Dieses Angucken der Verhältnisse dort hat mich eher dazu gebracht, daß ich immer mehr Distanz dazu kriegte. Ich habe die Privilegien der Parteihierarchie kennengelernt. Wir wurden in Hotels von befrackten Obern bedient. Wir kriegten das beste Essen usw. Mich hat das nicht beeindruckt, sondern es hat mich eher skeptisch gemacht. Ich hab gesehen, wie ein Großteil der Führungshierarchie drüben auch korrumpiert ist und Selbstbedienung macht, nicht anders als hier auch. Ich hab's auf der einen Seite drüben schlimmer erlebt deswegen, weil ich die Grundideen des Marxismus in der Theorie eigentlich besser finde als die kapitalistischen Ideen. Aber die Realität ist fast immer schlimmer. Diese Erfahrung damals war ganz entscheidend für mich.»

Im folgenden sucht eine 19jährige sich selbst und ihre Erfahrungen offen zu erforschen. Sie schreibt uns in einem Brief: «Ich möchte Euch etwas von dem erzählen, was mir zur Zeit wichtig erscheint und mir dauernd durch den Kopf geht. Ich habe Angst vor Veränderung. Aber ich verurteile andere, wenn sie nicht Veränderungen herbeiführen, die ich für nötig halte. Ich stemple sie dann als ‹Reaktionäre› ab. Und es fällt mir sehr schwer zu sehen, daß ich schlicht unfähig bin, Veränderungen geschehen zu lassen. Denn dazu müßte ich zugeben, daß ich diese Menschen in ihrer – ich nenne es mal Unfähigkeit – verstehe. Mehr noch, daß ich sie mit ihnen teile. Sollte es wirklich sein, daß diese anderen Menschen, die politisch anders denken, gar keine so furchtbar ‹bösen› und ‹verwerflichen› Wesen sind?»

*«Ich habe gemerkt, daß Gewalt kein Weg ist, der weiterführt.»*
Die Selbstklärung erleichtert es Menschen, auf Gewalt und
Macht zu verzichten. Sie werden hierdurch freier, nach anderen
Möglichkeiten der Minderung von Konflikten zu suchen und
sich für andere helfend zu engagieren. Wilhelm: «Ich hab friedlich demonstriert und bin mit Gummiknüppeln geprügelt worden. Anfangs habe ich nicht zurückgeschlagen. Aber dann gab es
eine Zeit, da war mein Zorn so groß, da hab ich auch Steine in die
Hand genommen und gegen Wasserwerfer geworfen. Aber ich
denke, Gewalt erzeugt Gewalt. Ich habe gemerkt, daß Gewalt
kein Weg ist, der weiterführt. Es ist kein Weg der Verständigung.
Die Fronten werden härter.» – Claudia, 32: «Ich spüre, daß ich
allzu häufig nach der Axt greife statt nach der Palme. Mir ist das
früher als die schnellste Lösung anerzogen worden. Aber ich
muß sagen, daß ich mich von der Möglichkeit, die Probleme mit
Gewalt zu lösen, immer mehr distanziere. Sie scheidet zunehmend für mich aus. Für mich ist das einfach unmenschlich, in
welchen Situationen auch immer, dem Gegenüber auf den Kopf
zu hauen. Für mich ist es jetzt ein ganz persönliches Erfolgser-
lebnis, wenn ich in einer Krise, in einer sich zuspitzenden Situation einen Weg finde, ohne daß es zu sehr aggressiven Äußerungen kommt. Ich fühle mich dabei einfach sehr viel wohler.»

Diese Äußerungen zeigen, daß Menschen durch Selbstklärung
zu angemesseneren Bewertungen und verantwortlicherem Handeln kommen. Aber dieser Weg ist nicht einfach. Menschen, die
nach sanfteren Formen der Auseinandersetzung suchen, können
zunächst Fehler machen, Enttäuschungen erleben, Rückschläge
erleiden. Das ist für sie oft schmerzlich. Aber manche dieser Erfahrungen scheinen notwendig, um zu lernen. Die Fehler werden geringfügiger sein, wenn Kinder schon in der Familie und im
Unterricht lernen, sich selbst zu klären und herauszufinden, was
für sie *und* andere hilfreich ist. Und wenn Bürger und Politiker
in der Öffentlichkeit häufiger zeigen, wie sie sich um Selbstklä-

rung bemühen, aus ihren Fehlern lernen und dadurch zu ange-messeneren Auffassungen kommen, dann werden viele andere angeregt, sich verantwortlich mit *ihren* politischen Bewertungen auseinanderzusetzen, anstatt sie ungeprüft von anderen zu über-nehmen.

## Einfühlsam sorgende Politiker und Bürger

*«Ich glaube, daß Politiker nur dann hilfreich sein können, wenn sie an den geäußerten konkreten Wünschen der Bevölkerung an-setzen und ihnen nicht die eigenen dogmatischen Theorien nä-herbringen wollen»*, sagt ein Abgeordneter. Sind Politiker im seelischen Erleben der Bevölkerung zentriert, dann bemühen sie sich, deren Welt, Gefühle und Wünsche wahrzunehmen und zu verstehen. «Wessen Interessen sind maßgebender als die von Millionen von Menschen?» sagt der Kommunalpolitiker Harald. Ein Gewerkschafter: «Was den Leuten hilft, ist gut. Was ihnen nicht hilft, ist schlecht. Natürlich muß man darauf achten, wie und in welcher Hinsicht etwas nützlich ist.»

Für achtungsvoll sorgende Politiker ist die Förderung der Le-bensqualität der Bevölkerung oberstes Ziel. Sie sind den Inter-essen der Bevölkerung zugewandt. Sie erkennen etwa, daß die persönliche Initiative und Aktivität des einzelnen oft in bürokra-tischen Groß- und Staatsbetrieben erstickt wird. Sie helfen, die Humanisierung der Arbeitswelt, neue Formen wirtschaftlicher Organisation zu fördern, etwa die teilweise Übereignung der Betriebe in die Hände der Menschen, die dort arbeiten, und sie sind aufgeschlossen für die Erfahrungen, die Rückschläge und Fortschritte, die mit den verschiedenen Formen des Zusammen-arbeitens gemacht werden. Der Vorsitzende einer Landesju-gendorganisation: «Ich überlege bei jeder Frage neu, was mir sinnvoll erscheint. Hauptrichtschnur ist für mich, dafür zu sor-gen, daß Bevormundungen – sei es durch den Staat, die Kirche, durch Gewerkschaften oder durch Massenorganisationen – möglichst kleingehalten werden. Daß wir zu einer Gesellschaft kommen, wo jeder in der Lage ist, für sich Initiative zu ergreifen und so wenig wie möglich bevormundet wird.»

Bürgerzentrierte Politiker machen sich zu Sprechern der Menschen, die Sorgen haben und in Not geraten sind. Ein politisch engagierter Bürger: «Die Lebensumstände der Mehrheit – dort wo es Menschen schlecht geht, dort, wo sie sich nicht frei entfalten können – da liegt für mich die Richtschnur meines politischen Handelns – ob es nun die Unterdrückung der Frau oder die Stress-Situation in Betrieben ist.» Die Spitzenkandidatin einer Landespartei: «Ich vertrete die Gruppen, die bei uns als Minderheitsgruppen abgestempelt sind, etwa sozial schwache Leute, die sich nicht selbst artikulieren können, oder Bürgerinitiativen. Wir fühlen uns da gleichsam als ihr verlängerter Arm.» Der Kommunalpolitiker Harald: «Für das Gespräch mit dem Minister wünsche ich mir, daß er mal die Betroffenheit der Leute in meinem Wohnviertel annimmt. Als er die Kleingartensiedlungen für Hochhäuser abreißen wollte, hab ich ihm gesagt: ‹Hör mal zu – die Leute, die da leben, die haben hier ihre Gärten, das ist eine kleine heile Welt für sich. Ich finde es wahnsinnig wichtig, daß die Menschen da so leben können, gerade weil es das heute kaum noch gibt, dieses Kleine und Überschaubare.›»

Politiker, die im Erleben der Bürger zentriert sind, suchen einen nahen Kontakt zu ihnen nicht nur in den Wochen vor einer Wahl. Ein Landtagsabgeordneter: «Das Interesse der Bevölkerung kriege ich mit, weil ich als Politiker sehr oft in Stadtteile eingeladen werde und in Diskussionen mit alten und jungen Leuten rede. Dort tragen die Leute die Ungerechtigkeiten vor, die ihnen widerfahren.»

Jeder Politiker und Bürger hat die Möglichkeit, sich zeitweise in die Rolle von Betroffenen zu begeben, um diese besser zu verstehen. Er kann zum Beispiel für einige Tage oder Wochen mit dem Fahrrad zu seiner Arbeitsstätte fahren oder mit einem

Kinderwagen öffentliche Verkehrsmittel benutzen. Verantwortliche Beamte der Baubehörde und Architekten können eine Zeitlang in den von ihnen geschaffenen Wohnhaussilos wohnen. Ärzte können sich in der Rolle des Patienten in einer Klinik aufhalten. Politiker können einige Wochen lang in der Nähe des Flughafens leben, für den sie den Bau einer weiteren Startbahn befürworten. Politiker, Wissenschaftler und leitende Beamte können eine Zeitlang am Fließband stehen. So ergab sich zum Beispiel, daß sich Bürgermeister und Architekten, die ihrer Arbeit einen Tag lang im Rollstuhl nachgingen, danach viel besser in die Lage von Behinderten einfühlen konnten, was in ihrer Stadt zu kreativen, hilfreichen Maßnahmen für Rollstuhlbenutzer führte.

*«Ich bin eigentlich der Handlanger der Bevölkerung.»* Wer als Politiker in der Erlebniswelt der Bevölkerung gleichsam zu Hause ist, hat einen hilfreichen «Kompaß» für sein sorgendes Handeln gegenüber der Bevölkerung. Seine Entscheidungen und Aktivitäten sind geprägt von Achtung gegenüber der inneren und äußeren Welt der Bürger und ihrer Selbstbestimmung. Er ist ein fürsorglicher und engagierter, aber nicht dirigierender Helfer. Er unterstützt andere, macht Vorschläge, bietet Lösungen an, ist offen für die Nöte und Wünsche anderer und zeigt Wege zum Erreichen von Zielen auf. Er fühlt sich verantwortlich für seine Tätigkeit. Er ist darum bemüht, daß Institutionen hilfreich für die Menschen arbeiten und nicht umgekehrt. Er trifft Entscheidungen, die die Lebensqualität der Bevölkerung verbessern.

So wie sich in der Erziehung ein Wandel vollzogen hat – von einer stark lenkenden, auf Macht und Strenge beruhenden Beziehung von Erwachsenen mit Kindern hin zu einem befriedigenden Zusammenleben auf der Basis von gegenseitiger Achtung –, so wird diese Lebensform wahrscheinlich auch in der Politik Verbreitung finden.

*«Ich erkenne bei meiner Arbeit im politischen Bereich immer mehr die Bedeutung vertrauensvoller Beziehungen und Atmosphäre zwischen Menschen.»* Für soziale Gruppen und «Netzwerke» ist die vertrauensvolle Beziehung und Atmosphäre eine unerläßliche Bedingung ihrer Aktivität und Wirksamkeit. Ohne die Respektierung des anderen ist ein wirklich soziales Zusammenarbeiten und Zusammenleben kaum möglich: «Ich akzeptiere den Bürger in seinen Schwächen und Stärken und erwarte auch von ihm, daß er mich annimmt», sagt eine Landtagsabgeordnete.

Den «politischen Gegner» allerdings, den Andersdenkenden achten zu lernen, ist ein langer Weg. «Einige Jugendliche, die ich in Jugendgruppen betreue, sind Anhänger nationalsozialistischer Ideen. Je mehr ich versuchte, sie davon abzubringen, desto weniger erreichte ich sie. Erst als ich versuchte, die Jugendlichen besser zu verstehen, konnten wir offenere Gespräche führen. Und inzwischen hat sich bei manchen die Einstellung stark verändert.»

Wir können auf diesem Weg der Verständigung und Gewaltlosigkeit viel von Gandhi lernen. Seine Wege in der Politik charakterisiert die amerikanische Wissenschaftsjournalistin Marilyn Ferguson: «Wenn du meine Absichten erkennst und mein Mitgefühl und wenn du meine Aufgeschlossenheit gegenüber deinen Bedürfnissen fühlst, wirst du so reagieren, wie ich das durch Drohen, Verhandeln, Bitten oder Anwendung körperlicher Gewalt niemals erreichen könnte. Gemeinsam können wir das Problem lösen, und nicht gegeneinander. Ich werde dich zu nichts zwingen. Ebenso werde ich von dir zu nichts gezwungen werden. Ich werde dir nicht mit Gewalt, sondern mit der Kraft der Wahrheit, der Integrität meiner Überzeugungen gegenübertreten. Meine Integrität zeigt sich in meiner Bereitschaft zu leiden, mich in Gefahr zu begeben, ins Gefängnis zu gehen und wenn nötig sogar zu sterben. Aber ich werde nicht die Ungerechtigkeit unterstützen.» [8]

Diese revolutionäre Kraft, von Gandhi als «satyagraha» bezeichnet, kann als die Kraft der Seele oder die Kraft der Wahrheit charakterisiert werden: «Satyagraha ist ein Verhalten, das die Politik aus dem alten Bereich, in dem man sich feindselig gegenüberstand, faule Kompromisse einging, den anderen zu etwas überredete und seine Spielchen spielte, hin zur Aufrichtigkeit, zu gemeinsamer Menschlichkeit und der Suche nach Verstehen überführt. Es wandelt den Konflikt an seinem Ursprung, in den Herzen der Beteiligten. Satyagraha arbeitet im stillen und scheinbar langsam. Aber in Wirklichkeit gibt es keine Kraft in der Welt, die so direkt und schnell arbeitet. Es bedeutet eine Umwelt, in der man sich gegenseitig akzeptiert; und in der die Menschen sich, ohne das Gefühl, eine Niederlage erlitten zu haben, ändern können. Jene, die es anwenden, müssen umsichtig und flexibel sein und sogar den Standpunkt des Gegners auf seinen Wahrheitsgehalt hin überprüfen.» [8] Das Revolutionäre ist, daß den Vertretern der anderen Seite, dem sogenannten politischen Gegner, nicht unterstellt wird, daß er die Verkörperung des Bösen ist und wir die Verkörperung des Guten.

Gerald, der 10 Jahre lang politisch gearbeitet hat, ist auf dem Weg, sich in diese Richtung zu entwickeln; er spürt, daß er bisher in seiner Arbeit nur *eine* Seite seines Wesens beansprucht hat und daß dies hinderlich für ihn und andere ist: «Ich habe Probleme, den anderen zu zeigen, daß ich nicht immer nur powern will. Ich leide darunter, daß ich manchmal sanft sein möchte, aber mich dann verkrieche. Ich powere viel in Gremien. Aber manchmal merke ich schon: Ich will nicht mehr. Ich dachte bisher immer, ich bin nur wer, wenn ich powere, wenn ich austeilen und einstecken kann, dann kriege ich Anerkennung. Mit dem anderen Teil, dem sanften von mir, kann ich noch nicht umgehen. Aber ich will versuchen, ob ich das Sanfte mit dem Powern verbinden kann.»

Eine Erfahrung auf dem Weg, sich gegenseitig trotz großer Gegensätze und Vorurteile zu achten, beschreibt der 35jährige Wilhelm, der nach seiner Facharbeiterausbildung studierte und während der Studentenunruhen Mitglied des Studentenparlaments war: «Ich erinnere mich an eine Begebenheit in den unruhigen Wochen 1968. Ich war in den Tagen der Institutsbesetzung mit einem anderen Studenten in der Mensa. Ich traf Reinhard Tausch, der ja Professor war und also von mir als Student damals sehr weit entfernt. Er lud uns zu einer Tasse Kaffee ein. Das hat mir im nachhinein imponiert. Mir wurde bewußt: Er hat das Gespräch mit uns gesucht. Wir haben miteinander gesprochen, und es waren sehr viele Barrieren da. Ich hatte das Gefühl, er versteht uns nicht richtig. Und ich bin sicher, ich hab ihn zu dem Zeitpunkt auch nicht richtig verstanden. Wir waren damals sehr unterschiedlicher Meinung, das war die Barriere. Ich hab aber gemerkt, daß da doch so ein Stück Akzeptieren war auf seiner Seite: Okay, du bist anderer Meinung, trotzdem kann ich dich als Mensch akzeptieren. Ich übernehme nicht deine Meinung, damit will ich vielleicht auch gar nichts zu tun haben. Aber trotzdem, als Mensch erkenne ich dich an. Und das fand ich gut. Das war wichtig für mich. Das ist jetzt vierzehn Jahre her. Ich empfand sein Verhalten damals als sehr ungewöhnlich. Die Fronten waren zu der Zeit ja sehr hart, und das war so ein Stück ‹Frontübertritt›, ‹Frontaufweichung› für einen Moment – einen Stein aus der Mauer herausbrechen, die zwischen den Menschen ist. In dem Moment hat das wenig bewirkt, aber es hatte eine Langzeitwirkung. Es war auch ein Anstoß für mich, mehr über das Persönliche, über das Zwischenmenschliche nachzudenken, über persönliche Veränderungen.»

## Die Auswirkungen förderlichen Verhaltens

Wir möchten die wichtigsten Auswirkungen von größerer Aufrichtigkeit, intensiver Selbstklärung, Verständnis füreinander und gegenseitiger Achtung im politischen Zusammenleben zusammenfassend nennen:

o Politiker und Bürger sorgen angemessener für andere. Sie richten sich nicht nach Parteidoktrinen, sondern nach den Bedürfnissen der Menschen und können dadurch flexibler handeln. Dafür ist jedoch wichtig, daß Bürger fähig sind, ihr Fühlen, ihre Lebensvorstellungen, Absichten und ihre Bereitschaft zu eigenen Beiträgen deutlicher auszudrücken. So erhalten Politiker die für ein angemessenes Handeln notwendigen Informationen und Rückmeldungen. Politiker, die förderliche und verständnisvolle Helfer der Bürger sind, setzen sich mit deren Wünschen und Nöten auseinander und machen sie zur Richtschnur ihres Handelns.

o Politiker und Bürger erfahren größere Nähe zueinander und Gemeinsamkeit. Die Gedanken und Maßnahmen der Politiker werden für die Bürger nachvollziehbarer. Einfühlende Politiker und Bürger ziehen gleichsam an einem gemeinsamen Strang. Konflikte zwischen Bürgerinitiativen und Politikern können in einem vertrauensvollen Klima eher geklärt werden. Nähe und Gemeinsamkeit zwischen Politikern und Bürgern werden auch hergestellt, wenn Politiker ihre Schwächen nicht überspielen.

o Es kommt zu einer besseren Verständigung unterschiedlicher politischer Gruppen. Größere Ehrlichkeit und Offenheit gegenüber dem eigenen Fühlen ermöglichen es Politikern, auch ihrem «politischen Gegner» offener zu begegnen, ohne ihn zu bewerten. Sie sind fähig, *ihr* Enttäuschtsein, *ihr* Hoffen, *ihre* Ängste, *ihre* Gedanken zu alternativen Vorschlägen zu äußern, ohne über den anderen zu urteilen oder ihn anzugreifen. Selbst wenn die Gegensätze zwischen politischen Anschauungen groß sind, kann das Verstehen des inneren Erlebens zu einer besseren Beziehung und zu angemesseneren Lösungen für *alle* Beteiligten führen.

o Wenn ein Politiker den Bürgern gegenüber aufrichtig ist, haben diese eher die Möglichkeit, an Hand seiner Persönlichkeit und seines Lebensstils die Art und die Glaubwürdigkeit seiner Politik einzuschätzen. Aus der Person der Politiker können sie auf seine Toleranz, Einfühlung in andere, Fairness und Bereitschaft zur Zusammenarbeit schließen. Dies bestätigte auch eine Untersuchung: Bürger schätzten Politiker, die sich in ihren Reden persönlich äußerten, ihr Fühlen und Denken aussprachen und wenig allgemeine, abstrakte Aussagen machten, als aufrichtiger, anregender und verständlicher ein; dies war auch der Fall, wenn sie die politischen Ansichten der Redner nicht teilten. [50]

o Durch bürgerzentrierte Politiker fühlen sich Menschen ermutigt, sich stärker politisch zu engagieren: «Mit offeneren Leuten politisch zu arbeiten – das könnte ich mir vorstellen – wo mehr Gemeinsamkeit, mehr Menschlichkeit untereinander ist.»

o Politiker, die echt, einfühlsam und achtungsvoll im politischen Zusammenleben sind, fühlen sich mit sich selbst wohler. Sie sprechen gleichsam die gleiche Sprache nach innen zu sich wie nach außen zu den Bürgern. Sie können ihre Kräfte und Energien – statt zur Aufrechterhaltung einer Fassade, um einen bestimmten Eindruck zu vermitteln – für ihr Denken, die Klärung ihrer Auffassungen und die Suche nach kreativen, hilfreichen Lösungen verwenden.

## Persönlich entwickelte Menschen sind die Kraft des politischen Wandels

*«Das ist wahre Revolution: die im Bewußtsein und im Verhalten der Menschen stattfindet.»* Ungerechtigkeiten, zunehmende Spannungen, gegenseitiges Bekämpfen, gewalttätige Auseinan-

dersetzungen, drohendes Chaos, Kriege und Kriegsgefahr – das ist der Zustand, unter dem heute noch unzählige Menschen leiden. Er ist zu einem wesentlichen Teil auf den Mangel an persönlicher Entwicklung von Politikern und Bürgern zurückzuführen. «Wie kann ich mit anderen klarkommen und in der Politik etwas Sinnvolles arbeiten, wenn ich nicht einmal mit mir selbst klarkomme?» fragt ein 25jähriger Mann. Immer mehr Menschen erkennen, wie wichtig es für ein befriedigendes persönliches und politisches Zusammenleben ist, sich selbst und den eigenen Lebensstil zu ändern. Eine 34jährige Frau: «Wenn ich etwas im Sinne meiner Ideale erreichen will, dann muß ich mich selber mehr kennenlernen. Ich muß mit *mir* weiterkommen. Denn *ich* begrenze mich. Ich hatte meine Tätigkeit in den politischen Gruppen irgendwie als erfolglos erlebt. Ich spürte: Uns fehlt etwas. Wir waren nicht überzeugt genug, es fehlte die Tiefe. Wenn jemand mit der ganzen Tiefe seiner Erfahrungen und seines Lebens etwas vertritt, dann erreicht er unheimlich viel. Uns fehlte die persönliche Entwicklung des einzelnen, die ihm die Kraft und die Fähigkeit gibt, wirklich verantwortlich und von innen her, vom eigenen Gefühl und eigenen Denken her, zu handeln. Wir hatten zwar Argumente und Ideen, aber sie waren nicht in unserer ‹persönlichen Mitte› verankert, in unserem Selbst.»

«Ich denke, daß heute viel mehr Revolution stattfindet als damals, in den 68er Jahren. Heute findet Revolution statt im Sinne von langsamer Veränderung in dem Bewußtsein der Menschen. Die wirkliche Wandlung findet innen statt, im Menschen.» – «Früher habe ich gedacht, wenn ich mich viel bewege, dann bewege ich etwas. Aber das ist nicht so. Es kommt auf die innere Bewegung von mir an.»

Viele Menschen kommen zu dieser Einsicht, nachdem sie in ihren früheren Aktivitäten Fehlschläge und Enttäuschungen erlebt haben: «Anfangs versuchten die Mitglieder der Gegenkultur, die politischen Institutionen zu verändern, wie es Generationen von Aktivisten und Reformern vor ihnen schon versucht hatten.

Erst als untereinander Richtungskämpfe ausbrachen und die Konfrontationen mit dem Establishment immer frustrierender wurden, entdeckten sie die wahre Vorhut der Revolution: Die ‹Front› im Innern.» [8] Ein ehemaliger radikaler Aktivist, der in den 60er Jahren in den USA durch Schlagzeilen in den Zeitungen weithin bekannt war, meint im Rückblick auf seine Tätigkeit: «Ohne Selbsterkenntnis verewigt der politische Aktivismus nur den Kreislauf der Wut… Ich konnte niemanden verändern, bevor ich mich nicht selbst veränderte.» [8]

Wenn sich viele Menschen in der Bevölkerung – Bürger und Politiker – persönlich entwickeln und wandeln, dann *ist* dies ein geändertes politisches Zusammenleben. Ihr gewandelter Lebensstil wirkt sich unmittelbar auf die Menschen ihrer Umgebung aus und wird durch die Massenmedien einer größeren Öffentlichkeit bekannt. Die Wandlung des einzelnen ist eine persönliche *und* politische Revolution. Wenn wir uns selbst ändern, ändern sich zwangsläufig die äußeren Bedingungen. *Wir* sind die wichtigste Umweltbedingung für andere.

*«Ich habe jetzt wieder mehr Selbstvertrauen. Ich habe eine eigene Meinung, die ich auch anderen gegenüber politisch vertreten kann.»* Menschen, die sich seelisch weiterentwickeln, kommen zu geänderten Bewertungen. Sie erleben sich als wertvoll und haben differenziertere Wertauffassungen gegenüber ihrer Umwelt. Wenn Menschen das Gefühl haben, nicht «klein» zu sein, sondern von sich sagen können: «Ich bin genausoviel wert wie jeder andere Mensch», so hat dies bedeutsame Folgen für das politische Zusammenleben: Diese Menschen streben nicht nach Macht. Sie fühlen sich innerlich sicher genug, um zum Beispiel in einer Versammlung aufzustehen und *ihre* Empfindungen und Gedanken zu äußern oder als Politiker unkonventionelle Vorschläge zu machen. Sie können andere mehr annehmen, toleranter behandeln. Und da sie weniger seelisch eingeengt sind, sind sie freier, origineller, schöpferischer im Umgang mit Menschen.

«*Lebt eure Überzeugungen, und ihr könnt die Welt aus den Angeln heben*», schreibt der amerikanische Schriftsteller und Philosoph Henry David Thoreau. [8] Wünschen Menschen die Wandlung zu einem humanen Leben, einem Leben mit und nicht gegen Menschen, so ist es von entscheidender Bedeutung, daß diese politische Idee in ihrem Alltag Wirklichkeit ist. Marilyn Ferguson befragte Menschen, was sie für die beste Möglichkeit hielten, um ihre persönliche Wandlung gesellschaftlich wirksam werden zu lassen. Fast alle gaben an: das persönliche Beispiel.

Leben wir also in unserem Alltag unsere politischen Ideen, so *sind* wir politisch aktiv. *Wir* handeln als Umweltschützer, sparen Energie, verbrauchen Rohstoffe mit Überlegung und Bescheidenheit, behandeln Menschen und Dinge in unserer Umgebung achtsam. Mario: «Ich bin in diesen Ferien in Kalabrien gewesen. Es war viel verschmutzter dort als letztes Jahr. Diese Camper werfen überall ihren Müll hin. Da hab ich mich eines Tages rangemacht und habe versucht, den Müll am Strand zu beseitigen. Ich hatte ja sowieso Zeit. Und Bewegung wollte ich mir auch verschaffen. Da kamen bald die Leute auf mich zu und sagten: ‹Was machen *Sie* denn hier?› – ‹Ich mach den Müll weg.› – ‹Wieso, das ist doch gar nicht *Ihr* Müll.› Und da hab ich gesagt: ‹Mich macht das traurig, wenn dieser schöne Strand hier so verdreckt wird!› Und es hat nicht lange gedauert, da hatte ich schon Helfer. Und nach einiger Zeit sah der Strand wie voriges Jahr aus.»

Viele sind sich der Schwierigkeiten bewußt, mit denen die Menschheit heute konfrontiert ist, und wollen dazu beitragen, sie zu beseitigen. Wichtig ist, daß wir nicht nur über Veränderungen *reden* oder sie von anderen verlangen. Sondern daß wir die Wurzel jeder Veränderung bei uns selbst sehen, in unserer Umwelt, in unserem Umgang mit Menschen, in unserem Energieverbrauch, in unserer Ernährung. Wenn sich jeder für die Welt, in der er lebt, verantwortlich fühlt und im Fünf-Meter-Umkreis seines alltäglichen Lebens entsprechend handelt, dann

ist dies ein großer sozialer und politischer Wandel: «Ich versuche
global zu denken und lokal zu handeln.» – «Ein Weg, die Dinge
zu ändern, ist, mich selbst zu ändern. Ich hab früher ein Auto
gebraucht und all diese Dinge, die ‹man so braucht›. Jetzt, nach
einiger Zeit des Hin und Her, ist mir aufgefallen, daß ich ganz
viel von dem Mist selber mache, der die Umgebung versaut. Und
ich habe mit Kleinigkeiten angefangen – nehme weniger Wasch-
pulver, hab das Auto abgeschafft, fahre jetzt mit dem Fahrrad
oder gehe zu Fuß. Das sind Kleinigkeiten. Aber auf jeden Fall ist
es für mich eine Möglichkeit, die Umwelt zu verändern.» – «Wer
an die einfachen Wahrheiten glaubt, wie ich sie dargelegt habe»,
schreibt Gandhi, «kann sie nur weiterverbreiten, indem er sie
lebt. Beginnt dort, wo ihr steht.» Und von Thoreau stammt der
Satz: «Es spielt keine Rolle, wie klein der Anfang scheinen
mag.» [8]

Die eigenen Ideen zu leben erfordert Kraft, Engagement, Mut
und ehrliche Überzeugung. «Wenn Menschen nach ihren Ideen
leben, dann müssen sie bei politischen Auseinandersetzungen
auf die üblichen politischen Kampfwaffen verzichten. Sie wissen, daß die Mittel ebenso rechtschaffen wie die damit verfolgten
Ziele sein müssen.» [8]

Gegen Machtgebrauch, gegen seelische Verletzungen und Demütigungen zu sein bedeutet, dem anderen ohne Feindseligkeit
und ohne Haß zu begegnen. Dieser Weg wird häufig als unreali-
stisch und unwirksam abgewertet, aber er gibt vielen Menschen
Kraft und ist für sie eine Möglichkeit, Brücken zum anderen,
zum «Gegner» zu schlagen: «Als ich meine todkranke Mutter in
der DDR in Berlin besuchen wollte», sagt eine 37jährige Frau,
«habe ich ein Buch über seelische Hilfen für Krebskranke dabei
gehabt, um es ihr zu geben. Ich habe es der Volkspolizei sogar
gesagt, denn eigentlich durfte ich ja kein Buch dabei haben. Und
dann hat mich der Polizist in eine kleine Zelle eingesperrt, ohne
Fenster, wo nur ein Tisch und ein Stuhl drin standen. Und ich
saß da. Dann kam Ohnmacht, Wut, Haß und alles in mir hoch.

Ich hab gedacht: Das ist so ein Menschenhasser! Er kann mich jetzt stundenlang hier sitzen lassen! Und als ich so verzweifelt war, habe ich mich hingesetzt und meditiert. Das war das Beste für mich, was ich machen konnte. Schließlich kam er wieder. Er hat mich gar nicht so lange sitzen lassen. Er sagte, das mit dem Buch ist in Ordnung. Ich sagte ihm, daß meine Mutter gerade operiert worden ist. Und dann rückte er heraus damit, daß seine Mutter auch an Krebs operiert worden ist und daß sie bestrahlt würde. Wir haben dann noch darüber miteinander gesprochen. Da war plötzlich so ein menschlicher Kontakt da.»

## Menschen schließen sich zu sozialen und politischen Gruppen zusammen

«*Dadurch, daß wir uns zu einer Gruppe zusammengeschlossen haben, fällt es mir leichter, meine Ideen zu leben.*» Manche befürchten, daß sich Menschen, die sich persönlich zu entwickeln suchen, von «der Politik» zurückziehen. Auf einige mag dies zutreffen. Andere ziehen sich häufig nur von der «alten» Politik zurück, sind aber bereit, sich in solchen politischen Gruppen zu betätigen, die das Persönliche zulassen und fördern: «Früher habe ich gedacht, die da in Selbsterfahrungsgruppen gehen und an sich selbst arbeiten, die sind für die Politik verloren; die privatisieren nur noch. Als ich nach vielen Jahren politischer Tätigkeit und vielen sinnlosen Kämpfen unter uns dann auf mich selbst kam und erst mal mich zu ändern suchte, bekam ich mehr Kontakt mit denen, und ich sah es anders. Viele von uns sind bereit, für eine andere neue Politik zu arbeiten, und viele von uns sind in irgendwelchen Gruppen.»

Was können Menschen über die Änderung ihres Lebensstils hinaus für die Gemeinschaft tun? Wie können sie zur Förderung dieses Lebensstils bei anderen beitragen? Wie können sie ihre Wünsche und Bedürfnisse mehr Wirklichkeit werden lassen?

Eine wirksame und immer stärker in das Bewußtsein der Öffentlichkeit tretende Möglichkeit ist: Bürger mit gemeinsamen persönlich-politischen Ideen schließen sich zu Gruppen, zu regionalen, nationalen oder internationalen Netzwerken zusammen. Sie tun dies nicht, um mehr Macht zu erlangen und um anderen ihre Ideen aufzuzwingen. Sie suchen und bilden Gemeinschaften, denen sie sich zugehörig fühlen, in denen sie verstanden und auf ihrem Weg angeregt und ermutigt werden. Zugleich fördern sie so die Verbreitung ihrer Ideen. «Wir hatten das Gefühl, wir ziehen an einem Strang. Meine Idee war immer, es nicht allein zu machen, sondern in Gemeinschaft. Wir wollen zusammen etwas tun, und nicht gegeneinander. Wir sind uns einig, aber wir sind nicht auf eine Linie fest eingeschworen. Das ist so, als ob man zu viert einen Garten bestellt und sich abspricht.» Die meisten dieser sozialen, politisch alternativen Gruppen leben und arbeiten ohne einen herausragenden Führer und ohne eine Parteiideologie: «Der Mensch, der innerlich frei ist, will keinen unterdrücken. Er sucht die Menschen, die mit ihm gehen. Er sucht Freiwillige.»

Tatsächlich sind Millionen von Menschen bereits in Vereinigungen oder Gruppen aktiv, in Wohngemeinschaften, Initiativgruppen, Sportgruppen, Vereinen, Gesundheitsgruppen. In diesen sozialen und politischen Gruppen leben Menschen ihre Ideen, unterstützen sich in ihren Bedürfnissen, ändern sich gemeinsam. Die Anonymen Alkoholiker, Amnesty International, Greenpeace und viele andere zeigen, wie wirksam kleine Gruppen bei gleichzeitiger weltweiter Verbreitung sein können. Allein im letzten Jahrzehnt haben sich viele soziale Gruppen gebildet. Selbsthilfegruppen für Krebskranke, für Anfallkranke, für Behinderte, Frauengruppen, Eltern- und Nachbarschaftsinitiativen. Gruppen der Friedensbewegung und der Umweltschützer gewinnen weltweit an Bedeutung.

Psychotherapeutische Gruppen und Selbsterfahrungsgruppen leisten für diese soziale und politische Bewegung einen Beitrag.

Menschen lernen hier mit Unterstützung eines psychologischen Helfers, ihr gefühlsmäßiges Erleben auszusprechen, sich mit sich selbst auseinanderzusetzen, die anderen zu hören, sie zu respektieren und für sie zu sorgen, ohne sie zu dirigieren. In diesen Gruppen, die nach einer Anfangsphase ohne Helfer als Selbsthilfegruppen weiter existieren können, machen viele gleichsam die ersten Schritte in ein Gruppenleben, wo die Mitglieder ihre Ideen zu leben suchen und sich gegenseitig unterstützen und fördern.

Wohngemeinschaften sind oft eine weitere Lernmöglichkeit. Die Mitglieder fühlen sich zusammengehörig, kommen sich ein Stück näher, ihre Erfahrungen und Gefühle stehen im Mittelpunkt ihres Zusammenlebens. Manche dieser Wohngemeinschaften werden auch nach außen hin aktiv, veranstalten etwa Straßenfeste oder Ausflüge: «Ich habe jetzt am Wochenende ein ganz tolles Erlebnis gehabt. In unserer Straße war ein Straßenfest. Ein paar Leute hatten Tische und Stühle besorgt, und es fing mit einem gemeinsamen Mittagessen an. Sechzig bis siebzig Leute saßen da herum, es war kein Auto auf der Straße. Und am Sonntagmorgen hatten wir gemeinsames Frühstück für jeden, der wollte. Da wurde ganz viel erzählt. Und da wurde mir klar, und ich hatte dieses Gefühl: Wieviel hängt ab von mir, von meiner eigenen Initiative!»

Nach unseren Erfahrungen fühlen sich Mitglieder von Selbsthilfegruppen den «Experten», von denen sie zum Teil abhängig sind – Ärzten, Lehrern, Psychologen oder Politikern – weniger ausgeliefert. «Als große Unterstützung haben wir es empfunden, wenn ‹Fachleute›, etwa Ärzte, an unseren Gruppen teilnahmen; so erhielten wir gleichsam von Freunden Beratung und Hilfe.» Wenn die Mitglieder einer Gruppe oder eines sozialen Netzwerks möglichst vielen «Schichten» und Berufen entstammen, können sie sich besser unterstützen und mehr voneinander lernen.

*«In unserer Gruppe ist viel Zwischenmenschlichkeit, wir können auf den anderen eingehen und dessen Argumente ein Stück annehmen.»* Wie ist es möglich, daß diese sich selbst organisierenden Gruppen, Bürgerinitiativen, nationalen und internationalen Netzwerke lebensfähig und wirksam sind? Wie unterstützen sich ihre Mitglieder, wie verbreiten sie ihre Ideen – ohne Hierarchie, ohne straffen Verwaltungsapparat, ohne Parteiprogramme? Wie fördern sie einander und ermöglichen sich gegenseitig Selbstbestimmung? Wie kann es sein, daß mehr als hunderttausend Menschen, Jugendliche und Erwachsene jeden Alters, etwa auf einem Kirchentag mehrere Tage lang zusammenkommen und dort trotz großer Gegensätze friedlich zusammenleben?

Aus den Erfahrungen wird offenbar: Gruppen und soziale Netzwerke ohne Hierarchie und Führung sind nur lebensfähig und wirksam, wenn die einzelnen voreinander Achtung empfinden und den anderen einfühlsam hören. In diesen Gruppen *lebt* Demokratie. Jeder hat Macht über sich selbst, und versucht nicht, sie über andere auszuüben. Die Beziehungen zueinander bauen auf der unmittelbaren menschlichen Begegnung auf. Dadurch sind Veränderungen im Innern der Menschen möglich. Die Gruppen unterstützen den einzelnen. Sie geben ihm die Möglichkeit, zu lernen und sich zu entwickeln.

Im politischen Zusammenleben in solchen Gruppen ist es also wichtig, daß die Mitglieder erfahren: Ich bin eine Person von Wert, ich kann es wagen, selbständig zu sein, ich kann mir selbst und meinen Erfahrungen vertrauen. Die anderen unterdrücken mich nicht: «In unserer Gruppe ist keiner, der sich durchsetzen will. Jeden einzelnen in der Gruppe respektiere ich, auch wenn er in manchem eine andere Meinung hat. Man hört sich an und einigt sich. Wir sind innerlich immer wir selber.»

Es ist entscheidend, daß die Mitglieder aufrichtig sind und daß sie *ihr* Fühlen ausdrücken, ohne zu werten. Das ist besonders bei Meinungsverschiedenheiten wichtig. Ferner wird dadurch verhindert, daß einzelne die Gruppe für parteipolitische Sonderinteressen mißbrauchen: «Die Leute sprechen über ganz persönliche Probleme sehr offen, ohne Masken», berichtet eine Frau über ihre sozialpolitische Gruppe. «Sie reden über ihre Schwierigkeiten am Arbeitsplatz, Schwierigkeiten mit ihrem Partner oder Schwierigkeiten im Umgang mit anderen Menschen. Es herrscht ein relativ großes Vertrauen.» Eine andere Frau: «In der Gruppe, da zeigten wir: Da geht's mir ja auch beschissen, und ich möchte etwas anderes. Wir haben uns zusammengesetzt und über unsere Schwierigkeiten gesprochen und was uns nicht gefällt und worunter wir leiden. Und dann haben wir zusammen überlegt: wie können wir uns ändern, wie können wir das verbessern? Die politische Idee ist: daß man das Private veröffentlicht. So nannten wir das.»

Natürlich machen auch Menschen, die sich persönlich zu entwickeln suchen und die in Gruppen zusammenarbeiten, Fehler im Zusammenleben. Sie haben beispielsweise zuwenig Erfahrungen mit manchen Machtspielen der Politiker. Sie müssen lernen, politische Helfer und Verwaltungsfachleute zu Rate zu ziehen, ohne sich von ihnen beherrschen zu lassen. Wir sehen Fehler, Versagen und Irrtümer als Lernschritte auf dem Weg an, befriedigend in Gruppen zusammen zu leben – nicht als Rückschläge, die den ganzen Weg unsinnig oder falsch erscheinen lassen.

Selbst wenn sich Gruppen auflösen, können die Mitglieder daraus lernen: In einer neuen Gruppe werden sie erfahrener sein. Eine 32jährige Frau berichtet über die Wohngemeinschaft, der sie vor zehn Jahren angehörte: «Damals war diese Wohngemeinschaft eine völlig neue Idee. Wir hatten ein großes Haus, waren neun Erwachsene und zwei Kinder. Jeder hatte ein eigenes Zimmer. Einmal in der Woche haben wir ein Gemeinschaftstreffen gemacht. Zuerst war diese Wohngemeinschaft ganz nett. Aber nachher war's immer so ein Hickhack; ich muß ehrlich gestehen: Es war katastrophal. Oft waren es völlig belanglose Dinge, etwa, welches Brot gekauft wird. Und dann schrie gleich einer los:

‹Also, wenn dieses Brot gekauft wird, dann...› Es waren viele Spannungen. Die konnte keiner auflösen. Es war eben für alle völlig neu. Und nach anderthalb Jahren sind wir dann auseinandergezogen. Es ist nicht so, daß ich das bereue; es war eine schöne Erfahrung; es war auch ein schönes Zusammensein, etwa das Essen zu kochen und irgend etwas zu machen. Aber es war dann auch eben so, daß die Frauen mehr im Haushalt machten als die Männer, und da mußten wir uns ewig lange damit auseinandersetzen. Aber für die Zeit – was damals so üblich war – da war das ein tolles Experiment, und ich glaube, wir haben alle daraus gelernt.»

Der folgende Auszug zeigt ebenfalls die Bedeutung der gegenseitigen Achtung: «Einen Sommer lang arbeitete ich bei einem sehr konstruktiven Erziehungsprogramm über den Vietnam-Krieg mit. Alle Mitarbeiter hatten selbstlose Motive, aber am Ende des Sommers brach das Projekt zusammen, weil wir nicht miteinander auskamen. Ich mußte der Tatsache ins Auge sehen, daß man nicht die Welt mit Gewaltlosigkeit und Liebe erfüllen kann, wenn man diese Eigenschaften nicht bei sich selbst verwirklicht hat.» [8]

So machen Menschen auf dem Weg zu ihrer persönlichen Entwicklung Fehler: Sie geraten in Sackgassen, verlieren die Orientierung, erleiden Verletzungen – aber sie lernen und werden reifer, wie ein Kind, das sich von Stürzen nicht davon abhalten läßt, laufen zu lernen. Es liegt an uns, wie wir Fehler und Irrtümer sehen: als Versagen und als Anlaß zu resignieren oder als Möglichkeiten, zu lernen und uns weiterzuentwickeln.

*«Die Veränderung und das seelische Wachstum von Menschen hat große Kraft und nimmt einen sehr bedeutsamen Einfluß auf die Politik.»* – Wo ist die politische Kraft dieser Menschen und Gruppen? werden manche fragen. Wo sind sie in den Behörden, im Parlament, in der Regierung vertreten? Dies ist nicht das primäre Ziel dieser Menschen und Gruppen. Ihr Ziel ist die Wand-

lung, das humanere Zusammenleben im Alltag, die Änderung des Bewußtseins und Lebensstils. Als unmittelbare Folge ändert sich das politische Leben; Politiker werden von diesem veränderten Lebensstil der Bürger beeinflußt.

Ist das nicht eine utopische, zu idealistische Auffassung, ein Wunschbild? Die veränderte Stellung der Frau, das freier gewordene sexuelle Zusammenleben, der Wandel im Umgang mit Kindern und mit der Umwelt – diese und andere tiefgreifende Änderungen haben sich in den letzten 10–15 Jahren in der Bundesrepublik Deutschland und vielen anderen Ländern ereignet. Sie sind nicht durch Gesetze, nicht durch die Macht von Institutionen, Regierungen oder Parteien und nicht durch Gewalt herbeigeführt worden, sondern dadurch, daß zuerst einige wenige und dann immer mehr Menschen den Mut hatten, ihre Ideen zu leben. Sie haben Hunderttausende und Millionen angeregt, sich auch in ihrem Lebensstil zu wandeln. So haben sich enorme Veränderungen ergeben. Jeder einzelne, der seine Überzeugung lebte, trug und trägt zu dieser Wandlung des allgemeinen Lebensstils bei: «Ich bin politisch, indem ich in meinem unmittelbaren Umfeld handle. So beeinflusse ich andere, und die wirken wiederum weiter.»

Gewandelte Menschen geben ununterbrochen ihre Botschaft – ihren Lebensstil – an andere weiter. Durch den Kontakt mit ihnen entdecken immer mehr Menschen ihre Entwicklungsmöglichkeiten in ihrer alltäglichen Umgebung, ihrem Partner gegenüber, ihren Kindern, ihren Nachbarn, ihren Kollegen: «Meine Politik beginnt in meiner Familie – wie ich meine Kinder und meine Frau behandle», sagt ein Künstler. Eine Frau, die in der Friedensbewegung engagiert ist, schreibt uns: «Mein Frieden fängt zu Hause an.»

Unterschiedliche Gruppen erkennen auch allmählich, daß sie nicht in Konkurrenz zueinander stehen, Gruppen, die spirituell, ökologisch, in der Gesundheitsbewegung oder in der Verbesserung ihrer Nachbarschaft engagiert sind. Sie beginnen zu spüren, daß sie eigentlich auf dem gleichen Weg sind, einem Weg zu sich selbst und den anderen. Sie sehen den Alltag von Millionen von Menschen und die in diesem Alltagsleben stattfindenden Wandlungen als das Zentrum ihrer Politik an, nicht das Regierungsviertel in Bonn. Ein Teil der sich neu orientierenden Menschen ist in der Erziehung in Kindergärten und Schulen tätig. In der Begegnung mit ihnen lernen Kinder und Jugendliche, bewußter zu leben, sich selbst zu entwickeln und für sich verantwortlich zu werden.

Diese Bewegung der persönlichen Entwicklung ist kaum aufhaltbar. Immer mehr Menschen fragen sich: Wer bin ich? Wozu mache ich das? Ist das richtig, was die Politiker tun? Was ist für mich wichtig?

Wenn Menschen sich persönlich wandeln, aufrichtiger, offener, einfühlender werden und mehr für andere sorgen, dann ändern sich auch die Institutionen, in denen sie arbeiten. Sie werden Maßnahmen und Erlasse befürworten und fördern, die der Veränderung ihres Bewußtseins und ihres Lebensstils entsprechen.

Geänderte Menschen sind die neue Politik: «Wenn wir eine Gesellschaft mit den bisherigen Methoden (Organisation, Propaganda, politischer Druck, Umerziehung) neu strukturieren müßten», schreibt Marilyn Ferguson, «das wäre wohl eine hoffnungslos große Aufgabe, als wollten wir die Erdumdrehung umkehren. Aber persönliche Revolutionen können Institutionen ändern. Schließlich sind Einzelpersonen die Bestandteile dieser Institutionen. Regierung, Politik, Medizin und Erziehung sind in Wirklichkeit keine Dinge, sondern die fortgesetzten Handlungen von Menschen – das Erlassen von Gesetzen, das Wählen, das Geltendmachen von Einfluß, das Erstellen von Lehrplänen usw.» [8]

Ein überzeugendes Beispiel für die Kraft, die daraus erwächst, daß Menschen ihre eigenen Ideen leben, gab Gandhi. Er verzichtete auf jede Anwendung von Gewalt. Durch den Gebrauch ausschließlich gewaltloser Mittel beseitigte er viel Unrecht in seinem Land und erreichte die Befreiung seines Volkes von der Kolonialherrschaft. Um eine derartige Kraft zu gewinnen, ist es notwendig, daß der einzelne starke seelische Kräfte und Kontrolle über sich selber hat. Gandhi: «Wer den Geisteszustand der Gewaltlosigkeit erlangen will, braucht eine strenge Schulung. Der vollendete Zustand ist erst dann erreicht, wenn Gedanken, Handlungen und Worte völlig miteinander übereinstimmen. Jedes Problem läßt sich lösen, wenn wir uns dazu entschließen, das Gesetz der Wahrheit und der Gewaltlosigkeit zum Gesetz unseres Lebens zu machen.» [17]

Anders als in früheren Zeiten stehen uns heute wichtige zusätzliche Hilfen zur Verfügung: Fernsehen, Zeitungen, Flugblätter und Fernsprecher ermöglichen eine schnelle Information. Die weitgehende Beseitigung existentieller Nöte wie Hunger und Kälte läßt viele von uns aufgeschlossener für seelische Wandlungen sein. Wir verfügen ferner über zunehmend bessere Erkenntnisse und Erfahrungen, die uns zeigen, welches Verhalten der Politiker und der Bürger auf die Dauer förderlich für das Zusammenleben ist. Immer mehr Menschen sehen sich und die Umwelt in geänderten Bedeutungen. Sie behindern sich weniger, da sie in kleineren Gruppen gelernt haben, sich selbst und andere mehr zu verstehen.

Und schließlich: der persönliche Wandel von Millionen Menschen beeinflußt die Politiker. Diese erfahren auch, daß ihre alten Losungen, Propagandamittel und Aufrufe zum «Kampf» immer weniger Aufnahme finden.

Gewiß, ein solcher allgemeiner Wandel erfordert Jahre und Jahrzehnte. Aber das «Auf-dem-Weg-sein» ist wichtig. Denken wir daran, wie die Ideen des Umweltschutzes vor 10–15 Jahren nur von einzelnen und von kleinen Gruppen ausgesprochen, oft belächelt, kritisiert oder angefeindet wurden. Heute sind diese und andere Ideen in das Bewußtsein von vielen Millionen Menschen gerückt und beeinflussen ihr Verhalten.

«Die neue Person schafft die neue Gemeinschaft. Und die neue Gemeinschaft schafft – ja *ist* die neue Politik.» [8]

# Sprüche vom Geld

*«Wer kein Geld hat...*

…dem fällt es wenigstens nicht durch die Finger», heißt es in einem Sprichwort. Doch für jemanden, in dessen Portemonnaie Ebbe herrscht, ist dies ein eher schwacher Trost. Denn in Wirklichkeit ist es ja gar kein unumstößliches Naturgesetz, daß einem das Geld – so man welches hat – durch die Finger fallen muß.

Im Gegenteil, es gibt sogar Möglichkeiten, es sicher anzulegen und in aller Ruhe mehr werden zu lassen…

## Pfandbrief und Kommunalobligation

**Meistgekaufte deutsche Wertpapiere - hoher Zinsertrag - bei allen Banken und Sparkassen**

Verbriefte Sicherheit

# Literatur

[1]   Aspy, David; Roebuck, Flora: Our Research and Our Findings. In: C. R. Rogers, Freedom to Learn for the 80's. Columbus/Ohio, 1983.

[2]   Boeckel, Johannes F.: Meditationspraxis. München, 1977.

[3]   Caspari, Gabriele; Tausch, Reinhard: Zeitschrift für Klinische Psychologie, 1979, 8, 245–255.

[4]   Der Spiegel, 1977. 48.

[5]   Der Spiegel, 1980. 1/2.

[6]   Elgin, Duane: Voluntary Simplicity. New York, 1981.

[7]   Feldenkrais, Moshé: Bewußtheit durch Bewegung. Frankfurt am Main, 1978.

[8]   Ferguson, Marilyn: Die sanfte Verschwörung. Basel, 1982.

[9]   Fest, Joachim C.: Hitler. Frankfurt am Main, 1973.

[10]  Flemming, Hans-Curt: Annäherung. Stuttgart, 1980.

[11]  Fox, Mario R.; Tausch, Reinhard: Zeitschrift f. personenzentrierte Psychologie und Psychotherapie, 1983, 2, 499–509.

[12]  Frankfurter Allgemeine Zeitung, 11. 10. 1979.

[13]  Frankfurter Allgemeine Zeitung, 14. 1. 1981.

[14]  Frankfurter Allgemeine Zeitung, 27. 10. 1981.

[15]  Frankfurter Allgemeine Zeitung, 9. 12. 1981.

[16]  Frankfurter Allgemeine Zeitung, 19. 1. 1982.

[17]  Gandhi, Mahatma: Zitiert nach: P. Yogananda, Autobiographie eines Yogi. 1974.

[18]  Gibran, Kahlil: Der Prophet. Freiburg, 1972.

[19]  Glotz, Peter: Gespräch und Begegnung zum Prinzip der Politik erheben. In: Das Gespräch aus der Ferne, 1978, 4.

[20]  Hite, Shere: Hite-Report. Das sexuelle Erleben der Frau. München, 1976.

[21]  Hite, Shere: Hite-Report. Das sexuelle Erleben des Mannes. München, 1981.

[22]  Höder, Jürgen: Zeitschrift für Klinische Psychologie, 1980, 9, 281–288.

[23]  Jourard, Sidney M.: The Transparent Self. New York, 1971.

[24]  Kennedy, Ted: Welt am Sonntag, 1981, 37.

[25]  Körner, Heinz: Johannes. Fellbach, 1978.

[26]  Kübler-Ross, Elisabeth: Leben bis wir Abschied nehmen. Stuttgart, 1979.

[27]  Lynch, James J.: Das gebrochene Herz. Reinbek, 1979.

[28]  Lysebeth, André von: Yoga. München, 1977.

[29]  Morr, Jost von: Das Tribunal von Nürnberg. Westdeutscher Rundfunk, 22. 1. 1981.

[30]  Quick, 1981, 53.

[31]  Quitmann, Helmut; Tausch, Anne-Marie; Tausch, Reinhard: Zeitschrift für Klinische Psychologie, 1974, 3, 193–204.

[32]  Ram Dass: Reise des Erwachens. München, 1985.

[33]  Richter, Gisela: Krankheit als Chance. Norddeutscher Rundfunk, 23. 12. 1978.

[34]  Rodin, Judith; Langer, Ellen J.: Journal of Personality and Social Psychology, 1977, 35, 897–902.

[35]  Rogers, Carl R.: Freiheit und Engagement. Personenzentriertes Lehren und Lernen. München 1984

[36]  Rogers, Carl R.: Partnerschule. Frankfurt am Main, 1982.

[37]  Rogers, Carl R.: Der neue Mensch. Stuttgart, 1981.

[38]  Rogers, Carl R.: Fernsehaufzeichnung, Südwestfunk Baden-Baden, 17. 4. 1981.

[39]  Rogers, Carl R.: Therapeut und Klient. München, 1977.

[40]  Rogers, Carl R.: Encounter-Gruppen. München, 1974.

[41]  Rogers, Carl R.: Entwicklung der Persönlichkeit. Stuttgart, 1973.

[42]  Rogers, Carl R.: Die klient-bezogene Gesprächstherapie. München, 1973.

[43]  Rogers, Carl R.: Because That's My Way (Gruppengespräch mit Jugendlichen, 16-mm-Film). Center for the Studies of the Person. 1125 Torrey Pines Road, La Jolla, California 92037.

[44]  Rogers, Carl R.: Journey into Self (16-mm-Film). Center for the Studies of the Person. 1125 Torrey Pines Road, La Jolla, California 92037.

[45]  Rudolph, Jürgen; Langer, Inghard; Tausch, Reinhard: Zeitschrift für Klinische Psychologie, 1980, 9, 23–33.

[46]  Samuels, Mike; Samuels, Nancy: Seeing with the Mind's Eye. New York, 1975.

[47]  Simonton, O. Carl; Matthews-Simonton, Stephanie; Creighton, James: Wieder gesund werden. Reinbek, 1982.

[48]  Stern, 1982, 19.

[49]  Stern, 1982, 22.

[50]  Stosch, Thomas von: Zeitschrift für Personenzentrierte Psychologie und Psychotherapie, 1982, 1, 111–122.

[51]  Tausch, Anne-Marie: Gespräche gegen die Angst. Reinbek, 1981.

[52]  Tausch, Cornelia: Diplomarbeit, Universität Hamburg, Fachbereich Psychologie, 1978.

[53]  Tausch, Reinhard; Tausch, Anne-Marie: Erziehungspsychologie. 9. Aufl., Göttingen 1979.

[54]  Tausch, Reinhard; Tausch, Anne-Marie: Gesprächspsychotherapie. 8. Aufl., Göttingen, 1981.

[55]  Tausch, Reinhard; Tausch, Anne-Marie; Südwestfunk Baden-Baden, Redaktion Paul Schlecht: Auf dem Wege zueinander. Fernsehsendung eines Gruppengespräches mit Familienangehörigen, 30. 5. 1980. Film D 1427 (Familien-

therapie), Institut für den wissenschaftlichen Film, Göttingen, Nonnenstieg, 1982.

[56] –, Auf dem Wege zueinander. Fernsehsendung eines Gruppengespräches, 8. 2. 1980.

[57] –, Auf dem Wege zueinander. Fernsehsendung eines Gruppengespräches mit jungen Menschen, 11. 5. 1979.

[58] –, Auf dem Wege zueinander. Fernsehsendung eines Gruppengespräches mit Paaren, 2. 3. 1979.

[59] –, Auf dem Wege zueinander. Fernsehsendung eines Gruppengespräches, 25. 11. 1978.

[60] –, Auf dem Wege zueinander. Fernsehsendung eines Gruppengespräches mit Betriebsangehörigen, 27. 5. 1978.

[61] –, Reise zum unbekannten Ich – Ausschnitte aus einer zweitägigen personzentrierten Gruppenpsychotherapie. Fernsehsendung, 12. 3. 1976, Film D 1296, Institut für den wissenschaftlichen Film, Göttingen, Nonnenstieg, 1980.

[62] Teegen, Frauke; Grund, Marita; Praetorius, Marianne; Wirth, Maria: Zeitschrift für Klinische Psychologie, 1981, 10, 301–312.

[63] Weber, Alexander: «Ich fühle mich unglaublich wohl». Warum Läufer laufen. Psychologie heute, 1981, 8.

[64] Weingartz, Regina: Diplomarbeit, Universität Hamburg, Fachbereich Psychologie, 1983.

[65] Westermann, Birgit: Dissertation, Universität Hamburg, Fachbereich Psychologie, 1982.

# Sachverzeichnis

Vorstellungsübungen 173,
189 f

**W**

Wärme der Eltern und Aus-
wirkungen auf Kinder 238 f
Wertauffassungen und Aus-
einandersetzung mit sich
selbst 100, 272 f

**Z**

Zwischenmenschliche Beziehungen 86 f
– Angst vor Nähe zu anderen
20
– Einschränkung durch Vernachlässigung des Fühlens
51 f
– und gefühlsmäßiges Erleben
68 ff
– größere Tiefe und Ehrlichkeit 31 ff
– im politischen Zusammenleben 276–278, 288–290
– Verantwortung für sich und
andere 147 ff

-Anne-Marie Tausch

# Gespräche gegen die Angst

284 Seiten. Kartoniert. 7. Aufl. 1985

«Die Autorin ist selbst an Krebs erkrankt. Sie spricht die Sprache einer Betroffenen. ‹Gespräche gegen die Angst› weisen einen Weg, nicht nur für die 700 000 Tumorpatienten, die jährlich in der Bundesrepublik der Behandlung bedürfen, sondern auch für die Angehörigen der ‹helfenden› Berufe. Und für alle, die Angst vor der Krankheit haben.»

*Michael de Ridder, Stern*

«Der Bericht belegt mit eindrucksvollen Beispielen, daß die Betroffenen durch die Auseinandersetzung mit ihrer Situation und durch die einfühlende Unterstützung anderer lernen können, ihre Erkrankung, ja sogar die Möglichkeit ihres baldigen Todes zu akzeptieren und als Chance zur Besinnung und Neuorientierung zu begreifen.»

*Ärztliche Praxis*

«Auch für den, der weder krank ist noch sich mit der Krankheit des Angehörigen auseinandersetzen muß, ist dieses Buch wichtig, weil es ihn einer Situation gelassener entgegensehen läßt, die jeden Tag eintreten kann.»

*Erik Verg, Hamburger Abendblatt*

«Der Autorin ist es mit diesem Buch gelungen, ein Stück Gesundheitsaufklärung zu leisten, die weder belehrend noch langweilig ist. Hier erfährt man mehr über Krebs als in naturwissenschaftlichen Abhandlungen. Und man erfährt auch, daß man diese Krankheit in vielen Fällen bessern, oft sogar überwinden kann. Das Buch kann dazu beitragen, die weitverbreitete Angst vor dem Schreckgespenst Krebs ein wenig zu mildern.»

*Doris Gothe, Deutsche Welle*

Rowohlt

**Gesundheit!**

Norman Cousins
**Der Arzt in uns selbst**
Die Geschichte einer erstaunlichen
Heilung – gegen alle düsteren Prognosen
(7828)

Tom Ferguson
**Das Gesundheitsbuch für Raucher**
Risiken reduzieren – Wohlbefinden steigern
(8479)

Hanna Fresenius
**Sauna**
Der ärztliche Führer zu Entspannung und
Gesundheit durch richtiges Saunabaden
(6999)

Renate Göckel
**Eßsucht oder**
**Die Scheu vor dem Leben**
Eine exemplarische Therapie (8444)

John Guillebaud
**Die Pille**
Empfohlen von PRO FAMILIA (7657)

Gerhard Krause/Wolfgang Weikert
**Alkoholismus**
Ein Ratgeber (7449)

Marilyn Lawrence
**«Ich stimme nicht»**
Identitätskrise und Magersucht (7965)

Eine
Auswahl

rororo
sachbuch

C 2164/4

**Gesundheit!**

Eine Auswahl

rororo sachbuch

C 2164/4 a

**Medizin und Gesundheit**

**Eine Auswahl**

Paavo Airola
**Natürlich gesund**
Ein praktisches Handbuch biologischer
Heilmethoden (8314)

Allan Knight
**Asthma und Heuschnupfen**
Erkennen – lindern – heilen
(8412)

Shitsuto Masunaga/Wataru Ohashi
**Shiatsu**
Theorie und Praxis der japanischen
Heilmassage (8416)

Claudia Reuße/Martina Holler
**Menstruation**
Eine Begegnung mit uns selbst
(8401)

Ulrich Sollmann
**Bioenergetik in der Praxis**
Streßbewältigung und Regeneration
(8484)

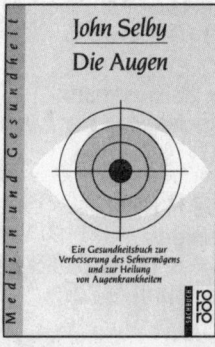

(8349)　　　　　(8422)

C 2364/1

**Lernprogramme**

Georg R. Bach/Laura Torbet
**Ich liebe mich – ich hasse mich**
Fairness und Offenheit im Umgang
mit sich selbst (7891)

Maren Engelbrecht-Greve/Dietmar Juli
**Streßverhalten ändern lernen**
Programm zum Abbau psychosomatischer
Krankheitsrisiken (7193)

Wayne W. Dyer
**Der wunde Punkt**
Die Kunst, nicht unglücklich zu sein.
Zwölf Schritte zur Überwindung der
seelischen Problemzonen (7384)

G. Hennenhofer/K. D. Heil
**Angst überwinden**
Selbstbefreiung durch Verhaltenstraining
(6939)

Rainer E. Kirsten/Joachim Müller-Schwarz
**Gruppentraining**
Ein Übungsbuch mit 59 Psycho-Spielen,
Trainingsaufgaben und Tests (6943)

Gerhard Krause
**Positives Denken –
der Weg zum Erfolg**
13 Bausteine für ein erfülltes Leben
(7952)

Walter F. Kugemann
**Lerntechniken für Erwachsene**
(7123)

Michael P. Nichols
**40 werden**
Die zweite Lebenshälfte als Chance zur
Veränderung (8425)

Eine
Auswahl

rororo
sachbuch

C 2177/2

# Lernprogramme

Eine
Auswahl

Kurt Werner Peukert
**Sprachspiele für Kinder**
Programm für Sprachförderung in
Vorschule, Kindergarten, Grundschule und
Elternhaus (6919)

Friedemann Schulz von Thun
**Miteinander reden**
Band 1
Störungen und Klärungen.
Allgemeine Psychologie der
Kommunikation (7489)
**Miteinander reden**
Band 2
Stile, Werte und Persönlichkeits-
entwicklung.
Differentielle Psychologie
der Kommunikation (8496) September '89

L. Schwäbisch/M. Siems
**Anleitung zum sozialen Lernen für
Paare, Gruppen und Erzieher**
Kommunikations- und Verhaltens-
training (6846)

Martin Siems
**Dein Körper weiß die Antwort**
Focusing als Methode der Selbsterfahrung.
Eine praktische Anleitung (7968)

F. Teegen/A. Grundmann/A. Röhrs
**Sich ändern lernen**
Anleitung zu Selbsterfahrung und
Verhaltensmodifikation (6931)

Allan Watts
**OM**
Kreative Meditation
(7882)

C 2177/4 a

SACHBUCH

ro
ro
ro

C 2104/4

# Körpererfahrung

Nathaniel Branden
**Ich liebe mich auch**
Selbstvertrauen lernen (8486)

Muriel James/Dorothy Jongeward
**Spontan leben**
Übungen zur Selbstverwirklichung
(8301)

Frédérick Leboyer
**Weg des Lichts**
Yoga für Schwangere – Texte und
Übungen (7855)

Alexander Lowen
**Der Verrat am Körper**
Der bioenergetische Weg, die verlorene
Harmonie von Körper und Psyche
wiederzugewinnen (7660)

Else Müller
**Hilfe gegen Schulstreß**
Übungsanleitungen zu Autogenem
Training, Atemgymnastik und
Meditation für Kinder und Jugend-
liche (7877)
**Bewußter Leben durch Autogenes
Training und richtiges Atmen**
Übungsanleitungen zu AT, Atem-
training und meditative Übungen durch
gelenkte Phantasien (7753)

Deenbandhu Yogi (Detlef Uhle)
**Das rororo Yoga-Buch für
Anfänger** (7891)
**Das rororo Yoga-Buch für
Fortgeschrittene** (7887)

Martin Siems
**Dein Körper weiß die Antwort**
Focusing als Methode der Selbst-
erfahrung (7968)

sachbuch rororo

C 2163/5

**Frauen schreiben für Frauen . . .**

Eine Auswahl

C 2182/5

**Frauen und Beruf**

rororo
SACHBUCH

C 2355/2